소득불평등 해소의 길

이 도서의 국립중앙도서관 출판예정도서목록(CIP)은 서지정보유통지원시스템 홈페이지(http://seoji.nl.go.kr)와 국가
자료공동목록시스템(http://www.nl.go.kr/kolisnet)에서 이용하실 수 있습니다. (CIP제어번호 : CIP2015002176)

소득불평등 해소의 길

서울사회경제연구소 엮음

강신욱·이병희·전병유·정준호·박복영·강병구·강남훈·배영목·정영석·이기영 지음

한울
아카데미

머리말

소득불평등 논의에서 몇 년 사이에 달라진 것이 두 가지 있다. 하나는 과거에는 진보 경제학자들이 주로 소득불평등 해소의 중요성을 강조했는데, 최근에는 박근혜정부의 최경환 경제팀이나 관변 연구기관들을 비롯한 보수적 관점의 사람들도 그 필요성을 강조하게 된 점이다. 다른 하나는 과거 소득불평등의 해소가 주로 한국사회에서 경제민주화 실현을 위한 수단으로서 논의되어왔지만, 점차 성장의 수단으로서도 많이 언급되고 있다는 점이다.

왜 이러한 변화가 나타나게 된 것일까? 이는 소득불평등을 방치하고서는 경제정의 및 경제민주화의 실현은 말할 것도 없고, 그동안 한국경제의 자랑이었던 경제성장마저 어려워지기 때문이다. 소득불평등이 내수를 위축시켜 성장의 주요 동력인 소비와 투자 모두 취약하게 만든 것이다. 이러한 경향은 한국만의 문제가 아니라 전 세계적인 추세로 나타나고 있다. '규제 완화, 민영화, 시장 개방'으로 대표되는 신자유주의적 경제정책의 후유증인 셈이다.

어찌되었든 소득불평등의 해소야말로 한국경제의 장기적 성장과 일한 사람이 자신의 몫을 제대로 찾을 수 있는 사회를 실현시키기 위한 중요한 과제임이 분명하다. 문제는 '어떻게 소득불평등을 해소할 수 있을까?'이다. 소득불평등을 해소하기 위해서는 신자유주의적 경제정책을 포기하고, 포용적 성장을 해야 한다는 선언이 우선적으로 필요할 것이다. 좀 더 구체적인 처방을 위해서는 한국의 소득불평등이 어떠한 상황이며, 소득불평등을 가져오는 주된 요인이 무엇인지를 밝히는 것이 중요하다. 이를 기초로 소득불평등을 해소할 수 있는 방법을 모색해야 할 것이다. 이 책은 바로 이러한 과제에 부응하기 위해 마련되었다.

이 책에서는 첫째, 2000년대 들어 한국의 소득불평등이 심화되었는데, 그 주요한 특징은 무엇이며 불평등이 증가한 요인이 무엇인지를 밝히고, 둘째, 소득불평등을 해소하기 위한 정책 방향을 제시하고자 한다. 이 책은 2부로 구성되는데, 제1부에서는 첫째의 문제를 다룬다. 특히 자산을 고려할 경우 불평등의 정도는 더 심하게 나타나므로 자산 측면의 격차를 함께 살피는 노력도 기울이고 있다. 미국의 사례를 들어 소득불평등이 정치적 양극화로 이어지고 있음도 살핀다. 제2부에서는 둘째의 문제를 살핀다. 소득불평등 해소를 위한 조세 및 재정체계의 개편 방향, 가계부채의 해소 방향, 노인 소득의 증대와 밀접한 노령기본연금, 미소금융정책 등을 다루고 있다. 이 책에 실린 글의 내용을 간략히 소개하면 다음과 같다.

제1부 중 제1장 강신욱의 글(2000년대 후반 불평등 심화의 특징)에서는 한국 소득분배의 특징적 변화를 추적하고 있다. 2004~2011년 시기에 우리 사회의 소득불평등이 IMF 시기보다 더욱 심화되고 있으며, 무엇보다 근로연령대 취업 가구주의 노동소득 불평등 속도가 빠르다는 특징이 있음을 지적한다. 이는 가구소득 불평등에서 근로소득 불평등이 차지하는 비중이 크다는 점을 고려할 때 분배정책의 전환 없이는 소득불평등화 경향을 억제하기 힘들다는 것을 시사하고 있다. 또 다른 특징으로 고령화에 따라 노인가구를 포함할 경우 소득불평등 속도가 더욱 빠르며, 하위 소득계층일수록 배우자의 취업이 저조하고 저소득 일자리에 집중되는 점을 들 수 있다. 노인가구의 소득 지위

개선, 여성 일자리의 질적 개선 등이 필요함을 시사한다.

제2장 이병희의 글(2000년대 소득불평등의 증가요인 분석)은 2000년대 소득불평등을 증가시킨 요인을 찾고 있다. 소득불평등 증가에 노동소득, 고용률, 노인인구 비율, 여성의 노동시장 참여, 재산소득, 재분배정책 등이 각각 얼마나 중요한 역할을 했는지를 살핀다. 분석 결과, 가구소득 불평등이 증가한 것은 주로 노동소득 불평등에 기인한 것이며, 노인인구의 증가가 불평등을 가중시켰다. 그리고 고용률 증대는 불평등을 감소시키는 역할을 했지만, 그 효과는 크지 않았고, 가구(가족)원들의 노동 참여를 통한 소득불평등 증가 억제 역할은 점차 줄어들고 있음을 확인했다. 이는 소득불평등을 해소하는 데는 고용률 증가정책의 효과가 그리 크지 않고 노동시장의 불안정과 격차 해소를 위한 정책이 필요함을 시사한다.

제3장 전병유·정준호의 글(한국에서의 소득-자산 격차의 연계 구조에 대한 실증분석)은 자산을 포함한 소득불평등의 문제를 다루고 있다. 일반적으로 불평등은 소득과 임금을 중심으로 측정되고 있지만 자산의 배분 상태를 함께 고려할 때 사람들의 경제 상태를 더욱 잘 파악할 수 있다. 소득과 자산의 상관관계에 대한 이해는 조세정책과 재분배정책 등에 중요한 영향을 미친다는 점에서 중요하다. 이 글은 우리나라에서의 소득과 자산의 결합 분포의 형태를 파악하고, 이를 여타 국가들과 비교하고 있다. 분석 결과 한국의 경우 자산분포는 스페인이나 이탈리아 등 남유럽과 유사한 형태를 보이고 있으나, 학력에 따른 자산 불평등도는 남유럽에 비해 큰 것으로 나타났다. 소득-자산 결합 분포를 보면 미국과 유사하게 소득-자산 간 상관관계가 높은 편인 것으로 나타났다.

제4장 박복영의 글(미국의 소득불평등, 정치양극화 및 입법효율성)은 '경제적 격차가 확대됨에 따라 정치적 갈등이 심화될 것인가?'라는 문제를 미국을 사

례로 하여 분석하고 있다. 그는 미국 사회의 경제적 불평등이 1970년대 이후 계속 악화되어왔는데, 이 점이 미국 공화당과 민주당 간의 이념 격차의 확대에 큰 영향을 미친 것으로 파악하고 있다. 또한 글로벌 금융위기에 소득불평등이 확대되고 경제성장률이 둔화되었는데, 정부의 경제적 개입이 확대됨에 따라 정당 간 충돌이 확대된 것으로 보고 있다. 이러한 이념 갈등은 불황 극복을 지연시키는 방향으로 작용하여 결국 경제의 침체와 이념 대립의 악순환이 나타날 가능성이 높다는 것을 지적하고 있다.

제2부 중 제5장 강병구의 글(복지재정의 현실과 대안)은 미래 한국의 복지국가에 적합한 대안적 재정체계를 모색하고 있다. 그는 한국이 구 사회적 위험(공공부조 및 사회보험의 사각지대)과 신 사회적 위험(세계화, 저출산·고령화, 양극화)에 대처해야 하는 동시적 과제를 안고 있는데, 개발시대의 재정체계는 더 이상 유효하지 않다고 지적한다. 그는 소득주도 성장에 조응하는 재정체계의 필요성을 강조하면서 공평과세의 실현과 촘촘한 사회안전망의 구축을 주장한다. 특히 불평등한 분배구조는 내수 위축과 사회 갈등을 초래해 궁극적으로 경제성장을 저해하기 때문에 지속가능한 성장을 위해서도 공정한 경제적 기회와 소득 부여, 부의 공평한 분배를 실현할 수 있는 재정체계 구축이 필요함을 역설한다.

제6장 강남훈의 글(박근혜 정부의 기초연금과 노령기본소득)은 박근혜 정부에서 실시하고 있는 기초연금의 문제점을 살피고 그 대안으로 노령기본소득을 주장하고 있다. 노령기본소득은 박근혜 정부의 대선 당시의 공약처럼 모든 노인에게 기초연금을 지급하는 것을 말한다. 현재의 기초연금은 국민연금 가입기간에 반비례하여 차등적으로 지급되기 때문에 국민연금제도의 근간이 흔들릴 수 있을 뿐 아니라, 오래 기여할수록 이익이 더 적어지는 모순을 안고 있어 지속가능하지 않음을 지적한다. 노령기본소득은 기초연금과 비교

할 때 현실적·잠재적 순수혜 가구가 크게 증가할 뿐 아니라, 기초연금에 비해 사적·공적 행정비용이 거의 없고, 사각지대와 도덕적 해이가 없다는 장점이 있음을 밝히고 있다.

제7장 배영목의 글(가계 금융부채의 보유 및 상환불능 위험)은 문제가 점점 심각해지고 있는 가계부채의 부실 요인을 분석하고 있다. 가계부채 중에서도 임대보증금을 제외한 금융부채를 중심으로 하여 가계부채의 상환불능에 영향을 미치고 있는 요인을 찾고 있다. 가계부채의 보유 여부, 상환부담, 상환불능 실태와 결정요인을 분석한 결과, 상환불능 위험은 연령이 늘어남에 따라 높아지다 일정 연령 이후에는 다시 낮아지고, 가구원 수가 많을수록, 소득빈곤층 및 자산빈곤층일수록 더 높게 나타나며, 상환부담액이 증가할수록 상환불능 위험이 더 커진다. 특히 생활비 마련, 사업자금 마련이나 부채상환을 위해 차입한 가구는 다른 가구에 비해 부실 위험이 더 높은 것으로 나타났다. 따라서 가계부채 부실화를 억제하기 위해서는 가계 전체의 담보자산이나 소득에 대비하여 총대출액을 종합적으로 관리하고 자금용도에 대한 정보 입수와 이를 기초로 한 심사 및 감시를 강화할 필요가 있다고 주장하고 있다.

제8장 정영석·이기영의 글(마이크로크레딧의 국제적 동향과 한국 미소금융의 과제)은 저소득 빈곤층을 위한 마이크로크레딧 사업을 다루고 있다. 그는 국제적인 마이크로크레딧 사업의 변화 추세를 고려하여 우리나라의 미소금융사업의 발전 방향을 검토하고 있다. 그는 우리나라의 미소금융사업은 최근 급속한 성장을 했으나 사회적 역할을 지나치게 강조하여 재정자립도가 낮은 문제 등이 나타나는 등 사업의 지속가능성이나 성장성을 확보하지 못하고 있다고 지적하면서, 경제적 마이크로크레딧과 사회적 마이크로크레딧을 분리하여 이들의 금리정책이나 성과 측정 기준을 달리할 것을 제안한다. 경제적 마이크로크레딧은 저소득층의 금융에 대한 접근성의 확대를, 사회적 마이크

로크레딧은 사회적 형평성의 제고를 지향하도록 하자는 것이다.

이 책이 한국경제의 구조적 불평등의 문제와 그 해소에 관심을 가지고 있는 분들에게 많은 정보와 생각거리를 제공하고, 소득불평등의 해소를 위한 정책 아이디어 제공에 일조하여 한국사회가 건강하고 따뜻하게 발전해나가는 데 조금이나마 보탬이 되기를 기대한다.

2014년 12월

사단법인 서울사회경제연구소 소장

정일용

차례

제2부 소득불평등 해소를 위한 정책 방향

제1부 소득불평등의 양상 및 특징

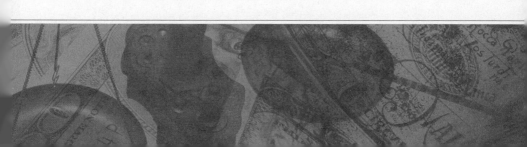

제1장

2000년대 후반 불평등 심화의 특징*

강신욱 ㅣ 한국보건사회연구원 연구위원

1. 머리말

우리나라의 소득분배구조 변화에 대해 말할 때, 1997년 외환위기 이후로 불평등과 빈곤이 심화되었다고 이해하는 것이 일반적인 경향이다. 실제로 소득불평등을 나타내는 각종 지표들을 보면 외환위기를 계기로 불평등이 급속히 심화되었다가 2000년대 초반에 다시 감소하는 현상이 나타난다. 하지만 2000년대 중반 이후 다시 불평등은 심화되었고, 이러한 추세는 최근까지 지속되고 있다. 위기 이후 10여년이 지난 지금도 불평등의 심화는 진행 중인 것이다.

우리 사회의 격차 확대나 양극화 현상을 말할 때 외환위기의 충격이 매우 중요한 사건이었던 것은 틀림없으나, 1990년 이후 장기적인 소득분배 지표의 변화 추이를 볼 때 불평등은 지속적으로 악화되는 양상이다. 단지 시기에

---

* 이 글은 2012년 한국사회정책학회 춘계학술대회에서 발표된 내용을 수정·보완한 것이다.

따라 일시적으로 완화되기도 하고 반대로 매우 빨리 악화되기도 하는 모습을 보일 뿐이다. 그런데 20년이 넘는 기간 우리 경제 안팎에서 벌어진 변화를 고려한다면, 단지 '불평등이 심화되고 있다'는 명제만으로는 우리 사회의 소득분배구조에서 벌어지고 있는 변화를 충분히 설명하지 못할 것이다. 노동시장의 구조뿐만 아니라 가족구조 또한 급속히 변하고 있다. 최근에는 또 한 번 세계적인 규모의 경제위기를 경험하기도 했으며 복지지출의 규모도 크게 증가했다. 이러한 각각의 변화들이 불평등 심화 양상에 다양한 방식으로 영향을 미칠 수 있다. 따라서 이러한 요인들이 작용하는 방식의 특성을 고려하지 않고 외환위기의 충격에만 초점을 맞춰 소득불평등의 변화 추이를 분석하는 것은 적어도 현시점에서는 시의성이 떨어질 수 있다.

이 연구는 이러한 문제의식하에 2000년대 후반, 정확히 말해 2004년 이후 심화되기 시작한 소득불평등의 특징에 대해 살펴보는 것을 목적으로 한다. 2000년대 후반에 불평등을 심화시킨 요인은 무엇이고, 그것은 1997년 외환위기 직후의 불평등 심화 양상과 어떻게 다른지를 살펴보고자 한다. 2000년대 후반의 불평등 심화의 원인 중에는 외환위기의 영향으로 설명할 수 있는 부분도 있을 것이고, 새로운 요인(예를 들어 2008년 글로벌 경제위기)의 영향으로 설명할 수 있는 부분도 있을 것이다. 두 시기의 차이를 보여주는 것 중 하나는, 외환위기 직후의 불평등 심화는 경기침체 및 가구소득이 감소하는 과정에서 나타났으나 지금은 그때보다 실업률도 낮고 경제성장률도 높은 상황인데도 불평등이 나타나고 있다는 점이다. 이러한 차이를 이해하는 것은 우리나라 소득분배구조 변화의 장·단기 요인을 구분하는 데도 도움이 되며, 나아가 불평등화의 경향에 대처하는 방법을 찾는 데도 중요한 정보를 제공할 것이다.

2. 선행연구 및 분석방법

1) 불평등 분해에 대한 선행연구

가구소득에 대한 정보를 포함하는 미시자료를 이용해 불평등의 원인을 분석할 경우, 주로 불평등 지표를 분해하는 방식을 활용한다(Jenkins, 1995; Shor-rocks, 1982, 1984). 예를 들어 이병희·강신욱 외(2007)는 2003~2006년 시기의 불평등 확대의 이면에는 하위 소득분위의 임금근로 취업률 하락에 따른 노동공급 격차의 확대, 하위 가구의 사업소득 감소, 상위 가구의 근로소득 증가 등의 요인이 복합적으로 작용했음을 보여주었다. 이철희(2008)는 1996~2000년 시기에 가구주와 배우자의 임금, 고용, 근로시간, 기타소득, 가구구조 등이 불평등에 미친 영향을 분석한 결과, 가구주의 임금불평등 확대가 외환위기 이후 가구소득 불평등 증가의 약 70%를 설명하고 있다고 밝혔다. 김진욱·정의철(2011)은 2002년 대비 2007년의 소득분배 악화 과정에서 가구주의 연령대별로 소득분배가 개선된 연령층과 그렇지 않은 연령층이 혼재되어 있음을 제시했다. 반정호(2011)는 1999~2008년 시기의 노인가구, 모자가구, 1인 가구 증가가 전체 도시가구의 소득불평등을 확대의 주요인임을 밝혔다.

그런데 이와 같은 요인분해 방식은 각각의 불평등에 대한 요인별 기여도를 매우 분석적으로 보여준다는 장점이 있기는 하지만 몇 가지 제한점을 지닌다. 우선 소득불평등의 요인을 소득원천별 또는 가구유형별로 분해하기 때문에 소득원천과 가구구성의 변화를 종합적으로 보여주기 어렵다. 또한 불평등의 동태적 변화를 분해할 경우 두 시점을 선택하게 되는데, 이때 어느 시점을 선택하는지에 따라 결론이 민감하게 반응할 수 있다. 1990년대 후반 이후 우리나라의 소득불평등 변화 양상이 다양하게 나타났다는 점을 감안한다면 장기간의 변화 과정을 추적하기에 불평등 분해 방식은 한계가 있을 수 있다.

2) 분석방법과 데이터

이러한 점을 고려하여 이 글에서는 불평등 지표를 분해하는 방법을 선택하는 대신, 상이한 요인이 추가됨에 따라 불평등 지표가 어떻게 변하는지를 살펴보는 방식을 취하기로 한다. 즉, 각기 다른 집단의 불평등이 전체 불평등에 어느 정도 기여했는지를 보여주는 대신, 한 집단에 다른 집단이 추가됨으로써 불평등의 양상이 어떻게 달라지는지를 보여주는 것이다.

이때 분석의 출발점과 추가되는 요인(집단 또는 소득원천)을 어떤 순서로 배열하는지가 중요한데, 이 글에서는 다음과 같은 순서로 불평등에 영향을 미칠 수 있는 요인을 추가할 것이다. 먼저 가구주의 연령을 기준으로 25~64세인 집단과 그 외의 집단을 구분했다. 이는 가구주의 연령이 25세 미만이거나 65세 이상인 경우 생산활동에 종사하지 않을 가능성이 높고, 따라서 시장에서 발생하는 소득의 불평등 효과를 분석하는 데 적절하지 않은 집단이라고 생각했기 때문이다. 한편, 가구주가 65세 이상인 가구의 비중 변화는 고령화가 소득불평등에 미치는 영향을 분석하는 데 중요한 요인이 된다. 따라서 65세 이상 가구주 집단을 분석에서 완전히 제외하지는 않고, 우선 생산가능연령대의 소득불평등을 분석한 후, 이 집단을 추가로 고려해 분석할 것이다.

다음으로 생산활동 연령대 가구 가운데 가구주의 경제활동 상태에 따라 취업 가구와 비취업 가구로 구분한 후, 취업 가구는 종사상 지위에 따라 근로자와 자영업자로 구분한다.[1] 그리고 근로자 가구 가운데 가장 큰 비중을 차지하는 사무직 가구를 출발점으로 하여 분석할 것이다. 가구의 소득은 가구주의 종사상 지위에 따라 주소득원이 되는 소득 항목부터 불평등을 분석할 것이다. 즉, 근로자 가구의 경우 가구주 근로소득의 불평등 추이를 먼저 분석한 후, 배우자의 (근로 및 사업)소득까지를 더한 불평등을 분석하고, 다음으로 기타 가구원의 (근로 및 사업)소득까지를 더한 가구의 노동소득 불평등을 분석할 것이다. 그리고 다시 재산소득과 사적이전소득을 더한 전체 가구 시장소득의 불평등을 분석하며, 마지막으로 비생산연령인구까지를 포함한 전체 도시가구의 시장소득과 가처분소득의 불평등을 분석하는 방식으로 글을 진행할 것이다.[2]

이 글에서 사용하는 데이터베이스(DB)는 통계청 「(도시)가계조사」(이하 가계조사)이다. 가구 단위의 소득 관련 정보를 제공하는 다른 미시자료에 비해 「가계조사」 자료는 개인별 고용 및 소득 관련 정보를 모두 제공하지 않는 단점이 있으나 비교적 장기간에 걸친 데이터를 구할 수 있다는 장점이 있으므로, 다른 패널 데이터를 횡단면 분석에 사용할 때 나타날 수 있는 한계 등을 고려하여 분석에 사용할 것이다.

통계청은 최근 표본가구의 연간 평균 월소득 정보를 포함하는 데이터를 공개했는데, 이 데이터는 가구소득이 연평균 소득으로 계산된 점 이외에도 기존 자료에서는 소득 정보가 제공되지 않았던 도시 비근로자 가구의 소득 정보까지 제공하는 특징이 있다. 따라서 2인 이상 도시근로자 가구 이외에 도시 자영자와 무직자 가구도 분석에 포함시킬 수 있었다. 본 연구는 이 데이터의 1990년부터 2011년까지의 「가계조사」 자료를 이용해 불평등을 분석

---

1) 취업 가구, 근로자 가구, 자영자 가구는 각각 가구주의 경제활동 상태와 종사상 지위를 기준으로 구분한 것이다.
2) 이러한 방법은 OECD(2011)와 유사하지만, 고려 대상이 되는 요인과 그것을 분석에 포함시키는 순서에는 차이가 있다.

할 것이다.

소득불평등 지표로는 지니계수를 사용할 것이다. 지니계수는 단기간에 쉽게 변하지 않는다는 특성 때문에 시계열적 변화가 극적으로 나타나지는 않지만, 모든 계층의 소득 정보를 이용해 산출된다는 특징이 있다. 최근의 불평등 양상의 변화가 빈곤층이나 최고소득층 등 일부 계층의 소득 변동에만 국한되는 것이 아니라 중산층을 포함한 전 소득계층의 소득 지위 변화와 관련된다는 점에서 지니계수를 사용하는 것이 적절하다고 판단했다. 분석의 단위는 가구로 하되, 가구 단위의 소득을 비교할 때는 가구원 수의 차이에 따른 효과를 고려하기 위해 균등화지수를 적용했다.

3. 1990년대 이후 소득불평등 변화의 개괄

다음의 <그림 1-1>은 1990년 이후 2인 이상 도시가구의 소득불평등을 지니계수로 측정한 후, 그 변화 추이를 나타낸 것이다. 이 그림에서 1990년 이후 소득불평등도가 증가하는 추세라는 점 외에도 몇 가지를 더 확인할 수 있다. 먼저, 최근의 불평등은 1997년 외환위기 때보다 더욱 악화된 상태라는 것이다. 지금까지는 우리 사회의 소득불평등이 악화된 결정적 계기가 1997년의 외환위기라는 인식이 지배적이었다. 그러나 외환위기 이전에도(적어도 1994년 이후부터) 불평등의 증가 경향이 나타나고 있었다. 외환위기라는 사건을 중심으로 우리 사회의 불평등을 인식하는 경향은 2000년대 초반 불평등이 완화되었거나 혹은 증가하더라도 1999년의 수치보다 작다는 사실을 바탕으로 했다. 하지만 도시가구소득의 지니계수로 보면 2005년, 또 가처분소득으로 보면 대략 2006년, 외환위기 직후 불평등이 가장 심했던 1999년의 수

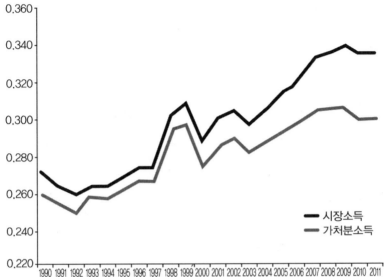

〈그림 1-1〉 1990년 이후 도시가구소득 지니계수 변화 추이

자료: 통계청, 「가계조사」 원자료(각 연도).

준에 도달했고, 이후에도 불평등은 계속 심화되었다.

　1990년 이후의 불평등 양상의 변화 경향을 좀 더 세밀하게 관찰하기 위해 크게 네 시기로 구분했다. 첫 번째는 1990년부터 외환위기가 현실화되기 이전인 1997년까지의 시기, 두 번째는 그 이후부터 외환위기가 발발하고 그것이 가구소득의 분포에 직접적 영향을 미친 1999년까지의 시기, 세 번째는 그 이후부터 외환위기로 악화되었던 각종 거시지표가 호전되면서 가구소득의 불평등도 완화되었던 2003년까지의 시기, 네 번째는 그 이후부터 소득불평등이 다시 악화되는 양상을 보이는 2004년 이후의 시기이다.

　각 시기별 나타나는 불평등 변화의 경향성을 비교하기 위해 <그림 1-1>을 이 네 시기로 나누어 지니계수 변화의 추세선을 표시한 것이 <그림 1-2>이다. <그림 1-2>에 나타난 네 시기 가운데 세 번째 시기를 제외하고는 모

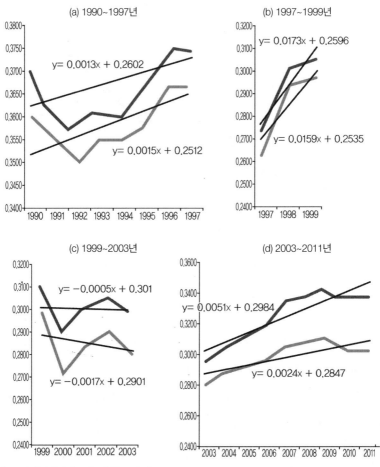

〈그림 1-2〉 도시가구 소득불평등의 시기별 변화 추세 비교

(a) 1990~1997년

$y= 0.0013x + 0.2602$

$y= 0.0015x + 0.2512$

(b) 1997~1999년

$y= 0.0173x + 0.2596$

$y= 0.0159x + 0.2535$

(c) 1999~2003년

$y= -0.0005x + 0.301$

$y= -0.0017x + 0.2901$

(d) 2003~2011년

$y= 0.0051x + 0.2984$

$y= 0.0024x + 0.2847$

자료: 통계청, 「가계조사」 원자료(각 연도).

두 불평등의 심화가 진행되었다. 각 시기의 길이가 동일하지 않다는 점을 감안하고 불평등이 심화되는 속도(추세선의 기울기)를 비교하면 외환위기를 전후한 두 번째 시기가 가장 빠르고 다음은 네 번째 시기, 첫 번째 시기 순으로 나타난다.

<표 1-1> 1990년 이후 시기별 주요 경제지표

(단위: %)

	1990~1996년	1997~1999년	2000~2003년	2004~2011년
연평균 경제성장률	13.3	-6.9	6.5	6.4
실업률	2.4	5.3	3.6	3.3
상대빈곤율	8.0	10.8	11.2	14.4

자료: 통계청, KOSIS.

<표 1-1>은 각 시기의 특징을 좀 더 자세히 살펴보기 위해 다른 경제지표를 나타낸 것이다. 첫 번째 시기는 다른 시기보다 경제성장률이 가장 높고 실업률이 가장 낮은 상태에서 불평등이 심화되었다. 두 번째 시기는 위기를 거치면서 경제성장률은 (-)를 기록했다. 이 시기의 불평등 증가는 실업률의 급증 및 빈곤의 확산과 병행하여 일어났다. 네 번째 시기는 두 번째 시기와 마찬가지로 불평등이 심화되었지만 경제성장률은 반대로 (+)이고 실업률도 크게 높지 않았다.

이 시기 가운데 두 번째 시기와 네 번째 시기를 비교하는 것이 이 연구의 주요 내용이다. 두 번째 시기에서는 외환위기 국면에서 발생한 대량 실업과 그로 인한 빈곤의 증가가 불평등을 확대한 원인이 되었다면, 2004년 이후 시기에는 고용지표가 외환위기 당시만큼 나쁘지 않은데도 빈곤이 증가하고 불평등이 심화되었다. 따라서 2003년 이후 불평등의 심화에는 1997~1999년 시기에는 나타나지 않았던 다른 원인이 있을 것이라고 생각할 수 있다. 최근의 불평등 심화 경향에 대처하기 위해서는 이 시기의 불평등 원인에 대한 정확한 이해가 전제되어야 할 것이다.

4. 가구주 소득불평등 변화

1) 근로자 가구의 가구주 근로소득의 불평등 변화 추이

먼저 2인 이상 도시가구 가운데 가구주의 나이가 25~64세이면서 근로자인 경우의 가구주 근로소득 불평등 변화 추이를 살펴보도록 하자. 가구주의 취업 여부나 종사상 지위에 따라 가구의 소득 구성에서 중요한 위치를 차지하는 항목이 달라진다. 가구주가 미취업자라면 가구주가 노동시장에서 벌어들인 소득은 거의 없을 것이므로 가구의 소득 구성에서는 배우자 및 기타 가구원이 벌어들인 소득과 재산소득 및 이전소득이 가구소득 구성의 대부분을 차지할 것이다. 가구주가 근로자라면 가구주의 근로소득이, 가구주가 자영자라면 가구주의 사업소득이 각각 가구소득 구성의 대부분을 차지할 것이다.

우선 근로자 가구는 사무직 근로자 가구와 노무직 근로자 가구로 구분되고, 노무직 근로자 가구는 다시 상용노무직 가구와 임시일용직 가구로 구분된다. <그림 1-3>은 도시근로자 가구의 집단별 근로소득 불평등의 변화 추이를 보여준다. 사무직 근로자 가구의 가구주 근로소득 불평등은 최근에도 계속 증가하는 추세이다.

<부표 1-1>에서 확인할 수 있듯이 1997~1999년 시기의 사무직 근로자 가구의 가구주 근로소득 지니계수의 평균은 0.238이었으나 2004년 이후에는 약 0.254로 높아졌다. 사무직 근로자에 상용노무직 근로자 가구까지 더할 경우 지니계수는 더욱 증가하고 여기에 다시 임시일용직 근로자 가구까지 포함시킬 경우 지니계수는 더욱 증가한다. 한 가지 눈에 띄는 것은 상용노무직 근로자 가구까지를 포함했을 때의 근로소득 불평등이 2003년 크게 완화되었다가 이후 다시 증가하기 시작한다는 점이다.

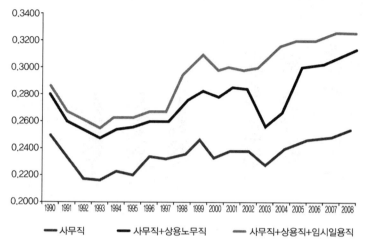

〈그림 1-3〉 도시근로자 가구의 집단별 근로소득 불평등 변화 추이

— 사무직   — 사무직+상용노무직   — 사무직+상용직+임시일용직

자료: 통계청, 「가계조사」 원자료(각 연도).

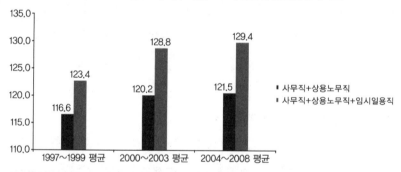

〈그림 1-4〉 도시근로자 가구의 근로소득 불평등 집단별 상대비교

▪ 사무직+상용노무직
▪ 사무직+상용노무직+임시일용직

주: 사무직 근로자 가구의 가구주 근로소득 지니계수를 100으로 하여 계산.
자료: 통계청, 「가계조사」 원자료(각 연도).

　　〈그림 1-4〉는 〈그림 1-3〉에서 사무직 가구의 근로소득 지니계수를
100으로 했을 때, 사무직+상용노무직, 사무직+상용노무직+임시일용직까
지 포함한 전체 근로자 가구의 근로소득 지니계수가 상대적으로 얼마나 더

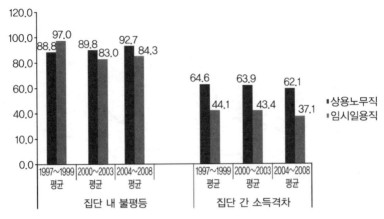

〈그림 1-5〉 도시근로자 가구주 근로소득의 집단 내, 집단 간 격차 비교

주: 사무직 근로자 가구의 가구주 근로소득 지니계수를 100으로 하여 계산.
자료: 통계청, 「가계조사」 원자료(각 연도).

높은지를 비교하고 있다. 1997~1999년 시기에는 사무직＋상용노무직 근로
소득의 불평등이 사무직 근로소득 불평등 대비 평균 116.6% 수준이었으나
2004~2008년 시기에는 평균 121.5%로 다소 높아졌다. 여기에 임시일용직
근로자까지 포함해 근로소득 불평등을 측정하면, 1997~1999년 시기에는
사무직 근로소득 불평등 대비 평균 약 123.4%수준이었으나, 2006~2008년
시기에는 약 129.4%로 높아졌다.

사무직 근로자에 상용노무직과 임시일용직이 더해질 경우 근로소득 불평
등이 확대되는 것은 크게 두 가지 요인으로 구분해볼 수 있다. 하나는 사무직
에 비해 상용노무직이나 임시일용직이 더 불평등한 근로소득 분포를 보이는
집단인지 여부와, 다른 하나는 사무직과 상용노무직, 임시일용직 사이의 평
균 근로소득 차이이다.[3] <그림 1-5>에서 왼쪽 그래프는 사무직의 근로소

---

3)   그 밖에도 종사상 지위 간 분포의 변화도 영향을 미칠 수 있다. 이 요인까지 고려하려면 불
    평등지수의 집단별 분해방법을 이용하여 분석하는 것이 적절하겠지만, 여기서는 분포의

득 불평등을 100으로 하여 각 시기별로 다른 근로자 집단의 불평등을 비교한 것이다. 사무직 근로자의 근로소득 불평등을 100으로 볼 때, 1997~1999년 시기에는 2004~2008년 시기에는 상용노무직이나 임시일용직 근로자의 집단 내 불평등은 감소했다. 반면 오른쪽의 그래프를 보면 집단 간 평균 근로소득 격차는 증가한 것으로 나타난다. 상용노무직의 근로소득은 1997~1999년 시기에는 사무직 근로소득의 64.6% 수준이었으나 2004~2008년 시기에는 62.1%로 다소 감소했다. 임시일용직 근로소득의 경우도 사무직과의 평균 근로소득 격차가 더욱 확대된 것을 알 수 있다.

2) 자영자 사업소득이 취업자 가구의 불평등에 미친 효과

근로자 가구에 자영자 가구를 더해 취업자 가구를 분석할 때, 가구주의 주소득원은 근로자 가구에서는 근로소득, 자영자 가구에서는 사업소득이 된다. 취업자 가구의 주소득원의 불평등 변화 추이를 보여주는 것이 <그림 1-6>이다. <그림 1-6>에서는 자영자 가구까지 포함할 경우, 근로자 가구의 근로소득만을 고려해 지니계수를 측정했을 때에 비해 불평등이 다소 완화되는 것으로 나타났다. 1990년대 중반 이후부터는 근로자 가구주의 근로소득 불평등보다 근로자와 자영자를 합한 취업자의 가구주 주소득의 불평등이 더 낮게 나타난다. 이는 2000년대 들어 자영자 가구의 가구주 사업소득 불평등이 근로자 가구의 가구주 근로소득 불평등에 비해 완화되었기 때문으로 추정된다.

변화가 미치는 효과까지는 분석하지 않기로 한다.

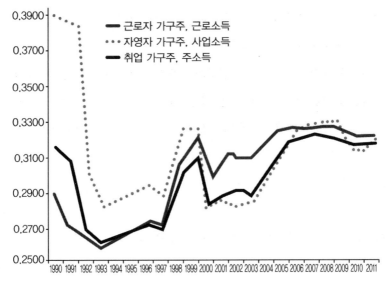

〈그림 1-6〉 도시 취업자 가구의 가구주 주소득불평등 추이

자료: 통계청, 「가계조사」 원자료(각 연도).

3) 취업자 가구의 분위별 소득증가율 비교

근로자와 자영자 가구에서 소득불평등의 심화가 주로 어느 소득분위의 소득 정체에서 비롯된 것인지를 확인하기 위해 각 분위별로 각 집단의 분포와 주소득원의 연평균 증가율을 비교할 필요가 있다. <그림 1-7>은 각 분위별 종사상의 분포가 시기별로 어떻게 달라졌는지를 보여준다. 1997~1999년과 2004~2008년 두 시기를 비교해보면, 1분위에서는 사무직 비중과 임시일용직 비중이 증가했고, 2분위에서 사무직과 임시일용직의 비중이 증가했음을 알 수 있다. 3분위에서는 사무직 비중이 감소하고, 임시일용직 비중이 증가했다. 즉, 상용노무직 근로자, 자영자 가구의 비중은 1, 2, 3분위에서 모두 감소한 반면, 임시일용직 근로자의 비중은 1, 2, 3분위에서 모두 증가했다.

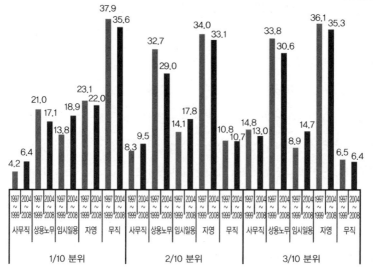

〈그림 1-7〉 소득분위별 가구주 종사상 지위의 분포 변화

(단위: %)

자료: 통계청, 「가계조사」 원자료(각 연도).

〈표 1-2〉 취업자 가구의 실질소득 증가율 비교

(단위: %)

분위	사무직 가구주 근로소득			상용노무직 가구주 근로소득			임시일용직 가구주 근로소득			자영자 가구주 사업소득		
	1997~ 1999	1999~ 2003	2003~ 2008	1997~ 1999	1999~ 2003	2003~ 2008	1997~ 1999	1999~ 2003	2003~ 2008	1997~ 1999	1999~ 2003	2003~ 2008
평균	-2.9	4.6	2.3	-5.4	6.6	-0.6	-18.6	8.0	-1.7	-11.9	4.0	0.5
1	-10.4	-0.1	-0.2	-18.6	6.8	0.5	-20.4	8.1	0.4	-15.4	3.8	0.1
2	-18.1	8.9	-1.0	-15.2	8.4	-0.8	-22.5	7.0	0.2	-16.3	6.5	-0.3
3	-9.9	6.1	-0.7	-13.3	6.9	-1.4	-20.0	8.2	0.6	-13.8	5.8	1.1
4	-10.3	5.2	0.6	-11.0	4.8	0.5	-14.0	8.5	0.2	-14.3	6.7	-0.8
5	-6.7	6.1	0.8	-8.0	7.3	-1.0	-24.7	12.3	0.5	-9.5	3.2	1.5
6	-6.6	5.1	2.7	-8.0	4.1	1.1	-18.3	6.7	-2.7	-11.6	5.2	0.0
7	-5.7	5.6	2.3	-4.7	2.8	0.4	-13.4	8.2	-3.8	-10.6	3.3	3.2
8	-7.6	4.2	3.3	-5.6	6.9	0.0	-8.0	-1.0	-5.2	-6.6	3.7	0.6
9	-3.9	4.5	3.4	3.7	4.3	1.2	-5.1	3.2	-1.5	-11.8	1.9	-0.1
10	-2.1	4.4	3.5	8.1	7.9	2.0	22.0	2.3	-22.0	-6.9	0.7	4.9

자료: 통계청, 「가계조사」 원자료(각 연도).

하지만 저소득 분위에서의 비중 변화와는 별개로 실질소득은 거의 정체상 태이거나 오히려 감소하고 있는 것으로 나타났다. <표 1-2>로 확인할 수 있 듯이 1997~1999년 시기에는 모든 집단에서 실질소득이 감소했고, 소득이 줄어들면서 불평등도 심화되었음을 알 수 있다. 하지만 1997~1999년 시기 의 소득과 1999~2003년 시기의 소득을 비교해보면, 모든 집단의 평균 소득 증가율은 (+)로 전환되었다. 게다가 하위 분위의 소득증가율이 평균 소득증 가율보다 높았기 때문에 이 시기에는 불평등이 개선된 것을 알 수 있다. 다 만 사무직 가구주의 근로소득을 보면 이 기간에도 1분위의 소득증가율은 여 전히 (-)를 보이고 있다. 이 시기에 낮은 소득분위에서 상대적으로 빠른 소득 증가율을 보인 것은 이전 시기에 상대적으로 큰 폭의 소득감소를 경험한 데 따른 반사적 현상이라고 볼 수 있다.

1999~2003년 시기의 소득 대비 2003~2008년 시기의 소득을 비교해보 면 집단에 따라 소득이 감소한 경우도 발견된다. 사무직 근로소득의 경우 3 분위까지 실질소득이 감소했다. 상용노무직 가구주의 근로소득은 모두 평균 적으로 감소했고, 특히 2, 3, 5분위에서 감소한 것으로 나타난다. 임시일용직 근로자 가구주의 근로소득은 하위 소득분위에서는 거의 정체상태이나 상위 소득분위에서 감소해 평균적으로는 감소했다. 한편, 자영자 가구주의 사업소 득은 2, 4분위에서 감소했으며, 그 밖에 대부분의 하위 소득분위에서도 연평 균 소득증가율이 1% 내외임을 알 수 있다.

1997~1999년 시기에 모든 분위의 소득이 감소하는 가운데 소득감소율 의 분위 간 역진성이 있었다면, 2004년 이후에는 전체 평균소득이 증가한 집 단과 감소한 집단이 공존하고, 또한 각 집단 내부에서도 소득이 증가한 분위 와 감소한 분위가 공존하는 모습을 보이는 것이 특징이다. <그림 1-8>은 2003~2008년 시기의 각 분위별 실질소득 증가율의 분포를 나타낸 것이다.

〈그림 1-8〉 2003~2008년 시기 연평균 실질소득 증가율

(단위: %)

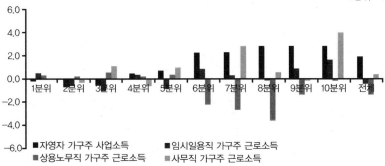

■자영자 가구주 사업소득　　　　■임시일용직 가구주 근로소득
■상용노무직 가구주 근로소득　　　■사무직 가구주 근로소득

자료: 통계청, 「가계조사」 원자료(각 연도).

하위 소득분위에서 가구주의 종사상 지위에 상관없이 실질소득 증가율이 매우 낮고, 경우에 따라서 마이너스로 나타나는 것을 볼 수 있다.

5. 배우자 및 기타 가구원 취업, 기타소득에 따른 불평등 변화

1) 배우자 및 기타 가구원 취업 시의 소득불평등 변화 추이

가구소득의 절대적 규모 면에서 본다면 배우자와 기타 가구원의 취업은 가구소득을 증대시킨다. 그러나 그에 따른 소득 증대가 가구 간 소득의 불평등에 어떤 영향을 미칠지는 선험적으로 단정하기 힘들다. 배우자의 취업이 주로 어떤 소득계층에서 일어나는지, 취업한 배우자의 소득은 배우자의 소득과 어떤 상관관계에 있는지 등에 따라 가구주만의 소득을 고려했을 때의 불평등을 상쇄시킬 수도 있고 오히려 더욱 심화시킬 수도 있기 때문이다.

〈그림 1-9〉 배우자와 기타 가구원 취업에 따른 소득불평등 변화

(단위: %)

자료: 통계청, 「가계조사」 원자료(각 연도).

<그림 1-9>를 보면 1992년 이후로 배우자의 취업은 가구의 소득불평등을 더욱 심화시키고 있음을 알 수 있다. 취업 가구주의 주소득원만을 고려한 지니계수에 비해 가구주와 배우자의 노동소득(=근로소득 + 사업소득) 지니계수가 훨씬 높아지는 것이다. 이는 적어도 취업 가구주와 취업 배우자 소득 사이에 높은 상관관계가 존재할 가능성을 시사하는 것인데, 이에 대해서는 다음 절에서 좀 더 상세하게 살펴볼 것이다.

한편, 가구주와 배우자를 제외한 기타 가구원의 취업은 소득불평등을 상당히 완화하는 효과가 있음을 알 수 있다. 특히 2005년 이후로는 기타 가구원의 취업에 따른 가구 전체의 노동소득 불평등도가 취업 가구주의 소득불평등과 유사한 수준으로 나타난다.

〈표 1-3〉 소득분위별 맞벌이 가구 비율

(단위: %)

소득 분위	가구 시장소득 기준 분위 구분			가구주 소득 기준 분위 구분		
	1998~1999년	2004~2011년	변동폭(%p)	1998~1999년	2004~2011년	변동폭(%p)
1	8.6	17.4	8.8	8.8	13.0	4.2
2	17.1	34.3	17.2	33.6	46.6	13.0
3	20.1	40.1	20.0	33.8	53.3	19.5
4	21.2	43.4	22.2	34.5	55.4	20.8
5	24.7	47.3	22.6	29.6	53.9	24.3
6	26.8	51.0	24.2	28.5	53.4	24.9
7	27.8	48.6	20.8	27.5	50.2	22.6
8	31.7	52.0	20.2	23.0	47.3	24.3
9	38.3	56.2	17.8	24.9	41.6	16.7
10	44.2	61.7	17.6	18.0	36.8	18.9

자료: 통계청, 「가계조사」 원자료(각 연도).

2) 취업 배우자 소득의 분위 분포

배우자의 취업이 어떤 효과를 초래했는지를 좀 더 상세하게 살펴보기 위해 배우자가 없거나 동거하지 않는 경우 제외하고 분석했다.[4] 그런데 배우자의 취업은 가구소득을 증가시키는 요인이 되어 가구가 속한 분위를 변경시킬수 있다. 즉, 가구소득 분위는 배우자 취업의 결과일 수 있다. 따라서 어떤 소득계층에서 배우자의 취업비율이 변했는지를 살펴보려면 가구소득보다는 가구주의 소득을 기준으로 분위를 구분하는 것이 적절할 수 있다.

<표 1-3>의 왼쪽은 가구의 시장소득을 기준으로 분위를 구분했을 때 각 분위별 맞벌이 가구의 비율 변화를 보여준다. 또한 오른쪽은 가구주의 소득 분위를 기준으로 분위를 구분했을 때 맞벌이의 비율이 두 시기 사이에 어떻

---

4) 1997년 이전의 자료에는 배우자 취업에 대한 정보가 제공되지 않아 분석에서 제외했다.

<표 1-4> 취업 배우자의 노동소득 분위(가구주 소득분위 기준)

(단위: %)

분위	1	2	3	4	5	6	7	8	9	10
1998~1999년	24.9	30.3	16.1	8.3	6.1	3.6	3.2	3.1	2.8	1.6
2004~2011년	35.0	26.3	14.1	8.0	4.5	3.1	2.4	2.9	2.2	1.5

자료: 통계청, 「가계조사」 원자료(각 연도).

게 다른지도 보여준다. 가구소득을 기준으로 분위를 구분한 경우를 보면 높은 소득분위일수록 맞벌이 가구의 비율이 높다는 점을 쉽게 알 수 있다. 즉, 배우자의 취업이 가구소득 분위를 높이고 있는 것이다.

하지만 가구주의 소득을 기준으로 보면 상황은 다소 달라진다. 1분위의 맞벌이 비율은 13%로 가장 낮다. 2분위부터는 맞벌이의 비율이 40~50%대로 증가하고 10분위는 36.8%로 다소 낮아진다. 전체적으로 중간 분위의 맞벌이 비율이 높게 나타난다. 하위 분위에 비해 중간 분위의 맞벌이 비율이 높다는 것은 배우자의 취업이 가구소득의 불평등화를 초래하는 요인으로 작용했음을 의미하는 것이다.

한편, 이 표를 통해 확인할 수 있듯이 모든 분위에서 맞벌이의 비율이 증가했다. 특히 가구주의 소득을 기준으로 4~8분위에서는 20%p 이상 증가했다. 맞벌이 가구의 비율이나 그 증가율은 하위 소득분위에서 오히려 낮았다.

취업 배우자는 주로 어떤 일자리에 진출하는지를 살펴보기 위해 가구주의 소득분위를 기준으로 배우자의 소득이 어느 분위에 해당하는지를 살펴보았다(<표 1-4>). 배우자의 취업은 주로 3분위 이하의 하위 소득분위의 일자리에 집중되며, 그 집중화 경향도 강화된 것을 알 수 있다. 1998~1999년의 경우5) 취업 배우자 가운데 1분위에 취업한 배우자의 비율이 24.9%였고, 3분위 이하 일자리에 취업한 배우자의 비율은 71.3%였다. 그런데 2004~2011

〈표 1-5〉 맞벌이 가구에서 가구주 소득과 배우자 소득의 상관계수

	시기	1998~1999년	2004~2011년
소득분위 기준	상관계수	0.3397	0.2054
	p값	<.0001	<.0001
노동소득 기준	상관계수	0.3639	0.2409
	p값	<.0001	<.0001

자료: 통계청, 「가계조사」 원자료(각 연도).

년에는 1분위 취업 배우자의 비율이 35.0%로 약 10%p 가량 증가했고, 3분위 이하 일자리에 취업한 비율은 75.4%로 약 4%p 증가했다.

　배우자의 취업이 가구주의 소득불평등을 악화시키는지 여부는 가구주 소득과 배우자 소득의 상관관계를 통해 쉽게 파악할 수 있다. <표 1-5>는 가구주와 배우자 소득 사이의 상관계수를 두 가지 방식으로 구하고 있는데, 하나는 가구주 소득분위 구분선을 기준으로 가구주와 배우자의 소득분위를 각각 구한 후, 양자 사이의 상관계수를 구한 것이다. 이렇게 구한 상관계수는 모두 (+)로 나타나[6], 배우자의 취업이 가구주의 소득불평등을 더 심화시키는 것을 확인할 수 있다. 다만 상관계수의 크기는 2004년 이후 다소 감소했다. 또 다른 방법은 가구주 소득과 배우자 소득의 절대액 사이의 상관계수를 구하는 것이다. 이 경우 역시 상관계수는 (+)의 값을 지니며 앞서의 방법으로 도출한 값보다 더 커진다. 하지만 2004년 이후 상관계수가 감소하는 것은 앞의 방법으로 구한 상관계수의 경우와 마찬가지다.

　앞서 기타 가구원의 소득이 가구주와 배우자의 소득을 합한 경우의 소득

---

5)　1997년 이전의 「가계조사」 자료는 맞벌이 여부에 대한 정보를 제공하지 않아 분석에서 제외했다.

6)　1%의 유의수준에서도 성립함을 알 수 있다.

〈그림 1-10〉 기타 가구원 소득의 비율 변화(가구주+배우자 노동소득 대비)

(단위: %)

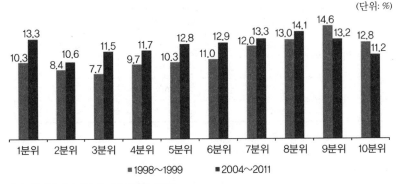

자료: 통계청, 「가계조사」 원자료(각 연도).

불평등을 감소시키는 것은 물론, 경우에 따라 가구주 소득의 불평등까지도 상쇄할 수 있음을 언급한 바 있다. 이를 좀 더 상세히 살펴보기 위해 각 (가구) 소득분위별로 기타 가구원의 취업이 가구주와 배우자가 노동시장에서 획득한 소득을 얼마나 더 증가시키는 효과가 있는지를 분위별로 비교했다(<그림 1-10>). 이를 위해 배우자가 취업하지 않은 가구도 분석에 다시 포함시켰다.

거의 모든 분위에서 기타 가구원의 취업은 10% 이상의 소득 증대 효과를 가져온다. 기여율의 분위별 분포를 보면 최하위 1분위와 중상위 분위에서 기여율이 높게 나타나고 2, 3분위에서는 비교적 작게 나타난다. 그런데 <그림 1-10>에서 확인할 수 있는 눈에 띄는 사실은 1998~1999년에 비해 2004년 이후 기타 가구원 소득의 기여 비율이 높아졌다는 것이다. 이는 9, 10분위를 제외한 모든 분위에서 나타나는 현상이다. 동시에 낮은 소득분위와 높은 소득분위 사이의 기여율 격차도 감소했다. 낮은 소득분위는 배우자의 취업 비율이 상대적으로 낮지만 기타 가구원의 취업이 가계소득에 기여하는 바가 상대적으로 크며, 그 효과도 외환위기 때에 비해 더 강화되었음을 알 수 있다.

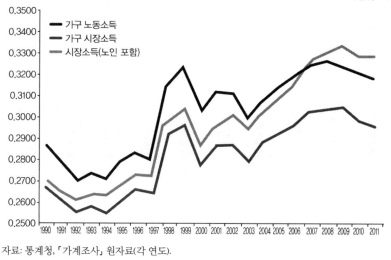

〈그림 1-11〉 가구 노동소득 불평등과 시장소득 불평등의 추이

(단위: %)

자료: 통계청, 「가계조사」 원자료(각 연도).

3) 기타 비노동소득이 가구소득 불평등에 미친 효과

가구소득의 구성항목 가운데 재산소득과 사적이전소득은 가구원이 노동시장에서 획득한 소득의 불평등에 어떤 영향을 미칠 것인가. <그림 1-11>에서 가구 노동소득의 지니계수와 가구 시장소득의 지니계수 추이 변화를 비교해보면 전자가 후자에 비해 높음을 알 수 있다. 즉, 기타소득의 존재가 가구 간 소득불평등을 감소시키는 요인으로 작용하고 있는 것이다. 효과 또한 1997~1999년에 비해 2004년 이후 다소 증가한 것으로 나타난다.

<그림 1-12>는 분위별로 가구 노동소득에서 기타소득(재산소득과 사적이전소득)이 차지하는 비중을 비교한 것이다. 기타소득의 비중은 하위 소득분위에서 크고 상위 소득분위에서 작다. 1997~1999년에 비해 2004년 이후 기타소득의 비율은 대부분의 분위에서 감소한 것으로 드러났다. 1분위의 경우

〈그림 1-12〉 기타소득의 비율 변화(가구 노동소득 대비)

(단위: %)

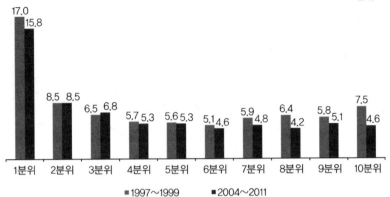

자료: 통계청, 「가계조사」 원자료(각 연도).

〈그림 1-13〉 가구 시장소득 분위별 소득점유율 변화

(단위: %)

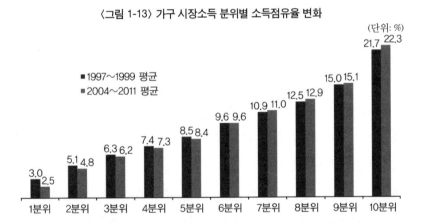

자료: 통계청, 「가계조사」 원자료(각 연도).

그 비율은 17.0%에서 15.8%로 다소 감소했다. 3분위를 제외하고는 모든 분위에서 기타소득의 비율이 감소했는데, 10분위 감소폭이 2.9%p로 가장 크게 나타나, 고소득 분위의 감소폭이 상대적으로 큰 것을 확인할 수 있다. 이

점이 기타소득의 노동소득 불평등 감소 효과를 높인 요인이라는 것을 알 수 있다.

이상의 내용을 종합해 25~64세 전체 도시가구의 분위별 소득점유율이 어떻게 변화했는지를 시기별로 비교한 것이 <그림 1-13>이다. 1997~1999년에 비해 2004년 이후에 소득점유율이 증가한 분위는 7분위~10분위이다. 반대로 1~5분위는 소득점유율이 감소했고 6분위는 변화가 없었다. 상위 소득분위의 소득점유율은 증가한 반면 하위 소득분위의 소득점유율은 감소하는 것, 더구나 그 감소폭이 하위 분위일수록 더 크고 증가폭은 상위 분위일수록 크다는 점이 현재 우리 사회가 직면하고 있는 불평등 심화의 모습을 단적으로 보여준다. 분위별 소득점유율의 증가·감소는 그에 따른 증가폭·감소폭마저 서열화시키고 있는 것이다.

6. 인구구조 변화와 재분배정책의 효과

1) 노인가구를 포함시켰을 경우의 가구소득 불평등 변화

<그림 1-14>에는 분석에서 제외되었던 노인가구를 포함시켰을 경우 가구 시장소득의 불평등이 어떻게 변화하는지가 나타나 있다. 노인가구까지 고려할 경우 가구소득 불평등은 생산활동 연령대 가구의 불평등에 비해 크게 증가하며, 두 집단 간 불평등도의 차이는 더욱 커진다. 즉, 노인가구가 전체 가구의 불평등에 기여하는 정도가 증가하고 있음을 알 수 있다.[7]

---

7) 엄밀히 말하면 가구주의 연령이 65세 이상이거나 25세 미만인 가구를 추가한 것이다. 하지만 25세 미만 가구가 전체 가구에서 차지하는 비중은 매우 미미하므로(1997~1999년

〈그림 1-14〉 소득분위별 노인가구의 비중 변화

(단위: %)

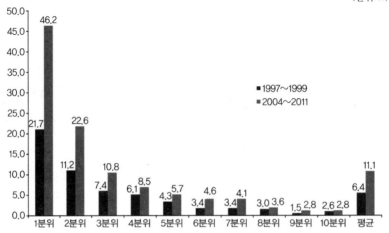

자료: 통계청, 「가계조사」 원자료(각 연도).

각 소득분위별로 노인가구의 비중이 어떻게 변해왔는지를 검토해보면 이
러한 경향을 좀 더 분명하게 확인할 수 있다. <그림 1-14>에서 나타나듯이
전체적인 인구구조 변화 때문에 모든 소득분위에서 노인가구의 비중이 높아
져 평균적으로는 6.4%에서 11.1%로 증가했다. 그런데 노인인구의 증가폭은
하위 분위에서 훨씬 크게 나타나고 있다. 1분위 가구의 경우 1997~1999년
에는 노인가구의 비중이 평균 21.7%였으나 2004년 이후에는 두 배 이상으
로 증가해 46.2%까지 높아졌으며, 2분위에서도 역시 노인가구의 비중이 두
배로 증가했다.

두 시기 사이 노인가구와 비노인가구의 소득격차도 더욱 확대되었다.
1997~1999년 시기에서 비노인가구 대비 노인가구의 소득비율은 약 64.2%

시기에는 2.1%, 2004년 이후에는 평균 0.6%) 여기서는 이 집단까지 통칭해 노인가구라
고 부르기로 한다.

였으나, 2004~2011년 시기에는 49.7%로 14.5%p 감소했다. 즉, 노인가구의 비중 증가와 비노인-노인가구 간의 소득격차 확대가 가구소득의 불평등 경향을 더욱 촉진한 것이다.

2) 재분배정책에 따른 가구소득 불평등도의 차이

마지막으로 공적이전소득이나 조세, 사회보장부담금 등 재분배정책과 관련된 소득 및 지출 구성 항목들이 가구소득의 불평등에 어떤 영향을 미치는지 살펴보자. 분석의 대상이 되는 전체 2인 이상 도시가구에 대해 시장소득의 지니계수와 가처분소득의 지니계수를 비교해보면 그 효과를 파악할 수 있는데, 이 두 소득범주의 지니계수 추이 변화는 이미 <그림 1-1>에서 제시한 바 있다. 시장소득 불평등 지니계수와 가처분소득 지니계수는 대체로 유사한 모습으로 증가하는 경향이 나타나지만, 최근으로 올수록 양자의 차이가 확대되고 있다. 즉, 재분배정책이 가구소득의 불평등을 완화하는 효과가 점차 증가하는 것이다. 특히 1998년과 2008년을 비교해보면 그 차이가 크게 확대된 것을 확인할 수 있다. 1998년의 경우는 외환위기 이후 증가한 실업 및 빈곤층에 대한 현금지원 증가, 2008년의 경우는 기초노령연금 제도 시행 때문인 것으로 추정된다.

소득분위별 재분배정책의 효과가 어떻게 나타나는지를 살펴보기 위해 '공적이전소득-조세-사회보장부담금'이 가구 시장소득 대비 어느 정도의 비율을 차지하는지를 비교해볼 수 있다. 하위 소득분위일 경우 공적이전소득은 크고 조세나 사회보장부담금의 지출이 적다면 '공적이전소득-조세-사회보장부담금'은 가구소득을 증가시키는 방향으로 작용할 것이다. 반대로 상위 소득분위에서는 공적이전소득의 크기가 미미한 반면 조세와 사회보장 부담의

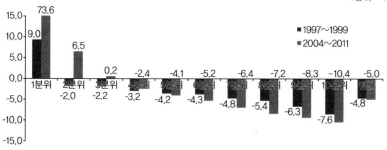

〈그림 1-15〉 소득분위별 재분배정책의 시장소득 변화 기여율

(단위: %)

■1997~1999
■2004~2011

자료: 통계청, 「가계조사」 원자료(각 연도).

상대적 비중이 크기 때문에 가처분소득은 시장소득보다 줄어들 것이다.

<그림 1-15>는 그 효과를 분위별·시기별로 비교하고 있다. 먼저 제일 오른쪽 전체 가구의 평균을 보면, 1997~1999년 시기에는 공적이전과 조세 및 사회보장부담금이 시장소득을 4.8% 감소시켰지만, 2004년 이후에는 5.0%로 감소시켜 그 효과가 다소 증가한 것을 알 수 있다. 그러나 중요한 것은 평균적인 효과가 아니라 분위별로 차별화된 효과일 것이다. 1분위의 경우 재분배정책이 시장소득을 9.0% 증가시켰지만, 2004년 이후에는 73.6% 증가시켜, 최하위 소득분위의 재분배정책 효과가 상당히 높아졌다는 것을 알 수 있다. 재분배정책이 가구 시장소득을 증대시키는 효과는 1997~1999년 시기에는 1분위에서만 관측되었으나 2004년 이후에는 3분위에서까지 관찰되었다. 고소득 분위에서 재분배정책이 가구 시장소득을 감소시키는 효과 역시 2004년 이후의 시기에 더욱 늘어났음을 알 수 있다.

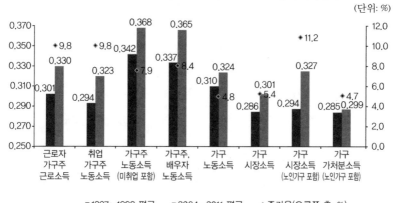

〈그림 1-16〉 지니계수의 기간 평균값을 통해 본 불평등의 심화 경향

(단위: %)

■ 1997~1999 평균   ■ 2004~2011 평균   ◆ 증가율(오른쪽 축, %)

자료: 통계청, 「가계조사」 원자료(각 연도).

7. 각 요인별 불평등도 변화 효과의 종합적 비교

이상에서 가구소득의 불평등에 영향을 미치는 요인들을 순차적으로 고려하면서 각 요인들이 가구소득 불평등의 증가 혹은 감소에 어떤 효과를 미쳤는지를 비교했다. 특히 관심의 대상으로 설정한 1997~1999년 시기와 2004~2011년 시기를 비교해보았다. 다음에 제시된 두 그림은 이제까지의 논의를 종합적으로 정리하고 있다.

먼저, <그림 1-16>은 두 시기에 각 집단 및 소득원별 지니계수의 차이를 보여준다. 거의 대부분의 항목에서 2004년 이후의 지니계수는 1997~1999년 시기에 비해 증가했다. 이 그림에서 점으로 표시된 항목은 두 시기 간 지니계수의 증가율을 의미하는데, 가장 빠른 속도로 증가한 것은 노인가구를 포함한 전체 가구의 시장소득 지니계수이다(11.2% 증가). 이는 노인가구의 비중 증가와 소득 지위 악화가 전체 도시가구의 불평등 심화에 가장 큰 영향

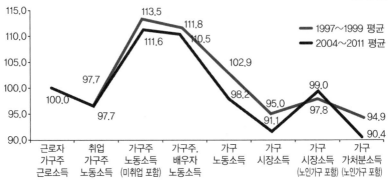

 〈그림 1-17〉 집단별, 소득범주별 불평등 상대적 수준 비교

(단위: %)

주: 근로자 가구주의 근로소득 불평등을 100으로 하여 계산.
자료: 통계청, 「가계조사」 원자료(각 연도).

을 미쳤음을 의미하는 것이다. 다음으로 증가율이 높은 것은 근로자 가구의
가구주 근로소득 불평등과 취업자 가구의 가구주 노동소득 불평등으로, 모두
지니계수가 두 시기 사이에 9.8% 증가한 것으로 나타났다. 반면 증가율이 가
장 낮은 항목은 노인가구를 포함한 전체 도시가구의 가처분소득 지니계수로
두 시기 사이 4.7%만 증가한 것을 알 수 있었다.

지니계수의 절대적 수치가 얼마나 악화되었는지와는 별도로 각 요인을 추
가적으로 고려함에 따라 상대적으로 불평등도가 얼마나 변화했는지를 비교
할 수 있다. 그 결과를 보여주는 것이 <그림 1-17>이다. 근로자 가구를 기
준 집단으로 하고 가구주 근로소득 불평등을 100으로 본다면, 자영업자가 추
가되고 자영업자의 사업소득까지를 고려할 경우 소득불평등은 97.7 수준으
로 떨어진다. 이는 두 시기 모두 동일하다. 여기에 미취업 가구주를 포함시키
게 되면 가구주 소득의 불평등은 증가하게 되는데, 그 상대적 효과는 2004년
이후의 시기에 다소 감소한 것으로 나타난다.

가구주의 노동소득에 배우자가 노동시장에서 획득한 소득(근로 및 사업소득)을 추가로 고려한다면 가구소득의 불평등은 증가하는데, 그 정도는 2004년 이후에 다소 감소했다. 여기에 다시 기타 가구원의 노동소득을 고려한다면 가구소득의 불평등은 반대로 감소한다. 또한 기타 가구원의 취업이 가구소득 불평등을 감소시키는 효과는 최근 들어 더 강화되었다. 노동소득 이외에 재산소득이나 사적이전소득 등 기타소득을 추가로 고려하게 된다면 가구소득의 불평등은 더욱 감소하며, 그 효과는 최근 들어 더 강화되었다.

가구주의 연령 분포 변화를 통제하기 위해 제외했던 노인가구를 포함시키게 되면 가구소득의 불평등은 더욱 확대된다. 2004년 이후 시기의 경우 노인가구의 시장소득의 불평등은 근로자 가구의 가구주 근로소득 불평등의 약 99%에 해당하는데 이는 1997~1999년 시기에 비해 더 높아진 수치이다. 마지막으로 이 모든 가구에서 정부의 재정정책이 소득불평등을 감소시킨다는 것을 알 수 있다. 가구가처분소득의 불평등 수준은 시장소득 불평등에 비해 감소하고, 감소율은 2004년 이후의 시기가 훨씬 큰 것으로 나타난다.

8. 요약 및 시사점

1990년대 이후 우리나라 도시가구의 소득불평등은 악화되고 있다. 이 글은 이러한 불평등의 장기적 심화 경향 속에서 각 요인들이 어느 정도 기여했는지를 분석하고, 특히 불평등의 심화가 빠르게 진행된 두 시기(1997~1999년과 2004~2011년) 사이, 그 정도를 비교분석하고자 했다. 이를 위해 근로연령대에 해당되는 근로자 가구주의 근로소득에서 출발하여 대상 집단을 넓혀가는 동시에, 가구소득의 범주를 확대함에 따라 불평등에는 어떤 변화가 나타나는지를 살펴보았다. 그 주요 결과를 요약하면 다음과 같다.

2004년 이후의 시기에도 우리 사회의 소득불평등은 심화되고 있고 이미 그 수준은 외환위기 이후 불평등이 가장 심했던 1999년의 수준을 넘어섰다. 외환위기 국면의 소득불평등과 달리 2004년 이후의 불평등은 경제가 성장하고 실업률이 높지 않은 상황임에도 악화되고 있다. 특히 노인가구를 포함한 전체 도시가구의 가구소득 불평등 악화 속도가 가장 빨랐고, 그다음으로 빠르게 진행된 것이 근로연령대 취업 가구주의 노동소득 불평등이었다.

근로자 가구주의 근로소득 불평등을 기준으로 차례대로 다른 집단과 다른 소득범주를 고려할 경우 자영업 가구주의 사업소득과 기타 가구원의 노동소득, 그리고 기타 가구소득의 존재는 불평등을 완화시키는 역할을 하는 것으로 나타났다. 반면 미취업 가구주의 존재, 배우자의 취업 등은 근로자 가구의 근로소득 불평등을 확대시키고 있었다. 노인가구가 포함될 경우 가구소득 불평등은 더욱 심화되는데 그 효과는 2004년 이후 더욱 강화되었다. 마지막으로 재분배정책은 소득불평등을 완화시키며, 그 효과 역시 2004년 이후 더욱 강화되었다.

이러한 사실들로부터 다음과 같은 정책적 시사점을 얻을 수 있다. 전체 가구소득 불평등의 가장 큰 요인이 근로자 가구의 근로소득 불평등이라는 점에서 최근 불평등 심화의 핵심적 원인은 임금노동시장의 변화에 있다는 것을 알 수 있다. 가구소득의 불평등을 감소시키는 다른 요인들도 노동시장에서 발생하는 근로소득 불평등화 심화의 경향을 억제하기에는 역부족인 것으로 나타났다. 이는 분배정책의 전환 없이 재분배정책을 통해서만 소득불평등화 경향을 억제하기에는 한계가 있음을 시사한다.

노인가구가 소득불평등에 미치는 효과의 핵심은 노인가구의 빈곤화이다. 노인가구의 비중이 증가함과 동시에 저소득 분위에 그 분포가 치중되는 현상에 대처하지 못한다면 당분간 소득불평등의 심화 경향은 지속될 것으로 예상된다. 향후 국민연금 수급 계층의 확대 등 노인빈곤이 완화될 것이라고 전망되는 요인들도 있지만, 이것이 전체 소득불평등의 확대를 얼마나 억제할 수 있을지는 미지수다. 전체 노동시장 구조 변화의 특성상 노인의 일자리 확대가 단기적으로 어렵다면, 노인가구에 대한 효율적인 재분배정책을 통해 저소득 분위 노인가구의 소득 지위를 개선하는 것이 필요할 것이다.

하위 소득계층일수록 배우자의 취업이 저조하며, 배우자가 취업을 하더라도 저소득 일자리에 집중되는 경향이 심하다는 사실은, 특히 여성 취업 촉진 정책과 관련해 중요한 시사점을 준다. 대부분의 배우자가 여성이라는 것을 감안할 때, 여성 취업이 개별 가구의 소득을 증진하는 효과뿐만 아니라 가구 소득의 불평등도 완화시키는 효과를 갖기 위해서는 일차적으로 여성 일자리의 질적 개선이 이루어져야 할 것이다. 또한 기혼 여성의 취업이 용이할 수 있도록 저소득층의 취업 지원에 초점을 맞춰야 할 것이다.

〈부표 1-1〉 집단별, 소득범주별 지니계수(1990~2011년)

	가구주 25~64세 도시가구(2인 이상)									전체 도시가구 (2인 이상)	
	취업 가구주				취업 + 비취업 가구주					취업 + 비취업 가구주	
	근로자 가구주			근로자 + 자영자 가구주							
	사무직 가구주	사무직 + 상용노무 가구주	사무 + 상용 + 임시일용 가구주	근로자* 가구주	근로자 + 자영자 가구주	가구주	가구주 + 배우자	전체 가구원	전체 가구원	전체 가구원	전체 가구원
연도	근로 소득	근로 소득	근로 소득	근로 소득	노동 소득	노동 소득	노동 소득	노동 소득	시장 소득	시장 소득	가처분 소득
1990	0.2490	0.2773	0.2842	0.2907	0.3166	0.3167	0.3057	0.2882	0.2656	0.2692	0.2592
1991	0.2347	0.2579	0.2645	0.2730	0.3031	0.3033	0.2962	0.2785	0.2587	0.2626	0.2538
1992	0.2227	0.2525	0.2594	0.2664	0.2687	0.2946	0.2893	0.2705	0.2524	0.2583	0.2497
1993	0.2213	0.2464	0.2537	0.2586	0.2629	0.2916	0.2888	0.2743	0.2558	0.2624	0.2562
1994	0.2254	0.2542	0.2629	0.2666	0.2660	0.2915	0.2883	0.2712	0.2531	0.2616	0.2563
1995	0.2210	0.2564	0.2648	0.2704	0.2712	0.3014	0.2955	0.2795	0.2593	0.2673	0.2596
1996	0.2322	0.2621	0.2711	0.2775	0.2754	0.3061	0.3025	0.2835	0.2650	0.2736	0.2652
1997	0.2297	0.2624	0.2709	0.2750	0.2718	0.3046	0.3014	0.2807	0.2638	0.2730	0.2652
1998	0.2365	0.2802	0.2983	0.3058	0.2983	0.3504	0.3458	0.3189	0.2942	0.3019	0.2936
1999	0.2483	0.2905	0.3130	0.3218	0.3116	0.3697	0.3631	0.3291	0.2988	0.3076	0.2969
2000	0.2324	0.2835	0.2988	0.3022	0.2885	0.3451	0.3424	0.3063	0.2784	0.2888	0.2738
2001	0.2387	0.2918	0.3048	0.3104	0.2938	0.3491	0.3489	0.3167	0.2888	0.2996	0.2846
2002	0.2382	0.2917	0.3017	0.3068	0.2945	0.3500	0.3487	0.3153	0.2891	0.3042	0.2890
2003	0.2316	0.2642	0.3062	0.3078	0.2885	0.3351	0.3323	0.3016	0.2806	0.2973	0.2811
2004	0.2459	0.2764	0.3208	0.3215	0.3063	0.3507	0.3458	0.3132	0.2904	0.3066	0.2874
2005	0.2496	0.3043	0.3253	0.3295	0.3191	0.3625	0.3583	0.3184	0.2944	0.3119	0.2923
2006	0.2515	0.3054	0.3246	0.3282	0.3229	0.3690	0.3660	0.3245	0.2998	0.3205	0.2967
2007	0.2524	0.3094	0.3320	0.3345	0.3281	0.3745	0.3729	0.3307	0.3060	0.3328	0.3035
2008	0.2622	0.3150	0.3319	0.3335	0.3287	0.3705	0.3725	0.3323	0.3073	0.3351	0.3050
2009**	n.a.	n.a.	n.a.	0.3356	0.3272	0.3741	0.3716	0.3286	0.3086	0.3397	0.3060
2010**	n.a.	n.a.	n.a.	0.3298	0.3234	0.3740	0.3679	0.3250	0.3022	0.3347	0.2990
2011**	n.a.	n.a.	n.a.	0.3293	0.3254	0.3720	0.3643	0.3230	0.2986	0.3346	0.2995

1990~ 1996 평균	0.2295	0.2581	0.2658	0.2719	0.2805	0.3007	0.2952	0.2780	0.2586	0.2650	0.2571
1997~ 1999 평균	0.2381	0.2777	0.2940	0.3009	0.2939	0.3416	0.3367	0.3096	0.2856	0.2942	0.2852
2000~ 2003 평균	0.2352	0.2828	0.3029	0.3068	0.2913	0.3448	0.3431	0.3100	0.2842	0.2975	0.2821
2004~ 2011 평균	0.2539	0.3085	0.3284	0.3302	0.3226	0.3684	0.3649	0.3244	0.3009	0.3270	0.2987

주: 1) 사무직, 상용노무직, 임시일용직 등에 해당되지 않는 가구(법인 경영자)까지 포함된다.
   2) 2009~2011년 자료는 근로자 가구주의 가구주 종사상 지위 구분 방식이 이전 연도와 다르
     므로 수치를 제시하지 않는다.
자료: 통계청, 「가계조사」 원자료(1990~2011).

참고문헌

강신욱. 2010. 「경제위기와 소득분배구조의 변화」. 서울사회경제연구소 엮음. 『글로
    벌 경제위기와 새로운 경제 패러다임의 모색』. 한울.
김진욱·정의철. 2011. 「도시가구의 소득원천별 분해를 통한 소득불평등 변화 요인
    분석: 가구주 연령을 중심으로」. ≪사회보장연구≫, 제26권 제1호, 33~60쪽.
반정호. 2011. 「가구구성방식의 다양화가 소득불평등에 미친 영향에 관한 연구」.
    ≪사회복지정책≫, 제38권 제1호, 85~111쪽.
성명재. 2010. 「우리나라 소득분배구조의 주요 특징 및 요인별 분해」. ≪재정포럼≫
    제172호, 6~25쪽.
이병희·강신욱 외. 2007. 「최근 소득분배 및 공적이전·조세의 재분배효과 추이 분석」.
    양극화·민생대책위원회.
이철희. 2008. 「1996~2000년 한국의 가구소득 불평등 확대: 임금, 노동공급, 가구구
    조 변화의 영향」. ≪노동경제논집≫, 제31권 제2호, 1~34쪽.
정진호·최강식. 2001. 「근로자가구의 소득불평등의 요인별 분해」. ≪경제학 연구≫,
    제49집 제3호, 39~64쪽.

Jenkins, S. P. 1995. "Accounting for Inequality Trends: Decomposition Analyses for the UK,
    1971~1986." *Economica*, Vol. 62, No. 245, pp. 29~63.
OECD. 2011. *Divided We Stand: Why Inequality Keeps Rising*. OECD Publishing.
Shorrocks, A. F. 1982. "Inequality Decomposition by Factor Components." *Econometrica*, Vol.
    50, No, 1. pp. 193~211.
_____. 1984. "Inequality Decomposition by Population Subgroups." *Econometrica*, Vol. 52,
    No. 6, pp. 1369~1385.

제2장

2000년대 소득불평등의 증가요인 분석[*]
단계적 분석방법

이병희 | 한국노동연구원 선임연구위원

1. 머리말

어떤 지표로 측정하든 최근의 소득불평등은 외환위기 이전보다 높게 나타난다. 소득분배의 변화에는 세계화, 기술 변화, 정책과 제도의 변화, 노동시장 상황, 인구 및 가족구조의 변화, 가구의 노동공급 변화, 자산 가격의 변동, 복지지출의 변화 등 다양한 요인이 작용한다. 따라서 어느 한 요인의 인과관계로만 불평등 변화를 충분히 설명하기는 어렵다.

이 글은 소득불평등을 초래하는 다양한 영향 요인들을 고려해 불평등이 증가한 원인을 규명하려는 시도이다. 이러한 목적에 따라 이 글에서는 소득불평등의 다양한 영향 요인들을 단계적으로 추가하여 소득불평등 수준의 변화를 측정하는 단계적 분석방법(step-wise approach)을 사용했다. 소득불평등

* 이 글은 《경제발전연구》, 제20권 제1호(2014.6)에 게재된 논문을 수정·보완한 것이다. 서울사회경제연구소 월례토론회와 논문 심사과정에서 유익한 논평을 해준 분들에게 감사한다.

영향 요인으로는 분석자료에서 활용할 수 있는 정보에 한정할 수밖에 없었는데, 임금률, 근로시간, 고용률 등의 노동시장 요인, 노인인구의 증가, 가구구성과 가구 내 노동공급, 비근로소득, 재분배 요인을 고려했다. 이 연구의 질문은 임금불평등이 소득불평등 증가에 얼마나 중요한 역할을 하는지, 고용률 증가가 불평등에 어떤 영향을 미치는지, 노인인구의 증가가 불평등을 얼마나 심화시키는지, 여성의 노동시장 참여가 불평등을 얼마나 억제하는지, 재산소득은 불평등 변화에 얼마나 영향을 미치는지, 재분배정책의 불평등 억제 효과는 얼마나 증가했는지 등이다. 이 질문에 대한 대답에 따라 정책 선택과 우선순위는 달라질 것이다. 이 글은 이러한 정책적인 노력을 위한 탐색이라고 할 수 있다.

이상의 분석 목적을 위해 개인의 경제활동과 가구 단위의 소득을 결합한 자료가 필요하다. 이 연구는 2000년 「가구소비실태조사」와 2012년 「가계조사」를 이용했다. 이 자료는 조사 대상과 항목의 다소간의 차이는 있지만 전국적인 대표성이 있다는 장점이 있다. 이는 두 시기 간의 비교정태적인 분석이므로 분석 시기는 2000년대이다. 2000년대 초반에 다소 감소하던 소득불평등 수준이 경제가 성장하고 고용률이 소폭 증가하던 2000년대 중반에 오히려 심화된 사실에서 외환위기를 극복한 이후 불평등을 심화시킨 요인이 무엇인지를 규명할 수 있을 것이다.

이 글은 저소득층의 적극적인 노동 참여와 가구 단위의 소득 공유를 통해 불평등을 억제하던 기능이 약화되고, 재분배정책의 효과가 증가하고는 있지만 여전히 미흡한 상황에서 노동시장 불평등 증가가 가구소득 불평등 증가의 주원인임을 밝힐 것이다. 마지막에는 이러한 분석 결과의 정책적 시사점과 한계를 살펴본다.

2. 선행 연구

소득불평등의 추세와 원인에 대한 연구는 국내에서도 많이 이루어졌다.[1] 소득원천별 요인분해에 관한 대부분의 분석들은 근로소득 불평등이 불평등 증가에 대한 기여도가 가장 크다는 결과를 제시하고 있다. 인구고령화의 영향에 대해서는 성명재·박기백(2009)의 연구가 대표적이다. 인구구조의 변화가 연령별 소득과 독립적이라는 가정하에서 1994~2008년 기간 고령화로 인한 연령별 인구 비중의 변화가 같은 기간 소득분배의 14.9%를 설명한다고 분석했다. 홍석철·전한경(2013) 또한 1990~2010년 기간의 인구구조의 변화가 같은 기간 가구소득 불평등 증가의 4분의 1을 설명한다는 분석 결과를 제시하고 있다. 한편, 여성의 노동 참여가 가구소득 불평등에 미치는 영향에 대한 분석 결과는 엇갈린다. 이철희(2008)는 여성경제활동인구의 증가가 소득불평등을 완화하는 효과가 있다고 보고한 반면, 김영미·신광영(2009), 장지연·이병희(2013)는 반대의 분석 결과를 제시하고 있다. 또한 소득재분배제도의 불평등 감소 효과는 증가하고 있지만, 여전히 낮은 수준이라는 데는 이견이 없다(여유진, 2009).

그러나 개별요인의 인과관계로는 소득불평등의 증가를 충분히 설명하기 어렵다. 이 글은 가구소득 불평등에 영향을 미치는 다양한 요인들에 대한 최근의 연구에 주목한다. 고트샬크와 댄지거(Gottschalk and Danziger, 2005)는 임금불평등 연구와 가구소득 불평등 연구가 별도로 이루어져 왔음을 비판한다. 노동경제학은 가장 좁은 소득 개념인 개인별 임금 분포의 변화에 집중하여 기술 변화와 해외 경쟁, 노동시장제도, 정책 변화 등이 임금불평등에 어떤

---

[1] 소득불평등 논문들을 검토한 전병유(2014)에 따르면, 주로 노동패널을 이용한 연구만을 대상으로 했음에도 관련 국내논문이 85편에 이른다고 한다.

영향을 미쳤는지를 연구해왔다. 반면 가장 넓은 소득 개념인 가구소득 불평등은 사회정책 연구에서 주로 다루어져 왔으며, 재분배정책에 집중한다. 그들은 1975~2002년 기간 미국을 대상으로 개인별 임금, 개인 근로소득, 가족 근로소득, 가족 균등화 소득의 추세를 분석했다. 남성의 임금불평등과 가구소득 불평등이 놀라울 정도로 유사한 추이를 보이지만, 그렇다고 남성의 임금불평등의 증가가 소득불평등의 주원인이라고는 말할 수 없다고 주장한다. 시기에 따라 다른 가구원의 근로소득이나 비근로소득 등의 영향이 더 크기 때문이다. 소득불평등의 원인을 제대로 설명하기 위해서는 임금불평등과 가구소득 불평등 간에 개입하는 요인들을 함께 고려해야 한다고 그들은 강조하고 있다.

살베르다와 하스(Salverda and Haas, 2013)는 그동안의 임금불평등 연구와 소득불평등 연구의 차이를 다음과 같이 지적하고 있다. 임금불평등의 분석 단위는 근로자 개인인 반면 소득불평등은 가구 단위다. 또한 임금불평등 연구는 노동의 가격인 임금률에 관심을 가지고 시간당 임금을 주로 사용하는 반면, 소득불평등 연구는 연간소득을 사용해 근로시간으로 측정되는 노력의 차이를 반영한다. 그리고 임금불평등 연구에서는 교육 같은 인적 특성, 산업·직업 등의 일자리 특성, 노동시장제도가 상대 임금 수준에 어떤 영향을 미치는지를 분석의 초점으로 다루는 반면, 소득불평등 연구에서는 경제 자원의 배분, 빈곤과 연관된 소득의 충분성, 가구 간 소득 분포에 영향을 미치는 재분배정책의 효과를 주로 다룬다. 그들은 임금불평등과 소득불평등 간의 관계를 알아야 소득불평등의 원인을 종합적으로 규명할 수 있다는 것을 강조하고 있다.

이렇듯 근로소득 불평등의 확대가 가구소득 불평등 심화와 유사한 추이를 보이면서 소득불평등 증가의 주원인으로 근로소득 불평등을 주목하게 되었고, 이 두 관계를 규명하려는 시도가 본격적으로 시작되었다. OECD(2011)는 가구소득 불평등이 임금불평등과 반드시 동일한 방향으로 변화하는 것은 아님을 지적하고 있다. 프랑스, 일본을 제외한 대부분의 국가에서 지난 30여 년 동안 임금불평등이 증가해왔으나, 가구소득 불평등은 나라마다 다른 패턴을 보이고 있다.

한편, 국내에서는 다양한 요인들의 영향을 함께 고려한 연구로 다음의 두 연구가 대표적이다. 장지연·이병희(2013)는 1996~2011년 기간의 소득불평등의 증가를 임금불평등, 노인인구 증가, 가구의 노동공급, 재분배정책으로 나누어 분석했다. 가구유형별 요인분해, 소득원천별 요인분해, 가구 단위의 노동공급과 다양한 소득원천을 고려한 요인분해 등의 다양한 분석방법을 적용해, 지난 15년간 불평등 증가의 요인들을 규명하고 있다. 그 결과는 첫 번째, 지난 15년간 불평등 증가는 노인가구 증가의 영향도 있지만, 근로연령 가구의 불평등 증가가 더 주요한 요인이다. 두 번째, 저소득층의 노동시장 참여는 더 이상 소득불평등을 완화하는 역할을 수행하고 있지 않다. 세 번째, 소득불평등 증가의 주요인은 노동시장에서의 근로소득 불평등 확대다. 이 연구에서는 1996년 「가구소비실태조사」와 2011년 「가계동향조사」를 분석자료로 사용하고 있는데, 후술하겠지만 연간소득 자료와 월간소득 자료를 비교하는 것은 불평등 증가를 과소 추정하는 한계가 있다. 또한 다양한 요인분해 방법을 적용해 불평등 증가에 대한 각 요인의 기여도를 분석하는 장점이 있지만, 불평등 확대 메커니즘을 종합적으로 설명하지 못한다.

한편, 강신욱(2012)은 불평등 증가의 메커니즘을 종합적으로 분석한 시도라고 할 수 있다. OECD(2011)가 제안한 방법을 수정해, 근로자 가구주의 근로소득 불평등을 기준으로 다른 집단과 다른 소득범주를 추가함으로써 지니계수가 어떻게 변화하는지를 분석했다. 불평등이 증가한 외환위기 직후와

2000년대 후반을 비교해, 2000년대 후반 도시가구의 소득불평등이 악화된 원인을 규명하고 있다. 미취업 가구주의 존재, 배우자의 취업, 노인가구의 증가 등은 불평등을 확대하는 반면, 자영업 가구주의 사업소득과 기타 가구원의 노동소득, 기타 가구소득, 재분배정책은 불평등을 완화시키는 역할을 하고 있다. 또한 근로소득 불평등이 전체 가구소득의 불평등에서 가장 주요한 요인이며, 가구소득의 불평등을 감소시키는 여타 요인들도 근로소득 불평등 심화의 경향을 억제하기에는 역부족이라고 지적하고 있다. 그러나 「가계조사」를 이용하므로 대상 가구가 도시 2인 이상 가구로 한정되어 불평등 수준과 추이가 과소 측정되는 한계가 있으며, 개인별 고용 및 소득 관련 정보가 없어 개인 단위의 노동시장 불평등을 심층적으로 분석하지 못하는 아쉬움이 있다.

이 연구는 개인의 경제활동과 가구 단위의 소득에 대한 결합자료를 구성해, 개인 단위의 노동소득 불평등에서 가구 단위의 소득불평등으로 분석 단위를 확대하면서 소득불평등의 다양한 요인들이 어떤 영향을 미쳤는지를 분석하고자 한다.

3. 분석방법과 자료

1) 분석방법

불평등 변화의 원인을 규명하는 데에는 요인분해(factor decomposition)나 모의실험(simulation) 방법이 널리 사용된다. 인구 집단 또는 소득원천별로 불평등 지표를 요인분해하거나 관찰 연도의 다른 요인들이 동일하다고 가정하고 기준연도의 분포를 적용해 가상의 불평등 변화를 측정하는 모의실험 방법은 특정한 요인의 불평등 기여를 엄밀하게 분석하는 장점을 가진다. 그러나 소득불평등에 영향을 미치는 다양한 요인들을 함께 고려하지 못하는 한계가 있다.

이 연구는 OECD(2011)가 제안한 분석틀, 즉 소득불평등을 초래하는 다양한 요인들을 단계적으로 추가해 소득불평등 수준의 변화를 측정하는 방법을 사용했다. 이 방법은 한 집단의 소득불평등을 기준으로 다른 집단 및 소득원천을 하나씩 추가함으로써 소득불평등 수준이 어떻게 변화하는지를 측정하는 것이다. 강신욱(2012)이 지적하듯이, 분석의 출발점을 무엇으로 하는지, 다양한 요인들을 어떤 순서로 추가할 것인지에 따라 불평등에 미치는 영향이 다르게 측정될 수 있다. 배열 순서는 OECD(2011: 27)처럼 취업자 개인의 노동소득 불평등을 출발점으로 하여 가구가처분소득 불평등에 이르기까지 분석 단위를 단계적으로 확대했다.[2]

첫 번째 단계에서는 15~64세에 속한 취업자의 노동소득 불평등을 분석한다. 임금노동과 비임금노동 간의 이행이 잦고 부업을 가진 사람들도 늘어나고 있지만, 이를 연간 단위로 구분하는 것이 어렵기 때문에 임금소득과 사업소득을 합해 노동소득의 불평등을 살펴보았다. 개인이 일을 통해 획득하는

---

[2] 강신욱(2012)은 가구주가 생산활동 연령인 25~64세이면서 근로자인 가구의 가구주 근로소득을 기준으로, 가구주가 자영자인 가구의 사업소득, 배우자의 노동소득(근로 및 사업소득), 기타 가구원의 노동소득, 가구의 비근로소득을 단계적으로 추가한 후, 가구주 연령이 생산활동 연령대가 아닌 가구의 시장소득과 가처분소득의 불평등으로 나아가는 순으로 분석했다. 이처럼 가구주 특성을 중심으로 배열 순서를 설정한 것은 가구 단위의 자료인 「가계조사」를 사용했기 때문이다.
그러나 OECD(2011)도 분석틀에 맞춰 일관된 분석 결과를 제시하고 있지는 않다. 분석 대상을 생산가능인구로 한정했지만, 단계별로 조금씩 다르게 설정했기 때문에 분석 결과를 최종적으로 종합할 수 없는 한계가 있다. 한편, OECD 연구는 현물급여가 가구소득의 불평등에 미치는 영향을 분석하는 과정을 마지막 단계에 추가하고 있다.

〈그림 2-1〉 소득불평등 변화 메커니즘의 분석틀

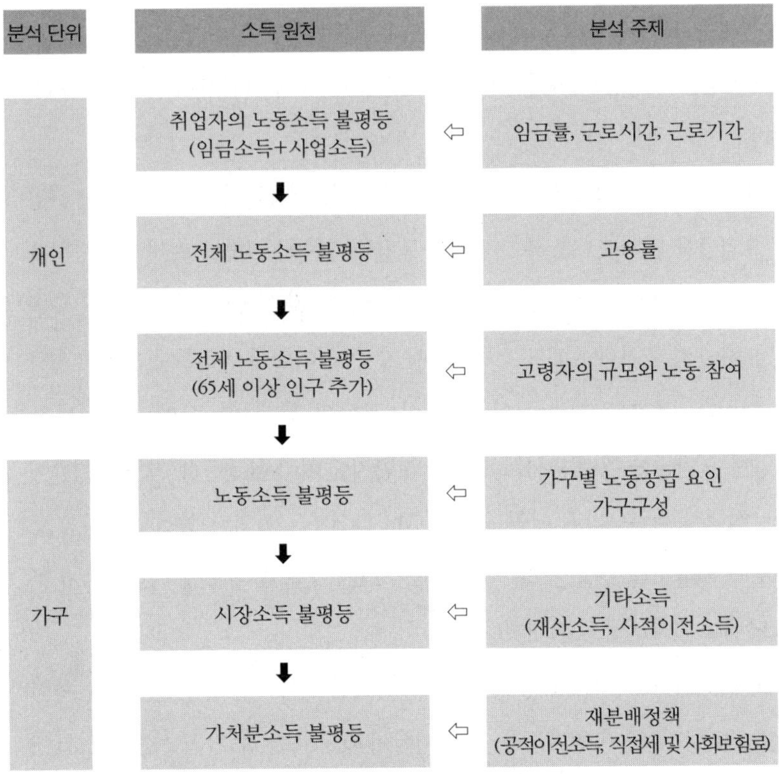

분석 단위	소득 원천	분석 주제
개인	취업자의 노동소득 불평등 (임금소득+사업소득) ⇦	임금률, 근로시간, 근로기간
	↓	
	전체 노동소득 불평등 ⇦	고용률
	↓	
	전체 노동소득 불평등 (65세 이상 인구 추가) ⇦	고령자의 규모와 노동 참여
	↓	
가구	노동소득 불평등 ⇦	가구별 노동공급 요인 가구구성
	↓	
	시장소득 불평등 ⇦	기타소득 (재산소득, 사적이전소득)
	↓	
	가처분소득 불평등 ⇦	재분배정책 (공적이전소득, 직접세 및 사회보험료)

자료: OECD(2011); 강신욱(2012); 장지연·이병희(2013)에서 재구성.

노동소득의 불평등은 노동시장의 불평등을 반영한다. 두 번째 단계에서는 비취업자를 포함한 개인 전체로 확장했을 때 노동소득 불평등이 어떻게 변화하는지를 살펴본다. 이를 통해 고용률의 변화가 개인 단위의 노동소득 불평등에 미치는 영향을 측정할 수 있다. 세 번째 단계에서는 65세 이상의 인구를 추가해 고령자의 취업률 변화와 고령자 노동소득 불평등의 영향을 살펴본다. 이어서 네 번째 단계에서는 소득을 공유하는 단위인 가구로 분석 단위를 확장해 노동소득의 불평등을 살펴보았다. 소득계층별로 가구 내에서 배우자의 노동시장 참여가 어느 정도인지, 근로활동을 하는 사람이 몇 명인지, 노인을 포함한 피부양 가구원 수가 몇 명인지에 따라서 개인 단위의 노동소득 불평등이 가구 단위의 노동소득 불평등으로 이어지는 정도는 달라질 것이다. 다섯 번째 단계에서는 노동소득 이외에 금융소득, 부동산소득, 사적이전소득의 분포에 따른 영향을 시장소득 불평등을 통해 분석한다. 마지막으로 여섯 번째 단계에서는 직접세와 사회보험료, 공적이전소득이 소득계층별로 **어떤 영**향을 미치는지를 살펴본다. 시장소득 불평등과 가처분소득 불평등 사이의 차이만큼이 재분배정책의 효과가 된다.

이상의 단계적인 분석방법은 다음과 같은 한계가 있다. 첫 번째, 동시적인 영향을 고려하지 못한다. 예를 들어 여성고용을 촉진하는 정책은 노동시장 불평등만이 아니라 가구 내 노동공급 형태, 조세 및 복지정책 등의 다양한 단계에 영향을 미칠 것이다. 두 번째, 개별요인들 자체가 변화 원인을 규명하지 못한다. 그러나 임금불평등에서 가구소득 불평등으로 확대하는 과정에서 다양한 요인들의 영향을 종합적으로 고려할 수 있는 장점이 있다. 즉, 요인들의 배열 순서에 따라 그 영향이 달라지는 문제가 있지만, 동일한 배열 순서로 불평등 수준의 변화폭을 두 시기별로 비교해, 개별요인들의 영향이 어떻게 변화했는지를 파악할 수 있다.

한편, 소득불평등 지표로는 주로 지니계수를 사용한다. 지니계수는 단기간에 쉽게 변하지 않는 특성 때문에 시계열 변화가 크지 않지만, 모든 계층의 소득 정보를 이용해 산출된다는 장점이 있다(강신욱, 2012).

2) 분석자료

연구자가 가장 많이 사용하고, 통계청이 공표하는 소득분배 지표의 자료원은 「가계동향조사」다.[3] 1982년부터 시작되는 가장 긴 시계열적인 소득분배 정보를 제공하지만, 2006년 이후에야 전국의 모든 가구(농어가 가구 제외)로 확장되었기 때문에, 분석 시기를 확장하려면 도시 2인 이상 가구로 한정해야 한다는 한계가 있다.

전체 가구로 확장할 수 있는 자료가 없는 것은 아니다. 1996년, 2000년 통계청은 지난 1년간의 소득을 묻는 「가구소비실태조사」를 실시했으며, 2010년부터는 매년 「가계금융·복지조사」를 실시하고 있다. 그러나 문제는 이들 조사에서 측정되는 지니계수가 「가계동향조사」의 그것과 매우 큰 차이를 보인다는 점이다. 1996년, 2000년 「가구소비실태조사」와 2006년 이후의 「가계동향조사」는 조사 대상이 농어가를 제외한 전체 가구로 동일한데도 큰 차이를 보인다. 「가구소비실태조사」를 이용한 가처분소득 기준 지니계수는 1996년 0.274에서 2000년 0.343으로 급증했지만, 「가계동향조사」에서는 2006년 0.300, 2012년 0.300으로 나타난다. 한편, 통계청의 국가통계포털(KOSIS)은 「가계동향조사」에 「농가경제조사」를 통합해 전체 가구의 불평등 지표를 제공하고 있다. 「가계금융·복지조사」와 조사 대상이 동일하지만, 2011년 가처분소득 기준의 지니계수는 KOSIS에서 0.311인 데 비해 「가계금융·복지조사」에서는 0.365로 현저하게 높다.[4] 즉, 어떤 자료를 사용하느

---

3) 1990년 이후의 연간 자료를 이용한 소득분배의 추이를 살펴보면, 첫 번째, 도시 2인 이상 가구의 소득불평등은 외환위기 직후보다 높은 수준이다. 외환위기 직후 크게 악화되었던 소득분배 상황은 2000년대 초반 다소 개선되다가 2000년대 중반부터 경제가 성장하고 실업률이 높지 않은 상황에서도 다시 악화되었다. 2008년 글로벌 경제위기 이후 고소득 층의 소득증가폭이 둔화되면서 지니계수가 다소 감소하고 있지만, 장기적으로 감소 경향 이 지속될지는 불확실하다. 두 번째, 1인 가구와 읍면 지역, 농어가 가구를 포함한 전체 가 구로 조사 대상을 확장할수록 불평등 수준은 높게 나타난다. 이는 1인 가구, 비도시 지역, 농어가 가구의 소득이 상대적으로 낮음을 의미한다. 세 번째, 시장소득 불평등과 가처분 소득 불평등 간의 격차는 2000년대 중반부터 확대된다. 이는 저소득층에 대한 복지가 확 대되면서 재분배정책이 불평등을 완화하는 효과가 나타나고 있기 때문이다.

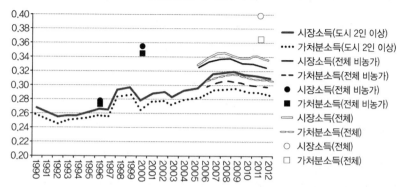

〈그림 2-2〉 지니계수 추이

주: 실선 또는 점선은 「가계동향조사」(또는 「농어가경제조사」를 포함)를 이용한 것이고, 동그라
   미나 네모는 「가구소비실태조사」 또는 「가계금융·복지조사」를 이용한 것이다.
자료: 통계청, 「가계동향조사」(각 연도); KOSIS, 「가구소비실태조사」(1996, 2000); 통계청, 「가계
   금융·복지조사」 금융·복지조사 자료(2012).

냐에 따라 불평등의 추이는 크게 달라진다는 것을 알 수 있다.

김낙년(2013)은 「가계동향조사」가 상위 소득자의 누락과 금융소득을 과
소 보고해 지니계수가 과소 추정된다고 비판하고 있다. 실제로 최근의 「가계
동향조사」를 「가계금융·복지조사」와 비교하면 상위 소득계층의 누락이 심
하게 나타난다. 또한 김낙년(2013)이 국세청 소득세 자료의 소득구간별 인원
을 추정하고 「가계동향조사」와 결합한 후 수정한 지니계수는 2010년 시장
소득 기준 0.415, 가처분소득 기준 0.371로 나타났는데, 이는 「가계동향조사
」보다 「가계금융·복지조사」의 지니계수에 가깝다. 그러므로 매월 소득을 조
사하는 「가계동향조사」와 지난 1년간의 소득을 묻는 조사 간에는 시계열적

---

4) 「가계금융·복지조사」에서 제공하는 가처분소득은 비소비지출을 차감한 처분가능 소득으
    로, 이 연구의 정의와 차이가 있다. 이 연구에서는 재분배정책의 영향을 살펴보기 위해 경
    상소득에서 직접세 및 사회보험료 등의 공적 비소비지출을 차감해 가처분소득을 구했다.
    그리고 음의 가처분소득은 0으로 간주했다.

인 단절이 존재하기 때문에 직접 비교하는 것은 적절하지 않다고 판단했다.

최종적으로 본 연구에서는 「가구소비실태조사」 2000년 자료와 「가계금융·복지조사」 2012년 자료5)를 이용했다. 이는 본 연구에 필요한 개인별 소득 및 고용 정보·가구의 소득 및 특성 정보를 함께 제공하는 장점도 고려한 것이다. 「가구소비실태조사」 1996년 자료는 개인별 종사상 지위 정보가 없고, 사업소득을 개인별로 구분할 수 없는 한계가 있다. 하지만 이 연구에서 이용하는 두 자료는 지난 1년 동안의 주된 활동 상태와 종사상 지위 정보를 제공하기 때문에 개인별 고용 및 소득 정보를 파악할 수 있다. 다만, 「가구소비실태조사」 2000년 자료에서는 개인별 노동소득이 조사되었으나 공개되지 않았고, 근로소득과 사업소득을 개인별이 아니라 가구주, 배우자, 기타 가구원으로 나누어 제공한다. 이에 따라 기타 가구원의 근로소득을 개인별로 분리할 수 없었으므로, 불가피하게 가구주와 배우자만으로 개인의 노동소득 자료를 구성했다.6)

그러나 두 조사 간에는 조사 대상과 조사 항목의 차이가 존재하는데 다음과 같다. 첫 번째, 조사 단위가 「가구소비실태조사」는 혈연 여부와 상관없이 주거와 생계를 같이하는 가구인 반면, 「가계금융·복지조사」는 혈연, 혼인, 입양 등으로 맺어져 생계를 함께하는 가족이라는 차이가 있다. 두 번째, 「가구소비실태조사」는 농어가도 조사했지만 실제 자료는 농어가를 제외하고 제공하고 있기 때문에 농어가를 제외한 전체 가구의 소득분배 상황만을 알 수 있다. 반면, 「가계금융·복지조사」는 농어가를 포함한 전체 가족의 소득분배

---

5) 「가계금융·복지조사」(2012)에서는 개인별 고용 및 소득 정보를 제공하는 복지부문 조사의 가구 및 가구원 자료를 이용했다.

6) 15~64세인 가구주와 배우자의 노동소득이 가구 노동소득에서 차지하는 비중은 2000년 88.0%, 2011년 88.3%이다.

에 관한 정보를 제공한다. 세 번째, 2000년 조사에서는 농림·축·어업 소득을 별도로 조사하는데, 이 산업에 종사하는 임금근로자 비중이 매우 낮으므로 사업소득에 포함했다. 네 번째, 두 조사는 동일하게 지난 1년간의 소득을 묻지만, 「가구소비실태조사」가 소득범주를 세분화하고 있다. 이렇듯 조사지표상의 소득범주를 다르게 설정했기 때문에 범주별로 소득수준에 대한 응답 차이가 발생할 가능성이 높다. 하지만 이러한 것을 조정할 방법이 없기 때문에, 이 연구는 각각의 원자료를 그대로 사용했다. 한편, 두 조사에서 소득의 조사 기준연도는 각각 2000년과 2011년이므로, 이하에서는 2000~2011년 시기 소득불평등 증가의 원인을 탐색·분석할 것이다.

4. 분석 결과

1) 취업자 노동소득의 불평등

(1) 취업자 노동소득의 불평등 추이

2000~2011년 소득불평등 확대에 대한 분석의 출발점으로 취업자 노동소득을 설정했다. 이때 취업자는 다음과 같이 정의했다. 첫째, 15~64세로 한정했으며, 둘째, 자료의 한계 때문에 가구주와 배우자로 국한했고, 셋째, 지난 한 해 주된 일자리의 종사상 지위에 관한 정보를 이용해 무급가족종사자를 제외한 취업자를 유급취업자로 정의했다.[7] 그리고 취업자의 개인별 노동소득은 임금소득과 사업소득을 합한 것이다.

---

7) 2011년 조사에서 특수형태 근로종사자는 별도의 종사상 지위로 조사되었는데, 대부분 근로소득이 없거나 있더라도 사업소득보다 적어서 자영업자에 포함했다.

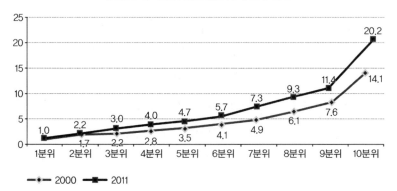

주: 1분위 소득을 1.0으로 했을 때의 상대소득.

취업자의 노동소득을 10분위로 나누어 노동소득의 변화를 살펴보았다. <그림 2-3>은 하위 1분위 소득을 1.0으로 했을 때 분위별 상대소득을 연도별로 제시한 것이다. 10분위의 상대소득은 2000년 14.1배에서 2011년에는 20.2배로 크게 증가했다. 이러한 분위별 소득격차의 확대는 노동소득 불평등의 증가로 나타난다. 지니계수로 측정한 취업자의 노동소득 불평등은 2000년 0.401에서 2011년 0.420으로 증가했다.[8)]

(2) 취업자의 노동소득 불평등과 임금률·노동시간·근무기간

블라우와 칸(Blau and Kahn, 2009)은 가격효과와 수량효과의 노동소득 불평등 기여도를 알 수 있는 분해 방법을 제시하고 있다. 연간 단위로 측정되는 노동소득(E)은 노동의 가격인 시간당 소득(w)과 노동의 양인 연간 노동시간

---

8) 직접 비교할 수는 없지만, OECD(2011)에서 25~64세의 근로자와 자영자를 포함한 취업자의 총(gross)노동소득을 보고한 12개국의 2000년대 중반 지니계수의 평균값은 0.372로 나타난다.

<표 2-1> 취업자 연간 노동소득의 요인분해 (2011년)

	$var(\log E)$	$var(\log w)$	$var(\log h)$	$2cov(\log w, \log h)$
전체	1,388 (100.0)	1,025 (73.9)	483 (34.8)	-120 -(8.6)
남	1,036 (100.0)	935 (90.3)	311 (30.0)	-210 -(20.3)
여	1,328 (100.0)	877 (66.0)	700 (52.7)	-249 -(18.7)

주: 괄호 안 수치는 연간 노동소득 불평등에 대한 각 요인별 기여도.

(h)의 곱과 동일하다. $E = w \times h$ 방정식에 로그를 취하면, 노동소득의 분산은 시간당 소득의 분산, 연간 노동시간의 분산, 두 요소 간의 공분산으로 분해된다.

$$var(\log E) = var(\log w) + var(\log h) + 2cov(\log w, \log h)$$

아쉽게도 노동시간에 대한 정보는 2011년 자료에서만 제공된다. 그래서 노동소득 불평등의 '변화'가 아닌 2011년 노동소득 불평등의 '수준'에 영향을 미치는 요인에 대한 분석으로 한정할 수밖에 없었다. 2011년 조사에서는 주된 일자리에서의 평소 주당 근로시간과, 한 해 동안 수입을 목적으로 일을 했던 기간을 묻고 있다. 두 정보를 이용해 연간 노동시간과 시간당 소득을 계산할 수 있다. 분석 대상은 비임금 근로자를 포함한 유급취업자 전체이며, 노동시간을 응답하지 않은 표본은 제외했다.

<표 2-1>은 취업자의 연간 노동소득을 요인분해한 결과를 보여준다. 주된 분석 결과를 보면 첫째, 시간당 소득불평등이 노동소득 불평등의 가장 큰 요인이다. 시간당 소득의 분산이 전체 노동소득 분산의 73.9%를 설명하고

있다. 둘째, 시간당 소득과 연간 노동시간 사이의 공분산은 음의 값을 가진다. 이는 시간당 소득이 높은 취업자가 더 많이 일하는 것은 아님을 의미한다. 셋째, 성별로 보면 남성의 경우 노동소득 불평등은 압도적으로 시간당 소득의 불평등에 의해 설명되지만, 여성의 경우는 시간당 소득의 불평등뿐만 아니라 노동시간의 설명력도 크게 나타난다. 이는 연간 노동시간의 변동성이 여성에게서 매우 높기 때문이다.

분석 대상과 분석 시기의 불일치 때문에 다른 나라와 직접 비교하는 것은 어렵지만, 우리나라는 시간당 소득의 불평등이 노동소득 불평등에 미치는 영향이 매우 큰 것으로 보인다. OECD(2011)에서 시간당 임금의 노동소득 불평등에 대한 설명력은 0.546이며, 블라우와 칸(Blau and Kahn, 2009)에서 남성 근로자 집단에서 노동소득 불평등에 대한 임금불평등의 기여는 0.733이었다. 한편, 여성의 경우 임금불평등의 기여가 블라우와 칸(Blau and Kahn, 2009)의 0.715에 비해 낮다. 이는 상대적으로 우리나라 여성이 저임금 집단에 집중적으로 취업하고 있기 때문인 것으로 보인다.

연간 근로시간은 월간 근로시간과 일한 개월 수로 나누어볼 수 있다. 따라서 연간 노동소득은 시간당 임금 × 월간 노동시간 × 연간 취업 월의 세 가지 요인으로 구성된다. 취업자의 노동소득을 5분위로 나누고, 분위별 평균 노동소득의 격차에 대한 세 가지 요인별 기여도를 로그 차분(log-difference)을 통해 파악할 수 있다.

<표 2-2>를 보면, 첫째, 전체 유급취업자의 최상위 5분위와 최하위 1분위 간 평균 노동소득 격차의 70.5%를 시간당 임금격차가 설명하고 있으며, 앞의 분산분해와 비슷한 결과가 나타난다. 한편, 연간 노동시간을 월 근로시간과 취업 월로 나누어보면, 근로기간의 영향이 월 노동시간에 비해 다소 높게 나타나고 있으므로, 고용안정성이 근로시간에 비해 노동소득 격차를 더

<표 2-2> 소득분위별 연간 노동소득의 로그 차분(2011년)

		노동소득 분위					로그 차분					
		Q1	Q2	Q3	Q4	Q5	Q5 - Q1		Q5 - Q3		Q3 - Q1	
전체	연간 노동소득 (만 원)	682	1,511	2,348	3,629	7,434	2.454	(100.0)	1.070	(100.0)	1.384	(100.0)
	시간당 임금 (만 원)	0.64	0.78	1.10	1.55	3.14	1.730	(70.5)	1.026	(95.9)	0.704	(50.8)
	월 노동시간 (시간)	168.4	208.1	213.8	216.1	212.4	0.329	(13.4)	0.003	(0.3)	0.325	(23.5)
	취업 월 (개월)	9.0	11.2	11.5	11.7	11.9	0.395	(16.1)	0.041	(3.8)	0.355	(25.6)
남	연간 노동소득 (만 원)	1,077	2,212	3,287	4,578	8,713	2.127	(100.0)	0.893	(100.0)	1.235	(100.0)
	시간당 임금 (만 원)	0.78	1.03	1.39	1.90	3.61	1.721	(80.9)	0.899	(100.7)	0.822	(66.6)
	월 노동시간 (시간)	197.1	219.1	221.1	216.6	214.2	0.141	(6.6)	-0.030	-(3.3)	0.171	(13.9)
	취업 월 (개월)	9.9	11.5	11.7	11.8	11.9	0.265	(12.4)	0.023	(2.6)	0.241	(19.5)
여	연간 노동소득 (만 원)	473	987	1,378	2,157	4,825	2.396	(100.0)	1.178	(100.0)	1.218	(100.0)
	시간당 임금 (만 원)	0.62	0.65	0.67	1.04	2.25	1.415	(59.0)	1.147	(97.3)	0.268	(22.0)
	월 노동시간 (시간)	145.5	187.6	203.9	204.8	200.7	0.447	(18.6)	-0.013	-(1.1)	0.460	(37.7)
	취업 월 (개월)	8.0	10.7	11.3	11.5	11.8	0.535	(22.3)	0.044	(3.8)	0.491	(40.3)

크게 하는 요인임을 알 수 있다.

둘째, 최상위 분위와 중간 분위 간 평균 노동소득 격차(Q5 - Q3)는 대부분 임금률의 격차에 의해 발생하는 반면, 중간 분위와 최하위 분위 간 평균 노동소득 격차(Q3 - Q1)는 임금률 격차가 50.8%, 근무기간 격차가 25.6%, 노동시간 격차가 23.5%를 설명한다. 이는 최하위 소득분위에 속한 취업자가 일자리의 불안정성과 적은 근로시간을 경험하고 있음을 의미한다.

셋째, 성별로 보면 남성의 분위 간 노동소득 격차를 초래하는 주요인은 임금률의 격차인 반면, 여성에서는 임금률뿐만 아니라 근무기간과 노동시간 격차가 또한 분위 간 노동소득 격차를 유발하는 것으로 나타난다. 특히 여성 취업자 중 중간 분위와 최하위 분위 간 평균 소득격차를 발생하는 요인은 근무기간, 노동시간, 임금률 순으로 나타난다. 중간 분위와 하위 분위 간 임금격차는 크지 않지만, 저임금 여성 취업자의 경우 짧은 근무기간과 노동시간 때문에 평균 소득격차가 발생한다는 것을 알 수 있다.

이상의 분석은 2011년 취업자의 노동소득 불평등이 노동의 가격인 임금률 격차에 의해 주로 발생한다는 것을 보여준다. 다만, 저소득 취업자, 특히 여성 저소득 취업자에서는 고용 단절과 짧은 근로시간이 낮은 노동소득을 유발하는 주요인으로 나타난다.

2) 고용률과 개인 노동소득의 불평등

지난 2000~2011년 동안 우리나라는 고용률과 노동소득 불평등이 함께 증가했다. OECD(2013)에 따르면, 10분위로 나누었을 때 최상위 분위의 최저치와 최하위 분위의 최고치 간의 비율인 D9/D1로 측정한 2011년 우리나라의 임금불평등은 4.85로, 비교 대상 32개국의 평균 3.37에 비해 월등히 높아서 미국, 이스라엘에 이어 가장 높은 나라에 해당했다. <그림 2-4>는 32개국의 지난 10년간 고용률과 임금불평등의 변화를 나타낸 것이다. 고용률과 임금불평등 간에는 약한 상관관계가 존재하지만, 각 나라마다 양상은 다르다. 고용률이 증가하면서 임금불평등이 감소한 나라가 6개국인 데 비해 고용률과 임금불평등이 함께 증가한 나라는 이보다 많은 10개국에 이른다. 우리나라는 고용률이 2.4%p 증가했지만, 임금불평등은 가장 크게 증가한 특징

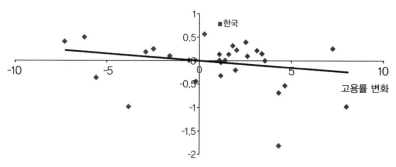

〈그림 2-4〉 고용률과 임금불평등 변화의 국제 비교(2001~2011년)

임금불평등(9분위/1분위) 변화

자료: OECD(2013)에서 작성.

이 있었다.

앳킨슨과 브란돌리니(Atkinson and Brandolini, 2006)은 전체 생산연령인구의 노동소득 불평등을 취업자의 임금불평등 변화와 고용률의 변화로 분해하는 방법을 제안하고 있다. u를 비고용률, $e = (1-u)$를 고용률, I_W를 취업자의 노동소득 불평등도로 정의하면, 전체 생산연령인구의 노동소득 불평등은 $I = u + (1-u)I_W$와 같이 표현된다. 즉, 전체 지니계수는 비취업자의 노동소득을 0이라고 가정하고, 비고용률로 가중 평균한 값이다. 이를 고용률로 다시 표현하면, $I = 1 - e + eI_W = 1 - (1-I_W)e$로 나타난다. 즉, 전체 노동소득 불평등은 고용률과 음의 상관관계가 있고, 취업자들의 임금불평등과는 양의 상관관계가 있다.[9]

---

9) OECD(2011)는 1980년대 중반부터 2000년대 중반까지 24개 OECD 국가들의 LIS 자료를 이용해, 다른 조건들이 동일할 경우, 고용률이 1% 증가하면 생산연령인구의 지니계수가 0.65% 감소하며, 취업자의 지니계수가 1% 증가하면 생산연령인구의 지니계수가 0.61% 증가한다는 분석 결과를 제시했다.

〈표 2-3〉 개인 노동소득 불평등과 고용률(15~64세)

	2000년	2011년	변화
취업자의 지니계수	0.401	0.420	0.019
유급 고용률	0.637	0.720	0.082
개인의 지니계수	0.604	0.582	-0.022
임금효과			0.012
고용효과			-0.049
오차			0.015

이제 두 시기 간 지니계수의 변화는 $\Delta I \simeq e \Delta I_w - (1-I_w)\Delta e$ 과 같이 분해된다. 첫째 항은 임금불평등의 변화로 인한 '임금효과'이며, 둘째 항은 고용률의 변화로 인한 '고용효과'다.

이 방법을 적용한 분석 결과를 <표 2-3>에 제시했다. 비취업자를 포함한 개인 전체의 노동소득 불평등은 2000년 0.604에서 2011년 0.582로 하락했다. 취업자의 노동소득 불평등 증가했음에도 개인 전체의 노동소득 불평등이 하락한 것은 유급취업 여부로 정의한 고용률이 크게 증가했기 때문이다.[10] 이러한 분석 결과는 고용률 증가가 취업자의 노동소득 불평등 증가의 영향을 상쇄하는 효과가 있음을 보여준다. 그러나 취업자의 노동소득 불평등 증가의 영향을 상쇄하기 위해서는 매우 큰 폭의 고용률 증가가 필요하다는 점도 확인된다.

---

10) 「경제활동인구조사」에서 15~64세 가구주·배우자의 유급 고용률(무급가족종사자 제외)이 2000년 63.9%에서 2011년 68.9%로 증가한 것과 비교하면, 이 연구에서의 증가폭은 크게 나타난다. 특정 시점의 고용률이 아닌 지난 1년간 주 일자리에서의 고용률이므로 높게 나타날 가능성이 있지만, 증가폭은 과대한 것으로 보인다.

<표 2-4> 개인 노동소득 불평등과 고용률(15세 이상)

	2000년	2011년	변화
취업자의 지니계수	0.406	0.441	0.035
유급 고용률	0.603	0.654	0.050
개인의 지니계수	0.627	0.634	0.007
임금효과			0.021
고용효과			-0.030
오차			0.016

3) 노인인구 증가와 개인 노동소득의 불평등

65세 이상의 노인인구를 추가할 경우는 고용률이 높아져도 전체 개인의 노동소득 불평등은 증가했다(<표 2-4>).

4) 가구 노동소득의 불평등

(1) 가구 노동소득의 불평등 추이

가구 노동소득은 개인의 노동소득 불평등뿐만 아니라 배우자를 포함한 다른 가구원의 경제활동 참여, 가구원 수 등의 영향을 받는다. <표 2-5>에서는 가구 내 노동공급을 중심으로 가구 노동소득 불평등의 변화를 살펴볼 수 있다.

우선 개인 단위의 노동소득 불평등을 살펴보자. 취업한 가구주의 노동소득 불평등은 2011년 0.423에 이르며, 2000년에 비해 증가했다. 또한 가구주의 고용률이 증가했는데도 취업하지 않은 가구주를 포함한 전체 가구주의 불평등이 증가했다. 한편, 취업한 배우자 표본에서 노동소득 불평등은 증가했

<표 2-5> 단계별 가구 노동소득 불평등 변화의 비교

			2000년	2011년
개인 (15세 이상)	가구주	취업 지니계수	0.382	0.423
		유급 고용률	0.811	0.836
		전체 지니계수	0.490	0.518
	배우자	취업 지니계수	0.403	0.435
		유급 고용률	0.313	0.391
		전체 지니계수	0.780	0.778
	가구주 + 배우자	취업 지니계수	0.406	0.441
		유급 고용률	0.603	0.654
		전체 지니계수	0.627(100.0)	0.634(100.0)
가구	가구주, 배우자	지니계수	0.440(70.1)	0.458(72.3)
	가구주, 배우자, 가구원	지니계수	0.402(64.2)	0.428(67.5)
	균등 가구 노동소득	지니계수	0.389(62.1)	0.413(65.2)

주: 괄호 안은 가구주 또는 배우자 개인 단위의 노동소득 불평등을 100으로 했을 때 상대 수준.

지만, 배우자의 고용률 증가에 의해 비취업자를 포함할 경우의 불평등은 2000년에 비해 소폭 감소했다. 가구주와 배우자를 합한 표본에서 취업자의 노동소득 불평등은 증가했으며, 고용률이 증가했음에도 전체 개인의 노동소득 불평등은 소폭 증가했다.

가구주와 배우자의 노동소득을 합한 가구 단위의 불평등을 보면, 개인의 노동소득 불평등에 비해 감소했다. 그러나 가구 단위로 전환할 때 불평등이 감소하는 정도는 2000년에 비해 줄어들었다. 가구주 또는 배우자의 개인 단위 노동소득 불평등을 100으로 했을 때, 가구 단위로 합한 불평등도의 상대 수준은 2000년 70.1에서 2011년 72.3으로 높아진 것이다. 이는 배우자의 경제 활동 참여율이 증가했음에도 가구의 불평등 억제 효과는 감소했다는 것을 의미한다.

한편, 다른 가구원의 소득을 더했을 때 소득불평등은 더욱 감소한다. 그러나 2000~2011년 사이의 감소 정도는 큰 차이를 보이지 않는다.

가구 내에서 획득한 노동소득은 가구원 간에 균등하게 분배된다고 가정하고 가구원 수의 제곱근으로 가구소득을 균등화하면, 가구 노동소득의 불평등은 다시 감소한다. 그러나 감소 정도는 큰 차이를 보이지 않는다. 최종적으로 균등화한 가구 노동소득의 불평등은 2011년 0.413으로, 2000년의 0.389에 비해 높게 나타난다.

(2) 배우자의 취업과 가구 노동소득의 불평등

배우자의 취업이 가구 노동소득 불평등에 어떤 영향을 미쳤는지를 살펴보았다. 배우자가 경제활동에 참여할지의 결정은 가구주의 소득에 크게 의존하므로, 가구주의 취업 여부, 취업했을 때 가구주 소득분위에 따른 유배우자의 비중, 배우자가 있을 때의 취업률을 살펴보았다.

<표 2-6>을 보면, 가구주가 취업한 경우에 비해 비취업 상태일 때, 유배우자의 비중이 낮고 배우자의 취업률도 낮은 특징이 있다는 것을 알 수 있다. 시기별로는 2000년에 비해 2011년의 취업률이 더 낮게 나타난다. 그러나 가구주의 소득수준과 배우자의 취업률 간의 관계는 크게 변화했다. 2000년 배우자의 취업률은 가구주의 소득이 낮을수록 높게 나타난다. 배우자의 경제활동이 가구소득을 보충함으로써 가구소득 불평등을 완화하는 역할을 해온 것이다. 반면, 2011년에는 가구주의 소득이 중간 분위인 경우 배우자의 취업률이 높으며, 하위 분위에서는 오히려 감소했다. 중간 분위 배우자의 취업이 가구 노동소득의 불평등을 증가시키고 있는 것이다.

<그림 2-5>는 일하는 부부 가구를 대상으로 각각의 소득분포에 따라 10분위를 매겨서, 가구주와 배우자 간 소득의 상관관계의 추이를 살펴본 것이

<표 2-6> 가구주 취업 여부·소득분위별 유배우자 비중 및 배우자의 취업률

가구주 취업 여부	가구주 소득분위	유배우자 비중		배우자 취업률	
		2000년	2011년	2000년	2011년
비취업	평균	0.483	0.461	0.177	0.156
취업	평균	0.773	0.736	0.380	0.420
	1	0.534	0.476	0.467	0.362
	2	0.590	0.516	0.504	0.378
	3	0.640	0.582	0.480	0.434
	4	0.724	0.657	0.442	0.472
	5	0.778	0.747	0.452	0.480
	6	0.802	0.783	0.427	0.474
	7	0.851	0.842	0.377	0.463
	8	0.880	0.877	0.350	0.419
	9	0.932	0.893	0.284	0.403
	10	0.944	0.942	0.217	0.312

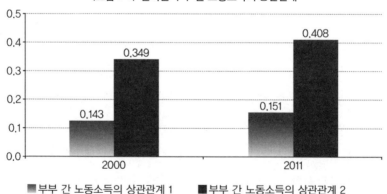

<그림 2-5> 일하는 부부 간 노동소득의 상관관계

■부부 간 노동소득의 상관관계 1   ■부부 간 노동소득의 상관관계 2

다. 이 그림을 보면 가구주와 동일한 소득분위에 속한 배우자의 비중(상관관
계 1)은 2000년 14.3%에서 2011년 15.1%로 소폭 상승했다. 가구주의 소득

분위와 동일하거나 인접한 소득분위에 속한 배우자의 비중(상관관계 2)은 2010년 34.9%에서 2011년 40.8%로 더욱 증가했다. 이는 고소득 가구주 배우자의 노동시장 참여가 증가하고 동류 간 결혼(assortative mating)이 증가하면, 가구의 소득불평등 억제 효과는 더욱 약화될 것임을 시사한다.

(3) 다른 가구원의 취업과 가구 노동소득의 불평등

기타 가구원의 노동참여는 가구주와 배우자의 노동소득을 보완할 수 있다. 다른 가구원의 소득을 더할 경우, 가구주와 배우자의 노동소득을 합한 가구 노동소득 불평등은 더욱 감소한다. <그림 2-6>에서 볼 수 있듯이, 가구주와 배우자의 노동소득을 합한 가구 노동소득을 분위별로 나누어보면, 저소득 가구일수록 기타 가구원의 노동소득이 가구 노동소득에서 차지하는 비중이 높게 나타난다.

한편, 연도별 추이를 보면 분위별 기타 가구원 소득의 비중은 큰 차이를 보이지 않는데, 이는 기타 가구원의 취업이 소득불평등을 감소시키는 정도가 크게 변하지 않았음을 의미한다.

<그림 2-6> 가구주·배우자의 노동소득 분위별 기타 가구원 노동소득이 가구 노동소득에서 차지하는 비중

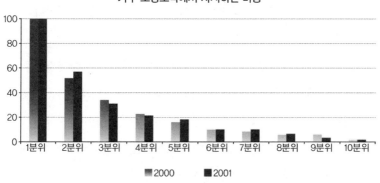

<표 2-7> 단계별 가구 시장소득 불평등의 변화 비교

	2000년		2011년	
	지니계수	비중	지니계수	비중
노동소득	0.389	0.902	0.413	0.943
재산소득	0.870	0.056	0.933	0.040
사적이전소득	0.924	0.042	0.940	0.018
노동소득	0.389		0.413	
+ 재산소득	0.381		0.409	
+ 사적이전소득	0.355		0.393	

주: 1) 각 원천별 소득을 가구 규모별로 균등화함.
2) 비중은 가구 시장소득에서 각 소득원천이 차지하는 비중임.

5) 가구 시장소득의 불평등

재분배정책이 개입하기 이전 단계에서 민간이 획득하는 소득은 시장소득이다. 시장소득은 노동소득, 재산소득, 사적이전소득으로 구성된다. <표 2-7>은 소득원별 불평등도와 그것의 시장소득 대비 구성 비중을 보여준다. 재산소득은 고소득자에게 편중되어 불평등 수준이 매우 높을 뿐만 아니라 집중 지니계수는 2000년 0.870에서 2011년 0.933으로 증가했다. 한편, 사적이전소득은 저소득 가구에서 집중되어 있어 불평등 수준이 높게 나타나는데, 집중 지니계수는 소폭 증가했다.

소득원천을 더해 지니계수를 구해 비교해보면, 노동소득에 재산소득을 추가할 경우 지니계수는 소폭 하락한다. 재산소득의 집중 지니계수가 증가했는데도 이러한 결과가 나타나는 것은 시장소득에서 재산소득이 차지하는 비중이 하락했기 때문이다.[11] 사적이전소득을 추가하면 가구 시장소득의 지니계수는 소폭 하락하는데, 하락폭은 크게 줄어들었다.

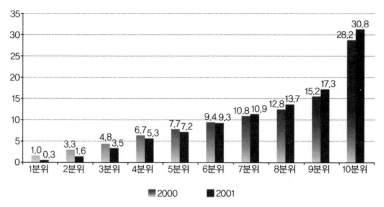

〈그림 2-7〉 가구 시장소득 분위별 소득점유율의 변화

요약하자면, 재산소득과 사적이전소득은 구성 비중의 하락에 따라 가구 간 소득불평등을 감소시키는 요인으로 작용한다. 그러나 노동시장에서 획득한 소득의 불평등 증가와 구성 비중의 증가로 인해 시장소득 불평등은 2000년 0.355에서 2011년 0.393으로 증가했다.

<그림 2-7>에서 전체 가구의 시장소득 10분위별 소득점유율의 변화를 살펴보았다. 2000~2011년 시기에는 6분위까지 소득점유율은 하락하고 상위 7분위 이상은 증가했다. 상위 분위일수록 소득점유율의 증가폭이 크게 나타나는 것을 알 수 있다.

6) 가구가처분소득의 불평등

민간부문에서 획득한 시장소득에 사회보험 및 공공부조 등에 의한 공적이

---

11) 「가구조사」에서는 재산소득이 과소 조사되는 문제가 있다. 한국은행 국민계정의 제도부 문별 소득계정에서 2011년 가계 및 비영리단체의 재산소득이 순 본원소득에서 차지하는 비중은 총재산소득(원천) 기준으로 14.6%, 순재산소득 기준으로는 8.1%에 이른다.

<표 2-8> 단계별 가구가처분소득 불평등의 변화 비교

	2000년		2011년	
	지니계수	비중	지니계수	비중
시장소득	0.355	1.068	0.393	1.070
공적이전소득	0.956	0.018	0.878	0.042
직접세 및 사회보험료	0.523	-0.086	0.531	-0.111
시장소득	0.355		0.393	
+ 공적이전소득	0.346		0.369	
+ 직접세 및 사회보험료	0.343		0.361	

주: 1) 각 원천별 소득을 가구 규모별로 균등화함.
2) 비중은 가구가처분소득에서 각 소득원천이 차지하는 비중임.

전소득을 더하고 직접세 및 사회보험료를 차감한 금액이 가처분소득이다. <표 2-8>에서 단계별로 소득원천을 더해 지니계수를 구해 비교해보면, 시장소득에 공적이전소득을 더하면 불평등도는 하락한다. 시장소득 지니계수의 감소폭은 2000년 0.009p에서 2011년 0.024p로 확대되었다. 2000년 10월부터 국민기초생활보장제도가 시행되고 사회보장제도가 확충된 영향이 크다. 한편, 직접세 및 사회보험료를 추가했을 때 감소폭은 큰 변화가 없다. 사회보험의 적용 확대와 사회보험료의 인상에 따라 사회보험료의 비중이 증가했지만, 동일한 보험료율을 부과하기 때문에 불평등도의 변화는 없는 것으로 나타난다.

요약하자면, 공적이전소득에 의한 재분배정책이 가구 시장소득의 불평등을 감소시키는 효과를 나타내지만, 시장소득 불평등의 증가가 커서 가처분소득의 불평등도는 증가했다.

<그림 2-8>은 가구가처분소득을 10분위로 나누어 공적이전소득과 직접세 및 사회보험료가 가구 시장소득에 미치는 변화를 보여준다. 이를 통해 재

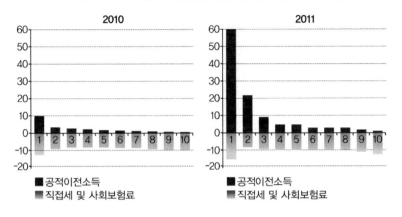

〈그림 2-8〉 가구가처분소득 분위별 재분배정책의 시장소득 변화율

분배정책의 효과를 살펴볼 수 있는데 그 특징은 다음과 같다. 첫째, 재분배정책이 가구 시장소득을 증가시키는 효과는 하위 1분위에서 44.3%, 2분위에서 15.6%를 기록해 저소득 가구에서 두드러지게 나타난다. 둘째, 직접세 및 사회보험료는 모든 분위에서 가구 시장소득을 감소시키며, 오히려 저소득 분위에서 시장소득의 감소율이 크게 나타나 역진성을 보인다. 셋째, 공적이전소득의 재분배 효과는 2010년에 미미했으나, 2011년 들어 저소득 가구에서 현저하게 나타난다.

7) 종합: 소득불평등 증가 요인의 효과

<그림 2-9>는 소득불평등의 영향 요인들을 단계적으로 추가해 불평등 수준의 변화를 분석한 결과를 제시하고 있는데, 그 특징은 다음과 같다.

첫째, 노동소득 불평등이 증가했다. 노동소득 불평등은 주로 노동의 가격인 임금률의 불평등에 의해 발생했다. 성별에 따라 노동소득 불평등을 유발

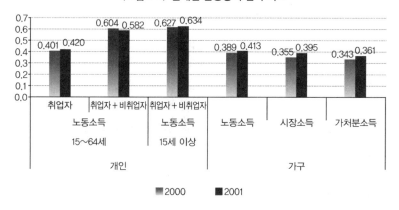

〈그림 2-9〉 단계별 불평등의 변화 비교

■2000　■2001

한 요인의 차이가 있는데, 남성의 경우 임금률의 불평등이 가장 주요인인 반면 여성의 경우에는 시간당 소득뿐만 아니라 근무기간과 노동시간의 차이도 노동소득의 불평등을 야기하는 요인으로 나타났다.

둘째, 취업자에 비취업자를 포함하면 노동소득 불평등은 증가하지만, 지난 10여 년간의 고용률 증가에 따라 비취업자를 포함한 생산연령인구의 노동소득 불평등 증가폭은 줄어들었다. 그러나 이 조사에서의 고용률의 증가폭은 다른 조사에 비해 과대하고, 다른 나라에 비해 고용률이 증가했는데도 임금불평등이 가장 크게 증가했다는 점을 고려하면, 분석 결과를 신중히 해석할 필요가 있다. 오히려 고용률 증가의 노동소득 불평등 감소 효과가 크지 않다는 사실을 주목해야 한다.

셋째, 65세 이상을 추가할 경우 불평등 수준의 증가폭은 2011년 들어 크게 증가한다.

넷째, 가구(가족)는 소득의 공유와 가구별 노동공급을 통해 소득불평등을 감소시키는 역할을 수행한다. 그러나 최근 들어 가구주의 노동소득이 중상위 분위인 가구에서의 배우자 취업률이 증가하고 부부의 노동소득 간 양의 상관

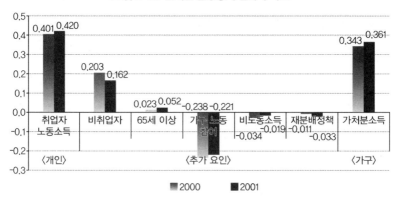

〈그림 2-10〉 단계별 불평등의 변화폭 비교

관계가 높아짐에 따라 가구(가족)의 노동소득 불평등 감소 효과는 약화되고 있다.

다섯째, 재산소득, 사적이전소득 등의 비노동소득은 그 비중이 하락해 가구 시장소득의 불평등을 감소시키는 요인으로 작용하지만, 노동시장소득 자체의 불평등 증가에 따라 가구 시장소득의 불평등이 증가했다.

여섯째, 기초생활보장제도의 시행과 사회보장제도의 확대에 따라 공적이전소득에 의한 재분배정책이 가구 시장소득의 불평등을 감소시키는 효과가 나타나지만, 시장소득 불평등의 증가가 더 커서 가처분소득의 불평등도는 증가했다.

<그림 2-10>은 개인 노동소득 불평등을 출발점으로 해서 이를 가구가처분소득 불평등으로 확대할 때, 불평등에 영향을 미칠 수 있는 집단 및 소득원천을 추가함에 따라 단계별 불평등 수준의 변화폭이 어떤지를 두 시기로 비교해 제시하고 있다. 그 주된 특징은 다음과 같다.

첫째, 취업자의 노동소득에 미취업자를 포함할 경우 불평등은 증가한다. 그러나 최근 증가폭은 하락했는데, 이는 고용률이 증가했기 때문이다. 둘째,

65세 이상 인구를 포함했을 때 불평등 수준은 증가한다. 셋째, 개인 단위의 노동소득 불평등을 가구 단위로 통합하면 가족 간의 소득 공유와 가구별 노동공급을 통해 불평등 수준은 감소한다. 그러나 감소폭은 최근 들어 하락해 가구의 불평등 억제 효과가 약화되었다고 평가된다. 넷째, 재산소득, 사적이전소득 등 비노동소득의 구성 비중이 감소하면서, 불평등을 감소시키는 역할을 한다. 다섯째, 재분배정책의 불평등 감소 효과는 최근 들어 증가했다.

취업자의 노동소득 불평등에 추가된 요인들의 불평등 변화 효과는 각각 다르지만, 추가된 다섯 가지 요인들의 효과를 합하면 2000년 -0.058, 2011년 -0.059로 거의 변화가 없다. 그럼에도 가구가처분소득의 불평등 수준이 증가한 것은 개인 취업자의 노동소득 불평등이 크게 확대되었기 때문이다.

8) 연령별 인구구성의 변화 통제 시 소득불평등 증가 요인

단계적인 분석방법은 소득불평등을 초래하는 다양한 요인들을 종합적으로 고려하는 장점이 있다. 그러나 불평등에 영향을 미치는 중요한 요인을 포함하지 않는다면, 단계별로 불평등 수준의 변화를 통해 측정하는 각 요인의 효과는 실제보다 과다할 수 있다. 특히 인구고령화는 소득불평등을 심화시키는 주요인 중 하나이지만, 본 연구에서는 노인인구의 증가만을 고려했다. 홍석철·전한경(2013)에 따르면, 연령이 높아질수록 소득불평등 정도가 높을 뿐만 아니라 최근으로 올수록 연령에 따른 불평등 증가율이 높아진다. 인구고령화는 전 연령에 걸쳐 인구구성 비중을 변화시키는 현상이므로, 노인인구비중의 증가가 인구고령화의 효과를 모두 통제하는 것은 아니다.

그래서 다음에서는 인구고령화를 연령별 인구구성의 변화로 정의하고, 연령별 인구구성의 변화를 통제했을 때 소득불평등 요인의 효과가 어떻게 변하

<표 2-9> 연령별 인구구성의 변화 통제 시 소득불평등 증가 요인의 효과

				2000년	2011년	2011년
					실제	인구구성 통제
개인	15~64세	노동소득	취업자	0.401	0.420	0.410
			취업자 + 비취업자	0.604	0.582	0.572
	15세 이상	노동소득	취업자 + 비취업자	0.627	0.634	0.605
가구	노동소득			0.389	0.413	0.386
	시장소득			0.355	0.395	0.379
	가처분소득			0.343	0.361	0.353

는지를 살펴보기로 한다. 즉, 연령별 인구구성이 기준연도인 2000년 수준을 유지하는 가상적인 상황에서 소득불평등의 영향 요인 효과를 단계별로 분석한다. 연령별 인구구성의 변화를 통제하는 것은 노동시장제도의 임금불평등 변화에 미치는 영향을 분석한 연구(Dinardo, Fortin and Lemieux, 1996)에서 사용된 가중치의 조정(reweighting)으로 가능하다. 즉, 비교 연도인 2011년의 연령별 인구구성이 기준연도와 동일하도록 2011년 표본가중치에 '2000년 연령별 표본가중치의 구성 비중/2011년 연령별 표본가중치의 구성 비중'을 곱해 조정했다.[12)]

<표 2-9>는 단계별 소득불평등 수준의 실제 값과 연령별 인구구성을 2000년으로 고정한 가상 상황에서의 값을 함께 제시하고 있다. <표 2-9>를 보면 우선, 인구구조의 변화를 통제했을 때 소득불평등의 증가폭 수준이 크게 줄어든 점이 특징이다. 2011년 가구가처분소득의 실제 지니계수는 0.361

---

12) 인구구성 변화에 관한 국내 연구들은 가구주의 연령별 구성 변화만을 통제했지만, 이 연구에서 구성한 개인 자료는 모든 가구원의 연령을 포함한 정보를 담고 있으므로, 모든 가구원의 연령별 구성 변화를 통제했다.

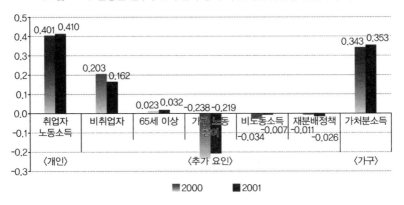

〈그림 2-11〉 연령별 인구구성의 변화 통제 시 단계별 불평등의 변화폭 비교

이지만, 2000년 연령별 인구구성을 유지했을 때는 0.353으로 나타난다. 따라서 2000~2011년 시기의 불평등 증가폭은 0.018p이지만, 인구구성의 변화를 통제하면 0.010p로 줄어든다.[13]

 <그림 2-11>은 인구구성의 변화를 통제했을 때 불평등 수준의 변화폭을 시기별로 보여주고 있다. 앞서 인구구성의 변화를 고려하지 않은 <그림 2-10>과 비교하면, 변화폭에서 약간 차이가 있을 뿐, 동일한 특징이 나타난다. 즉, 고용률 증가와 재분배정책은 불평등을 감소시키고, 노인인구 증가는 불평등을 증가시키며, 가구의 노동참여가 소득불평등 증가를 감소시키는 효과는 줄어들었다. 취업자의 노동소득 불평등 증가(0.009p)를 출발점으로 하면, 추가 요인에 의한 불평등 증가폭의 합에는 거의 변화가 없어서, 결과적으로 가구가처분소득의 불평등은 0.010p 증가했다.

---

13) 성명재·박기백(2009)은 불평등 지표로 SCV(변이제곱계수)를 사용해 불평등 변화를 연령별 인구구조 변화의 효과와 소득분포의 변화 효과로 분해했지만, 이 글에서 사용한 지니계수로는 이를 정확하게 분리하기 어렵다. 또한 인구구조 변화와 소득분포 변화가 독립적이지 않다면, 인구구성을 통제했을 때 줄어든 불평등의 변화폭 0.008p(=0.018p-0.010p)를 인구구조의 변화로만 설명할 수는 없다.

5. 요약과 시사점

이 연구는 개인의 경제활동 자료와 가구 단위의 소득 자료를 결합해, 지난 2000년대의 소득불평등 증가 요인을 분석했다. 개인 단위의 노동소득 불평등으로부터 가구 단위의 소득불평등까지 분석 단위를 확대하면서 소득불평등의 다양한 요인들이 어떤 영향을 미쳤는지를 단계적 방법을 사용해 분석했다. 분석 결과, 가구가처분소득의 불평등 수준이 크게 증가했으며, 이는 주로 노동소득 불평등이 크게 확대되었기 때문이었다. 요인별 영향을 보면, 고용률 증가와 재분배정책의 확대가 소득불평등 증가를 감소시키는 역할을 했고, 노인인구의 증가가 소득불평등 증가를 초래했으며, 가구(가족)가 소득불평등 증가를 억제하는 역할은 줄어들었다.[14]

경제적 불평등의 심화가 글로벌 경제위기와 연이은 대침체의 근원적인 원인이라고 주장하는 라이히(Reich, 2010)에 따르면, 불평등이 확대되면 저소득층은 우선 더 열심히 일하거나 가구원의 경제활동 참여를 늘리면서 자구적으로 대응하다가 이마저 한계에 부딪히면 저축을 줄이고, 가계부채를 늘린다. 이러한 부채 의존적인 성장은 부채 거품이 터져버리면 경제위기와 생활수준의 급격한 악화를 피할 수 없다.

우리나라에서는 2000년대 들어 중상위 소득 가구에서 배우자를 포함한 가구원들의 노동시장 참여가 늘어나면서 가구의 불평등 억제 효과가 약화되고 있다. 또한 추가적인 근로시간을 늘릴 수 있는 여지도 크지 않은 상태에서 개인 또는 가구 단위에서의 자구적인 대응만으로 불평등 억제 효과를 기대하

---

14) 생산가능인구를 대상으로 한 OECD(2011)와 이 연구의 분석 결과를 직접 비교하기는 어렵다. 그러나 고용률 증가의 불평등 감소 효과가 크지 않으며, 여성의 노동 참여가 불평등을 완화하는 효과가 줄어들었다는 사실은 이 연구가 차이를 보이는 점이다.

기 어렵다. 가계부채의 증가로는 생활수준의 유지가 어렵다는 점을 고려해보면, 남은 길은 재분배정책의 확대와 노동시장의 불평등 억제라고 할 수 있다.

노동시장의 불평등이 그대로 가구소득 불평등으로 이어지는 상황에서 재분배정책의 부담은 더욱 커질 것이다. 조세정책을 강화하고 소득보장을 확대하는 정책은 지속적으로 추진될 수밖에 없지만, 노동시장 불평등을 방치한 채, 재분배정책이 불평등을 줄여나가는 것은 한계가 있다. 노동소득 불평등을 상쇄하는 방법 중 하나가 고용률의 증가이다. 그러나 이 연구의 분석 결과에서 볼 수 있듯이, 고용률의 증가를 통해 노동소득 불평등을 줄이는 효과는 그동안 크지 않았다. 불평등을 유발하는 고용 창출로는 고용률을 높이기란 어려울 것이라는 점을 고려하면(이병희, 2013), 결국 노동시장의 불안정과 격차를 억제하는 정책적 노력이 우선되어야 할 것이다.

이 글의 한계는 다음과 같다. 첫째, 이 연구에서 사용한 소득 자료에서 재산소득 비중이 너무 낮게 측정되어, 자산의 불평등 기여를 제대로 다루지 못했다. 둘째, 소득불평등의 주요인인 노동시장 불평등 증가와 노동소득분배율 하락의 원인에 대한 규명까지 나아가지 못했다. 셋째, 인구고령화가 진행될수록 소득불평등이 증가할 우려가 크지만, 인구고령화와 다른 영향 요인 간의 상호작용을 고려한, 인구고령화가 소득불평등을 심화시키는 과정에 대한 분석은 이루어지지 않았다. 넷째, 이 연구는 두 시점의 횡단면 자료를 비교정태적으로 분석했기 때문에 소득이동성이 불평등에 미치는 효과를 분석하지 못했다. 소득이동성이 증가하는지, 그리고 소득불평등을 줄이는 방향으로 작용하는지 등에 대한 연구는 후속 과제로 남아 있다.

참고문헌

강신욱. 2012. 「2000년대 후반 불평등 심화의 특징」. 한국사회정책학회 춘계학술대회 발표문.

김낙년. 2013. 「한국의 소득분배」. 낙성대 경제연구소. ≪Working Paper≫, 2013-06.

김영미·신광영. 2009. 「기혼여성 노동시장의 양극화와 가구소득 불평등의 변화」. ≪경제와 사회≫, 제77호, 79~106쪽.

로버트 라이히(Robert Reich). 2011. 『위기는 왜 반복되는가』. 안진환·박슬라 옮김. 김영사.

성명재·박기백. 2009. 「인구구조 변화가 소득분배에 미치는 영향」. ≪경제학 연구≫, 제57집 제4호, 5~37쪽.

여유진. 2009. 「공적이전 및 조세의 소득재분배효과」. ≪사회보장연구≫, 제25권 제1호, 45~68쪽.

이병희. 2013. 「대안적 고용모델의 모색」. 제7회 대안담론포럼 발표문.

이철희. 2008. 「1996~2000년 가구소득 불평등 확대 요인분해: 임금, 고용, 근로시간, 가구구조의 변화」. ≪노동경제논집≫, 제31권 제2호, 1~34쪽.

장지연·이병희. 2013. 「소득불평등 심화의 메커니즘과 정책선택」. ≪민주사회와 정책연구≫, 2013년 상반기(통권 23호), 71~109쪽.

장지연. 2012. 「다양한 층위의 소득정의와 구성요소에 따른 불평등 수준」. ≪동향과 전망≫, 85호, 131~163쪽.

전병유. 2014. 「한국노동패널로 본 소득불평등 현황과 쟁점」. 1~15차년도 한국노동패널 학술대회 발표문.

홍석철·전한경. 2013. 「인구고령화와 소득불평등의 심화」. ≪한국경제의 분석≫, 제19권 제1호, 71~121쪽.

Atkinson, Anthony B. and Andrea Brandolini. 2006. "From earnings dispersion to income inequality." in Farina, Francesco and Ernesto Savaglio(eds.). *Inequality and economic integration*. London: Routledge, pp. 35~62.

Blau, Francine D. and Lawrence M. Kahn. 2009. "Inequality and Earings Distribution." in Salverda, Wiemer, Brian Nolan and Timothy M. Smeeding(eds.). *The Oxford Handbook of Economic Inequality*. Oxford: Oxford University Press.

Dinardo, John, Nicole Fortin and Thomas Lemieux. 1996. "Labor Market Institutions and the Distribution of Wages, 1973~1992: A Semiparametric Analysis." Econometrica, Vol. 64, No. 5, pp. 1001~1044.

Gottschalk, Peter and Sheldon Danziger. 2005. "Inequality Of Wage Rates, Earnings And Family Income In The United States, 1975~2002." *Review of Income and Wealth*, Vol. 51, No. 2, pp. 231~254.

Jenkins, Stephen P. 1995. "Accounting for Inequality Trends: Decomposition Analyses for the UK, 1971~1986." *Economica*, Vol. 62, No. 245, pp. 29~63.

Lerman, Robert I. and Shlomo Yitzhaki. 1985. "Income Inequality Effects by Income Sources: A New Approach and Applications to the United States." *Review of Economics and Statistics*, Vol. 67, pp. 151~156.

OECD. 2011. *Divided We Stand: Why Inequality Keeps Rising*. Paris: OECD.

_____. 2013. *Employment Outlook*. Paris: OECD.

Reich, Robert. 2010. *Aftershock: The Next Economy and America's Future*. Knopf.

Salverda, Wiemer and Christina Haas. 2013. "Earnings, Employment and Income Inequality." in Salverda, Wiemer et al.(eds.). *Changing Inequalities and Societal Impacts in Rich countries: Analytical and Comparative Perspectives*. unpublished.

Shorrocks, A. F. 1982. "Inequality Decomposition by Factor Components." *Econometrica*, Vol. 50, No. 1, pp. 193~211.

_____. 1984. "Inequality Decomposition by Population Subgroups." *Econometrica*, Vol. 52, No. 6, pp. 1369~1385.

제3장

한국에서의 소득-자산 격차의 연계 구조에 대한 실증분석*

전병유 | 한신대학교 사회혁신경영대학원 부교수
정준호 | 강원대학교 부동산학과 부교수

1. 문제제기

불평등은 매우 복잡하고 다차원적인 주제이다. 그럼에도 자료와 통계의 한계로 불평등은 주로 소득과 임금을 중심으로 측정되고 평가되었다. 개인과 가구의 경제적 상태를 하나의 지표로만 측정할 경우 불평등의 다른 측면들이 배제될 가능성이 있다. 특히 자산은 소득과 함께 경제 상태를 규정하는 매우 중요한 요소이다. 자산은 가족이 실업, 질병, 가정해체 등으로 경제적 어려움에 처할 때 유동성의 중요한 원천이 된다(Wolff, 1996). 더욱이 자산은 현금으로 전환되거나 직접적인 소비 욕구를 충족시킴으로써 소득과는 별개로 독립적인 소비의 원천이 될 수 있다. 소득 발생이 중단되거나 소득수준이 낮을 경우에도 축적된 자산이 있으면 소비가 가능하다. 또한 사회적 보호 수준이 낮

---

* 이 글은 ≪경제발전연구≫, 제20권 제1호(2014.6)에 게재된 논문 「소득-자산의 다중격차: 소득-자산의 결합분포를 중심으로」을 수정·보완한 것으로, 한국연구재단의 사회과학 연구지원사업(SSK, NRF-2011-330-B00052)의 연구비 지원을 받았다.

을 경우 자산은 개인과 가구의 보험 기능을 수행한다. 소득이 소비나 후생의 불평등에 미치는 충격은 저소득 기간 중에 소비를 완화할 수 있는 능력에 좌우된다. 이때 자산은 개인이나 가구가 직면할 수 있는 위험에 대해 보험의 기능을 수행하는 중요한 수단이 된다.

따라서 자산을 소득과 함께 고려하는 것은 전통적인 소득불평등 지표가 보여주지 못했던 사회적 불평등의 다른 형태를 보여줄 수 있다. 소득과 소비, 그리고 자산의 결합분포에 대한 이해는, 하나의 변수만으로는 파악할 수 없는 개인과 가구의 생활실태에 대한 이해를 크게 바꿀 수도 있다(Ruiz, 2010). 예를 들어 노인들이 사회에서 가장 빈곤층이라는 발언은 측정 지표가 소득이냐 자산이냐에 따라서 사실일 수도 있고 아닐 수도 있다.

물론 자산의 불평등은 저량이고, 소득의 불평등은 유량이므로 이 둘은 서로 다르다. 자산은 소득보다 더 복잡한 요인들을 반영한다. 자산 수준과 구조는 과거의 저축 행위뿐만 아니라 미래의 소득과 지출에 대한 기대, 기대수명, 가족구조, 위험에 대한 시간 간 대체(intertemporal substitution), 신용가용성과 같은 제도적 요인을 반영하며, 이에 더해 미래에 대한 선택과 관련된 인지적 능력이나 자립 욕구나 통제욕구와 같은 심리적 요인을 반영하기도 한다.

일반적으로 소득과 자산은 상관관계가 높을 것으로 예상된다. 자산은 모든 과거의 소득과 저축, 이전과 충격(예를 들어 실업으로 인한 소득의 상실)의 결과물이며 자산이 소득의 원천이 될 수 있기 때문이다. 고소득자는 저축률이 높고 저축을 자산의 축적으로 이어갈 수 있으며, 축적된 자산을 지대, 이자, 배당 형태로 바꾸어 소득을 창출할 수 있다. 상당한 수준의 자산을 축적한 사람들은 근로소득 이외의 '불로소득(unearned income)'이 있을 수 있다. 물론 주택을 소유하고 있으나 소득이 없는 자산부자-소득빈곤층도 있을 수 있다.

따라서 소득과 자산의 연계는 단순하지 않다. 소득과 자산의 관계는 생애주기 효과, 세대 간 이전(상속), 과거 소득의 흐름과 변동성, 자산포트폴리오 선택 행위 등 다양한 요인들의 영향을 받을 것이다. 자산불평등은 소득불평등 이외에 상속, 자본이득의 영향을 받게 되어 있다. 저소득층의 경우 소득의 대부분을 생계비로 지출해야 하기 때문에 저축의 여력이 없어 자산을 축적할 기회가 상대적으로 적다고 할 수 있다. 그러나 소득창출 기회가 줄어든 고령층의 경우, 이미 축적된 자산을 가지고 있을 수 있다. 또한 소득이 간헐적으로 발생하여 저소득층으로 분류되더라도 이들 중에는 많은 자산을 가진 계층이 있을 수도 있다. 이 경우 빈곤층에 대해서는 자산조사를 고려한 것이 적절하다고 볼 수 있다. 소득과 자산의 상관관계가 높을수록 소득이나 자산에서 나오는 잠재적인 소비에서의 '항상적인' 불평등의 정도는 높아질 수 있다.

또한 소득불평등은 저축이라는 매개경로를 통해 자산불평등을 초래할 수 있지만, 몇몇 연구에서는 최근의 소득불평등 증가가 바로 자산불평등에 반영되지는 않았다는 분석이 제기되었다. 코프추크와 사에즈(Kopczuk and Saez, 2004)는 1970년 이후 소득불평등이 현저하게 증가했지만 최상위 자산가들의 자산점유율에는 거의 변화가 없었다고 보고하고 있다.

이러한 소득과 자산의 상관관계에 대한 더 나은 이해는 조세정책과 재분배정책과 같은 공공정책의 설계에 시사점을 주고, 취약한 집단을 확인하고 정책을 설계하는 데 필요할 수 있다. 자산은 사회보험의 대체재일 수 있기 때문이다. 가구의 자산 축적에는 생애주기적 소득의 재배분이나 예방적인 차원의 저축 행위 요소를 포함하고 있다. 물론 복지국가는 이 두 가지 목적에 대해 실업보험이나 공적연금과 같은 대안적인 수단을 제공하고 있다. 공적연금이나 장기요양을 보험으로 해결하는 경우 자산에 대한 의존도는 낮아질 수 있다.

또한 주요 복지 수급을 결정할 때 소득과 자산을 동시에 고려하는 경우가 많기 때문에, 서로 다른 빈곤지표들이 동일한 가구에 대해 어느 수준까지를 빈곤층으로 정의하느냐는 사회정책설계에서 중요한 문제이다. 예를 들면 선별적 프로그램(targeted programmes), 장기요양, 공적연금과 같은 공공정책 등이 소득과 자산의 결합분포에 대한 이해가 필요한 영역이라고 할 수 있다.

우리나라의 경우에도 빈곤층의 최저소득을 보장하는 기초생활보장제도에서 자산조사를 하고 있다. 한편으로는 기초생활보장정책에서 자산 보유를 억제하는 효과가 있는 자산조사제도를 시행하는 동시에, 저소득계층의 자산을 높여주는 것을 목적으로 하는 빈곤층 자산지원정책(matched savings policies)을 도입하는 것은 모순될 수 있다.[1] 그러나 소득-자산 결합분포를 고려함으로써, 소득조사와 자산조사가 실제로 얼마나 엄격한지, 그리고 이 두 기준이 어떻게 상호보완하고 있는지에 대한 함의를 제공할 수 있을 것이다.

한편, 소득-자산 결합분포 자체는 다양한 공공정책의 영향을 받는다. 인적자본(교육), 소득과 자산의 미시적 관계, 거시경제변수와 자산수익률의 관계 등의 영향을 받는다. 공공정책은 이러한 미시적·거시적 경로를 통해 자산의 수준과 구성에 영향을 미치게 된다.

그러나 소득과 자산의 상관관계에 대한 이해나 그것이 공공정책에서 어떻게 적용되어야 하는지에 대한 실천적 고려 수준이 현재로서는 높지 않은 것이 사실이다. 자산을 동시에 고려할 때 불평등이 강화되는지, 소득과 자산은 보완관계인지 아니면 대체관계인지(불쌍한 백만장자인지), 또 소득불평등이

---

1) 복지급여를 유동자산(liquid assets)의 제공으로 제한하려고 한다면, 이는 자산을 숨기거나 처분하려는 인센티브를 촉진하게 된다. 또한 복지급여가 수급되기 전에 자산에 대해 과세하거나 벌금을 부과하는 정책이 추진된다면, 사적자산 형태로 스스로를 보호할 가능성은 차단될 수 있다. 따라서 선별적 프로그램에서 유동자산을 일정액 수준 이하로 규제하는 것은 저축이나 자신의 투자를 위한 가치 있는 자산을 유지하는 것을 억제하게 만든다. 유동자산 제한이 큰 경우, 잠재적인 수급자는 과세가 이루어지는 금융자산보다는 주택 같은 과세하지 않는 자산에 투자하게 될 것이다(Jantti et. al., 2010).

실제로 자산불평등을 강화하는지에 대한 기초 연구도 필요하다. 그러나 불평등에 대한 다차원적인 검토, 특히 소득과 자산을 동시에 고려하는 것에는 아직 이론의 부족과 더불어 사용할 수 있는 자료나 통계 기술상의 한계가 존재하는 것이 사실이다. 매우 복잡한 요인들을 반영하는 소득과 자산의 관계를 추정하는 것은 쉽지 않으며, 자산에 대해 신뢰할 만한 자료와 통계의 구축도 아직은 완전하지 않기 때문이다.

따라서 이 글에서는 현재까지 축적된 자산에 대한 조사와 데이터를 기반으로, 우리나라에서의 기초적인 소득과 자산의 결합분포의 형태를 파악한 후, 이를 국가별로 비교함으로써 소득-자산 결합분포 연구를 촉진하는 계기를 마련하고자 한다. 2절에서는 소득-자산 결합분포에 대한 기존의 연구를 정리하고, 3절에서는 자산분포의 국가 간 비교를, 4절에서는 소득-자산의 결합분포의 국가 간 비교를 시도할 것이며, 5절에서는 요약과 시사점을 제시하고자 한다.

2. 소득-자산 결합분포에 대한 기존 연구

소득과 자산의 관계를 분석한 기존 연구는 그리 많지 않다. 국내에서는 성명재·김현숙(2006)이 국세청 자료를 활용해 부동산자산과 소득의 결합분포를 보여주었다. 한편, 한국노동패널 자료를 활용한 연구에서 남상호(2008)는 0.313, 김경아·김혜주(2009)는 0.25～0.30 수준으로 소득-자산 상관관계를 추정했다. 특히 김경아·김혜주(2009)는 연령대별 소득-자산 상관관계를 추정해, 청년층은 자산-소득 상관관계가 높은 반면, 장년층은 상대적으로 낮으며, 노년층은 높은 것으로 나타났다고 분석했다.

외국의 경우에도 이에 대한 연구는 많지 않은 편이고, 다른 소득불평등 연구처럼 상관관계에 대한 엄밀한 분석이나 인과관계 분석으로의 진전은 아직까지 활발하게 진행되지 않은 것으로 보인다.

이것은 자산 관련 자료의 한계에 기인하는 부분도 크다고 할 수 있다. 가구자산은 경제적 자원에 대한 가구의 통제력을 나타내는 매우 중요한 지표인데도, 자산을 어떻게 취득하고 이것이 어떻게 분포되어 있는지, 왜 그렇게 되어 있는지에 대해서는 알려진 것이 많지 않다(Smith, 1999).

OECD(2013a, 2013b)에서 국제적으로 통일된 자산 개념을 시도하고 있지만 여전히 자산의 수준과 구조는 국가별 맥락에 큰 영향을 받고 있다. 또한 자산의 개념과 측정에서도 여전히 많은 논란과 문제가 존재하는 것이 사실이다. 자산을 조사할 때 심각한 비표본오차(non-sampling errors)[2]가 생길 수 있으며, 부(-)의 자산이 존재하는 경우가 많고, 극단치가 많아[3] 높은 왜도와 '긴 꼬리 분포(longtail distribution)'를 나타내는 문제를 가진다. 엔킨스와 얀티(Jenkins and Jantti, 2005)도 '부(-)의 자산'이 존재하기 때문에 전통적인 불평등 지표는 적절하지 않으며, 소득에 사용되는 전통적인 불평등 추정 모델과는 다른 모수적 모델이 필요하다고 지적한다.

---

[2] 예를 들어, 1980년대 중반에는 스웨덴이 아니라 미국의 자산불평등도가 가장 높은 것으로 조사되었지만(Davis and Shorrocks, 2000), 최근에는 미국이 아니라 스웨덴이 자산불평등이 가장 높다는 연구결과가 발표되었다(Brandolini, 2006). 하지만 이것이 실제의 자산불평등도의 변화를 반영하는 것인지 비표본오차 등에 기인한 통계적인 착시현상인지는 확인되지 못하고 있다는 지적도 있다(Jantti et. al. 2010).

[3] 자산 상위층의 재무자료는 불평등의 전반적인 그림을 그리는 데 왜곡을 만들어낼 가능성이 있다. 왜냐하면 자산부자는 매우 소수인 데다가 이들은 자산 상태를 공개하는 것을 꺼릴 가능성이 있기 때문이다. 특히 탑코딩(top-coding)은 이러한 측정의 문제를 더 왜곡할 가능성이 있다. 따라서 자산부자를 과대 표집하고 탑코딩을 최소화한 미국의 「소비자금융조사」 자료는 경제적 불평등을 측정할 때 훨씬 선호되는 자료라고 할 수 있다(Budria et al., 2002).

얀티 외(Jantti et al., 2010, 2012)와 OECD(2008)는 「룩셈부르크 자산조사 (Luxembourg Wealth Survey)」 자료를 이용해 소득-자산 결합분포의 국가 간 비교를 시도했다. 이들은 소득과 자산의 한계적 분포의 형태를 파악하고, 두 변수 사이의 의존성을 유연한 방법으로 파악하는 모델을 제시했다. 또 소득-자산의 한계분포를 각각 추정하고 양자의 상관관계를 파악하는 모델을 사용했다. 이때 긴 꼬리 분포의 문제가 존재할 경우, 극단치를 추정하는 과정에서 통제하는 강건한 방법을 사용해야 한다. 소득과 자산의 관계를 강건하게 추정하기 위해 최근 코플라(copula)함수를 이용한 추정 방법도 활용되고 있다. 즉, 한계분포 추정치들의 결합과 코플라함수는 한계분포 추정의 문제와 두 변수 사이의 의존적 구조를 분리함으로써 소득과 자산의 결합분포에 대한 유연한 추정치를 제공할 수 있다는 것이다. 얀티 외(Jantti et. al., 2010, 2012)는 소득-자산의 결합분포에 대한 강건한 추정치를 이용하는 코플라함수를 이용해 두 변수의 의존성의 정도를 국가별로 비교했다. 본 연구에서도 이러한 방법을 활용해 상관관계를 추정해보기로 한다.

국제적으로도 비교 가능한 자산 자료도 최근에야 구축되고 있다. 「룩셈부르크 자산조사」도 최근에 시작되었고, OECD도 자산조사에 관한 프레임을 최근 구축했다(OECD, 2013a, 2013b). 우리나라에서도 OECD의 자산조사에 관한 기준에 입각해 통계청과 한국은행이 함께 2012년부터 국제적으로 비교 가능한 자료로 구축한 것이 「가계금융·복지조사」이다. 본 연구도 이 자료를 활용해 분석할 것이다.

이러한 자료의 한계가 있음에도 기존에 이루어진 소득과 자산의 상관관계에 대한 연구 결과들은 자산이 소득보다 훨씬 더 불평등하게 분포되어 있으며, 가구 단위에서 소득과 자산은 상관관계가 존재하지만, 그 관계는 그리 강하지 않고 비선형인 경우가 많다는 사실들을 밝히고 있다.

우선 소득과 자산의 상관관계와 관련된 기존 연구들은 미국의 「소비자금융조사(the Survey of Consumer Finance)」의 결과를 보고하고 있다. 디아스-기메네스 외(Diaz-Gimenez et.al., 2011)는 미국의 경우, 임금, 소득, 자산의 분포 형태는 서로 다르며, 자산은 임금, 소득과 관련이 있지만, 강하지는 않다고 분석했다. 또한 가구주의 연령, 고용 지위, 교육 수준, 혼인 여부 등을 통제할 경우에도 분포의 차이는 지속된다고 보았다. 부드리아 외(Budria et al., 2002)도 미국의 「소비자금융조사」를 분석해, 미국에서 소득과 자산의 상관관계가 예상 외로 낮게 나타났다고 평가하고, 이는 18.9%에 달하는 은퇴자들이 존재하기 때문인 것으로 설명한다. 또 은퇴자를 제외할 경우 상관관계는 0.47에서 0.51로 높아진다고 보고했다.

한편, 스미스(Smith, 1999)는 저소득 분위에서 고소득 분위로 갈수록 순자산과 금융자산은 더 빠른 속도로 증가한다는 것을 보여주었다. 미국의 경우, 소득 9분위는 5분위의 두 배 정도의 수치인데, 순자산은 5~7분위 사이에서 2배로 증가하고, 7~9분위 사이에서 2배, 9~10분위 사이에서도 2배 증가하는 것으로 분석했다. 소득 대비 자산 비율은 분포의 상위 꼬리(upper tails)에서(고소득 분위에서) 더 높다는 것이다. 이렇게 소득 대비 자산 비율이 증가했다는 것은, 소득불평등으로부터 생기는 추가적인 소득 이외에 자산불평등을 촉진하는 또 다른 메커니즘이 존재한다는 것을 의미한다. 소득과 자산 관계의 이러한 비선형성은 금융자산에서 더 강하게 나타나는 것으로 분석했다.

아스피타르트(Azpitarte, 2010)는 미국과 스페인을 대상으로 소득과 자산 두 차원에서 빈곤 문제에 접근했다. 빈곤 문제는 빈곤이 측정되는 방법에 크게 좌우되지 않지만, 어떤 지표로 접근하느냐에 따라서 빈곤율은 달라지기 때문에 이에 따라 오분류된(소득에서는 빈곤층이지만 자산까지 고려한 복합지수에서는 빈곤층이 아닌) 가구의 비중이 50%에 달하는 것으로 분석했다. 특히 오분류 비율은 스페인이 미국보다 높은 것으로 나타났다. 이는 미국의 경우 소득과 자산의 상관관계가 매우 높아 빈곤지표들이 중첩되는 정도가 높기 때문인 것으로 해석된다.

보버르(Bover, 2010)는 가족구조의 차이가 국가 간 자산불평등 및 소득-자산 관계를 설명하는 데 중요한 요인이라고 분석하고 있다. 미국과 같은 약한 가족구조와 스페인과 같은 강한 가족구조가 (특히 하위 분위에서) 미국과 스페인의 자산구조의 차이를 설명하는 것으로 분석한다. 아스피타르트(Azpitarte, 2010)도 연령집단별 차이보다는 자산구조의 국가별 차이가 가족구조 차이의 더 큰 원인이 된다고 분석했다. 스페인의 경우 25~29세 연령층이 부모와 사는 비중이 매우 높고, 이것이 자산불평등의 연령집단별 차이를 줄인다고 분석했다.

한편, 얀티 외(Jantti et. al., 2008)의 분석에 따르면, 스웨덴은 미국보다 소득불평등도는 낮지만, 자산불평등도는 비슷하게 높다. 그러나 두 나라의 높은 자산지니계수의 원인은 서로 다르다. 미국의 경우, 상위 5%가 총자산의 53%를 차지하고, 하위 60%가 순자산의 7%를 차지한다. 반면, 스웨덴의 경우 상위 5%가 순자산의 37%를 가지지만, 하위 60%는 단지 순자산의 1%만을 가질 뿐이다. 또한 스웨덴의 경우 소득과 자산의 상관관계도 높지 않은 것으로 나타난다. 즉, 저소득자가 고자산인 경우나 고소득자가 저자산인 경우도 많은 것인데 스웨덴의 경우 사회안전망과 실업급여가 더 관대하기 때문으로 보인다. 사회보험은 낮은 생애소득을 가진 사람들의 저축에 대한 인센티브를 줄이는데, 이것은 생애소득과 비교해볼 때 사회보장급여가 높은 사람들의 경우 은퇴를 대비해 저축을 할 필요가 적고, 실업보험 같은 사회안전망이 확충되어 있다면 사전예방으로서의 저축에 대한 필요성은 더 낮기 때문이다.

다음 절에서는 이러한 기존 연구들을 참조해, 한국의 자산분포와 소득-자

산 결합분포를 분석·추정하고 이를 여타 국가들과 비교함으로써 한국의 소
득-자산분포의 특성을 살펴볼 것이다.

3. 자산분포의 국가 간 비교

본 연구에서는 통계청의 「가계금융·복지조사」 2013년 자료를 활용해 여
타 국가들의 자료와 비교할 것이다. 2013년 「가계금융·복지조사」는 1만
8596가구를 포괄하고 있다. 이는 소득과 자산을 동시에, 그것도 국제 기준에
입각해서 조사한 국내 최초의 자료이다. 다만 여전히 자발적 참여를 전제로
하는 조사이기 때문에, 소득이나 자산 상위 분위의 대표성을 완벽하게 보장
한다고 볼 수는 없다.

국제 DB에서는 상위 1%의 소득점유율이 13~16% 정도로 보고되지만,
「가계금융·복지조사」에서는 (「가계동향조사」보다는 높은 것으로 나오지만) 여
전히 6%대 정도로 나타나고 있다. 이는 국민계정에 비해 이자나 배당, 지대,
자영업자의 소득 등이 여전히 과소 보고되어 있을 가능성이 높다는 것을 시
사한다. 한편, 전세 같은 한국 고유의 제도로 인해 자산의 국제 비교를 엄밀
하게 하는 것 자체가 쉽지 않다. 이 조사에서 전세보증금은 금융자산으로 간
주되고 있고 있기 때문이다. 이러한 점들을 고려했을 때, 이 분석 결과는 조
심스럽게 해석할 필요가 있다. 예를 들어, 불평등은 여전히 실제 불평등의 하
한선(lower bound)을 나타낸다고 보아야 할 것이다. 비교 대상 국가들의 자료
는 OECD(2008), 얀티 외(Jantti et. al., 2008), 보버르(Bover, 2010), 아스피타르
트(Azpitarte, 2010), 디아스-기메네스 외(Diaz-Gimenez et.al., 2011), 부드리아
외(Budria et al., 2002) 등의 분석 결과를 활용했다.

<표 3-1> 자산분포의 국제 비교

		한국	스페인	이탈리아	미국	스웨덴
GINI		0.62	0.56	0.61	0.84	0.89
점유율	10%	42	40	42	71	58
	5%	29	28	29	58	41
	1%	12	12	11	33	18
순자산	(-)	3	0	2	19	26
	0	0	0	6	4	3
	(+)	97	100	92	78	71
금융자산	0	0	11	17	8	17
	(+)	100	89	83	92	83
비금융 자산	0	13	18	22	26	33
	(+)	87	82	78	74	67
부채	0	35	-	78	18	21
	(+)	65	-	23	82	79

주: 1) 미국, 이탈리아, 스웨덴, 독일의 자료는 코웰 외(Cowell et. al., 2013)에서 인용.
  2) 스페인의 자료는 아스피타르트(Azpitarte, 2010), 스페인 가계재정조사(The Spanish Survey of Household Finances, 2002)에서 인용. 스페인의 경우, 비금융자산은 주택자산만을 포함.
  3) 한국 자료는 통계청의 「가계금융·복지조사」 2013년에서 계산.

<표 3-1>은 주요 국가들의 자산분포를 보여준다. 전반적으로는 미국, 스웨덴, 독일 등의 자산불평등도가 높고, 한국은 스페인이나 이탈리아처럼 자산불평등도가 상대적으로 낮은 것으로 나타나고 있다. 이는 자산지니계수나 순자산 상위 분위의 자산점유율 비중, 순자산이 0이나 (-)인 경우의 비중 등에서 동일하게 확인할 수 있다. 예를 들어, 상위 1%의 자산점유율은 미국이 33%에 달하지만, 우리나라와 스페인, 이탈리아 등은 11~12% 수준을 나타내고 있다. 반면 순자산이 0이나 (-)인 경우의 비중은 미국이 23%을 보이지만, 이탈리아는 2%, 스페인은 0%, 한국은 3% 수준을 나타내고 있다. 즉, 한

국은 자산분포에서 남유럽 국가들과 매우 유사한 특징을 가지고 있는 것으로 판단된다.[4]

예를 들어 스페인은 OECD 국가들 중에서 주거소유 비율이 가장 높은 나라이고, 주택자산이 가구 포트폴리오의 주된 구성 요소이다(Bover, 2005). 또한 스페인은 글로벌 금융위기 이전 주택자산 가격이 가장 크게 오른 나라 중 하나이며, 스페인의 정부정책은 주택가격에 대한 영향력이 크고, 이는 주택자산의 구성 비중을 높이는 데 기여한 것으로 평가된다(Azpitarte, 2010). 이러한 맥락에서 한국과 스페인은 상당히 유사한 자산분포 구조를 가지고 있는 것으로 추정해볼 수 있다.

우리나라의 자산분포가 상대적으로 덜 불평등한 이유로 가족구조를 들 수 있다. <표 3-2>를 보면, 우리나라의 가족구조는 남유럽 국가들과 매우 유사한 것을 알 수 있다. 스웨덴의 경우 1인 가구의 비중이 44.0%에 달하고 미국도 29.2%로 나타난다. 반면, 스페인은 16.9%, 이탈리아는 23.7%이다. 17세 이하 자녀를 가진 부모 중에서 한부모인 경우의 비중도 한국은 9.8%로 스페인 8.6%와 함께 가장 낮고 스웨덴 22.3%, 미국 23.5%와 비교해서도 크게 낮은 수준이다. 25~29세 인구 중 부모와 동거하는 비중도 한국은 남유럽 수준으로 높은 편이다. 이러한 가구의 특성은 자산분포의 불균등성을 완화하는 효과가 있는 것으로 볼 수 있다.

이는 한국, 미국, 스페인을 비교한 <표 3-3>에서도 확인된다. 다만 비주택자산(주로 금융자산)의 경우 상위 1%의 점유율이 28.81%인 데 반해, 한국의 경우에는 6.62%에 지나지 않는 것으로 나타나고 있다. 한국과 스페인만을 비교해본다면 순자산불평등도는 비슷하지만 스페인은 비주택자산에서

---

[4] 다만 조사 방법의 문제로 인한 자산 상위층의 자산 파악 정도는 국가별로 차이가 있을 수 있고 이것이 통계에 반영된 부분도 있을 것이다.

<표 3-2> 국가별 가구 형태 비교

(단위: %)

	1인 가구 비중	17세 이하 자녀를 가진 부모 중 한부모 비중	25~29세 인구 중 부모와 동거하는 비중	
			남	여
스웨덴	44.0	22.3	-	-
덴마크	38.1	22.0	-	-
네덜란드	37.7	18.1	-	-
독일	37.7	15.7	28.8	12.7
영국	30.0	19.4	20.8	10.8
미국	29.2	23.5	15.6	8.8
프랑스	29.2	11.9	22.5	10.3
이탈리아	23.7	-	66.0	44.1
그리스	21.1	-	62.6	32.1
스페인	16.9	8.6	64.8	47.6
한국	17.4	9.8	57.6	50.0

자료: Bover(2010); 통계청, 「가계금융·복지조사」(2013).

<표 3-3> 자산분포의 국제 비교

		미국			스페인			한국		
		소득	순자산	비주택자산	소득	순자산	비주택자산	소득	순자산	비주택자산
Mean/Median		1.57	5.16	12.92	1.27	1.60	7.49	1.28	1.94	2.08
상위 5%		31.26	58.87	67.50	18.09	29.61	53.20	10.83	29.24	18.41
상위 1%		16.87	33.38	39.78	5.82	13.92	28.81	3.74	12.08	6.62
상관관계	소득-순자산	0.50			0.15			0.41		
	소득-비주택자산	0.49			0.12			0.44		
	소득-주택자산	0.36			0.34			0.33		

자료: Bover(2010); 통계청, 「가계금융·복지조사」(2013).

불평등이 상대적으로 심하고, 한국은 주택자산에서 불평등이 상대적으로 더 심하다고 추정할 수 있다.

자산분포나 불평등에 영향을 미치는 요인은 앞에서 검토했듯이 매우 다양하다. <표 3-4>는 자산분포에 영향을 미칠 수 있는 주요 변수인 소득, 연령, 가구 형태, 그리고 학력이나 경제활동 상태에 따른 자산분포 형태를 국가 간 비교해본 것이다. 소득과 자산의 관계가 우리의 주된 관심사이기 때문에 이 부분에 대해서는 다음 절에서 좀 더 자세하게 검토해볼 것이다.

먼저 <표 3-4>와 <그림 3-1>에서 가구주 연령대별 자산분포를 보면, 일반적인 자산분포에서처럼 한국은 미국, 스웨덴과는 다르고, 스페인, 이탈리아 등 남유럽 국가들과 비슷한 것으로 나타나고 있다. 미국이나 스웨덴의 경우 저연령대의 자산 수준이 매우 낮은 반면, 은퇴 이후인 65~74세에서 자산 수준이 가장 높다. 반면, 한국이나 스페인, 이탈리아의 경우 44세 이하의 연령대에서 상대적으로 자산 수준이 높고, 은퇴 직전인 55~64세에서 가장 높으며, 은퇴 이후인 65세 이후에는 자산이 빠르게 감소한다.

남유럽국가들은 보험(사회보험이든 민간보험이든)을 통한 생애주기별 소득의 평준화 기능을 자산이 대체하는 성향이 강하다고 볼 수 있고, 이는 우리나라의 경우에도 마찬가지이다. 다음으로 <표 3-4>의 가구주 특성별 자산분포에서는 국가별로 뚜렷한 차이를 발견할 수는 없었다. 다만, 미국이나 스웨덴은 자녀가 없는 커플일 경우(자녀가 독립한 고령가구의 비중이 많을 수 있음) 상대적으로 자산 수준이 높은 데 반해, 우리나라와 이탈리아는 낮은 것으로 나타난다. 우리나라의 경우 은퇴 이후 자녀가 독립하면 자산이 줄어드는 것과 관련이 있을 것으로 추정해볼 수 있다. 이는 앞에서 검토한 65세 이후 자산 수준이 미국과 스웨덴에서 높다는 사실과도 관련이 있을 것이다.

학력별 자산분포에서는, 미국이 학력별 자산 격차가 가장 큰 것으로 나타

<표 3-4> 가구주 특성별 자산분포의 국제 비교(평균값=1.00)

		한국	스페인	이탈리아	미국	스웨덴
연령	16~24세	0.09		0.53	0.14	0.10
	25~34세	0.48	0.48	0.57	0.18	0.24
	35~44세	0.87	0.71	0.83	0.55	0.70
	45~54세	1.10	1.17	1.20	1.13	1.14
	55~64세	1.42	1.51	1.35	1.76	1.60
	65~74세	1.08	1.15	1.09	1.94	1.73
	75~84세	0.72	0.93	0.79	1.63	1.37
	85+	0.48		0.72	1.39	1.06
교육	초등	0.51	0.72	0.68	0.41	0.77
	중등	0.84	1.05	1.07	0.72	0.81
	고등	1.40	1.94	1.98	2.17	1.47
가구 형태	싱글(무자녀)	0.37		0.57	0.64	0.57
	싱글(자녀)	0.23		0.60	0.18	0.32
	싱글(성인)	0.55		0.97	0.31	0.98
	커플(무자녀)	1.12		1.16	1.71	1.79
	커플(자녀)	0.91		1.02	0.87	1.17
	커플(성인)	1.50		1.37	1.52	2.00
가구주 경제활동 상태	취업	1.04	0.78	1.03	0.88	0.95
	미취업	0.89	0.64	0.89	0.46	0.16
	은퇴	0.79	1.16	0.99	1.79	1.28
주택 소유	무소유	0.31	0.03	0.08	0.03	0.02
	소유	1.40	1.16	1.35	1.43	1.72
소득	하위 25%	0.42		0.55	0.41	0.54
	2분위	0.65		0.74	0.47	0.67
	3분위	0.93		0.99	0.59	0.88
	상위 25%	2.00		1.73	2.01	1.82

주: 1) 미국, 이탈리아, 스웨덴, 영국의 자료는 얀티 외(Jantti et. al., 2008)에서 인용.
   2) 스페인 자료는 스페인 은행(Banco De Espana, 2011)에서 인용.
   3) 한국 자료는 통계청의 「가계금융·복지조사」(2013)에서 계산.

나고, 스웨덴은 그리 크지 않고, 오히려 이탈리아나 스페인의 격차가 스웨덴
보다 높았다. 전체 평균 대비 고등교육 이수자의 평균 자산 수준은 미국이

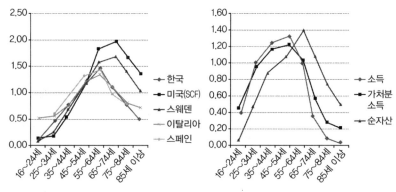

〈그림 3-1〉 연령대별 순자산분포의 국가별 비교 (전체 평균=1.00)

자료: <표 3-4> 참조.

2.17로 가장 높고, 스페인 1.94, 이탈리아 1.96, 스웨덴 1.47, 한국 1.40이었다. 우리나라는 전반적으로 학력별 자산 격차가 크지 않은 국가의 범주에 속하는 것으로 볼 수 있다. 이는 우리나라의 경우 저학력층은 사회보험의 적용 가능성이 낮고, 자영업의 비중이 높으며, 자산 소유 경향이 높기 때문인 것으로 추정해볼 수 있을 것이다.

한편, 한국의 소득별 자산분포는 미국과 유사한 것으로 나타난다. 소득 상위 25%의 평균 자산은 전체 평균의 2.00으로 이는 미국의 2.01과 유사하며, 소득 하위 25%의 평균 자산도 전체 평균의 0.42로 미국의 0.41과 유사하다. 이탈리아의 경우 이 비중은 각각 1.73, 0.55이고, 스웨덴의 경우 1.82, 0.54이다.

정리해보면, 한국의 경우 자산분포는 스페인이나 이탈리아 등의 남유럽국가들과 매우 유사하지만, 소득-자산의 결합분포는 오히려 미국과 유사하다. 이에 대해서는 다음 절에서 좀 더 자세하게 검토해보기로 한다.

4. 소득-자산 결합분포의 국가 간 비교

최근에 구축된 「룩셈부르크자산조사(LWS)」자료와 OECD(2013a, 2013b)의 표준화된 국제 기준의 자산 개념과 측정 지표를 활용해 소득-자산의 결합분포의 국가 간 비교를 시도한 연구가 얀티 외(Jantti et al., 2008, 2010, 2012)와 OECD(2008) 등이다. 이들 연구에 따르면, 미국은 저소득이며 저자산이거나 고소득이며 고자산인 경우의 비중이 가장 높은 것으로 나타났다. 당연히 소득과 자산의 상관관계가 높은 것으로 분석되었다. 반면, 스웨덴은 저소득이면서 고자산이거나 고소득이면서도 저자산인 경우의 비중이 가장 높은 것으로 분석되었다. 소득과 자산의 상관관계가 낮은 것이다. 스웨덴의 경우, 저소득 분위의 30% 미만 정도만 저자산 분위에 남아 있다는 것이다.[5] 이는 소득과 자산이 상관관계가 있지만 그리 크지 않다는 것을 의미한다. <그림 3-2>는 미국, 스웨덴, 한국만을 대상으로 하여 소득과 자산 결합분포를 그래프로 나타낸 것이다. 가로축은 소득-자산 4분위 분포를 나타내고 세로축은 그것이 전체 표본에서 차지하는 비중을 나타낸다. 예를 들어, 가로축의 2-3은 소득 2분위이면서 자산은 3분위인 경우를 나타낸다. 그림에서 볼 수 있듯이, 스웨덴은 1-1(저소득-저자산)과 4-4(고소득-고자산)의 비중이 미국이나 한국에 비해서 낮고, 1-4(저소득-고자산)나 4-1(고소득-저자산)의 비중이 미국이나 한국에 비해서 높은 것으로 나타나고 있다.

이것을 좀 더 자세하게 검토하기 위해, 가처분소득과 순자산의 분위별 이행행렬을 구해보았다. 자산분포와 소득분포 사이의 이행행렬에서 상당한 정도의 재배열(re-ranking)이 있을 경우 소득과 자산 사이의 상관관계가 낮은 것

---

[5] 기존 연구에서도 스웨덴의 경우 소득 대비 자산 비중이 1.7에 지나지 않는다(Domeij and Klein, 1998: 16, Table 42).

<그림 3-2> 소득과 자산 결합분포

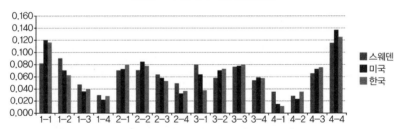

자료: OECD; http://dx.doi.org/10.1787/423815213564; 통계청, 「가계금융·복지조사」(2013).

<표 3-5> 소득과 자산 4분위 분포의 이행행렬(re-ranking): 미국, 스웨덴, 한국

소득분위	미국: 이동성지수[M(P)=0.7705]			
	순자산 분위			
	1	2	3	4
1	48.0	27.9	14.8	8.8
2	29.1	33.6	23.6	14.7
3	16.6	28.5	31.8	23.5
4	6.1	10.0	29.9	54.1

소득분위	스웨덴: 이동성지수[M(P)=0.8712]			
	순자산 분위			
	1	2	3	4
1	33.1	36.1	18.2	12.6
2	28.1	28.5	24.9	18.4
3	23.9	23.1	30.5	22.5
4	14.8	12.3	26.4	46.5

소득분위	한국: 이동성지수[M(P)=0.7953]			
	순자산 분위			
	1	2	3	4
1	47.4	25.2	15.9	11.6
2	32.3	31.4	21.6	14.7
3	15.4	28.9	32.3	23.4
4	4.9	14.6	30.2	50.3

자료: OECD; http://dx.doi.org/10.1787/423815213564; 통계청, 「가계금융·복지조사」(2013).

으로 나타난다. 소득과 자산 분위 분포의 이행행렬을 나타낸 <표 3-5>에서, 이행행렬을 종합적으로 나타내는 것이 서록스(Shorrocks, 1978)가 제안한 이행지수 M(P)이다. 이 지수는 [n-tr(P)]/(n-1)[n=분위 수, tr(P)는 이행매트릭스의 분위 간 이동]으로 계산된다. 아무 이동이 없을 경우에는 이 지수값이 0이 되고, 모두 원래의 분위에서 다른 분위로 이동할 경우 n/(n-1)이 된다. 두 분포의 상관관계가 높을수록 지수값은 작아질 것이다. 처음 분위에서 벗어나 다른 분위로 갈 확률을 의미한다고 할 수 있다. 아이덴티티 메트릭스 I로부터 멀어진 간격을 표준화한 것으로 해석할 수 있을 것이다.

한국의 경우 이 수치가 0.7953으로 미국의 0.7750보다는 약간 높지만 거의 비슷한 수준이고, 스웨덴의 0.8712보다는 크게 낮게 나타난다. 이는 소득과 자산이 동일한 분위에 위치하는 비중이 한국의 경우 32.3%로 미국의 33.5%에 근접하고 스웨덴의 27.7%보다는 상당히 낮은 수치임을 보여준다. 즉, 한국은 미국보다는 낮기는 하지만 소득과 자산의 높은 상관관계를 가지고 있다. 저소득일 경우 저자산, 고소득일 경우 고자산일 확률이 높은 것이다. 소득 1분위 소득빈곤층이 자산빈곤층인 경우가 약 50%, 소득 5분위 고소득층이 자산부자일 가능성도 50%에 달한다. 이는 미국과 매우 유사하다.[6]

반면, 스웨덴의 경우에는 소득 1분위 소득빈곤층이 자산빈곤층인 경우가 약 33.1% 정도에 지나지 않고, 소득 5분위 고소득층이 자산부자일 가능성도 미국이나 한국보다는 낮게 나타난다.

한편, 남유럽 국가인 스페인은 OECD에서 4분위 자료를 제공하지 않아 대

---

6) 1980년대의 경우, 미국도 소득-자산 행렬에서 이행지수 M(P)가 0.85정도로 상대적으로 높은 수준이었고, 상위 분위와 하위 분위의 일치 비율도 각각 40%, 45% 수준으로 나타났다(Radner and Vaughan, 1987). 지난 20여 년간 미국에서 소득-자산의 상관관계가 증가했다는 것을 알 수 있다.

<표 3-6> 소득과 자산 5분위 분포의 이행행렬(re-ranking): 한국과 스페인

한국: 이동성지수[M(P)=0.8337]					
소득분위	순자산 분위				
	1	2	3	4	5
1	45.9	25.1	14.2	8.6	6.3
2	29.7	27.7	19.2	14.5	9.1
3	15.7	25.7	27.4	19.1	12.2
4	7.1	16.2	26.5	28.6	21.6
5	1.7	5.4	12.8	29.3	50.9
스페인: 이동성지수[M(P)=0.8808]					
소득분위	순자산 분위				
	1	2	3	4	5
1	32.7	29.4	19.2	13.7	4.9
2	23.4	25.3	21.2	19.8	10.4
3	22.5	19.8	21.3	21.1	15.4
4	16.1	16.0	23.2	21.9	22.8
5	5.3	9.6	15.3	23.3	46.5

자료: Azpitarte(2010); 통계청 「가계금융·복지조사」(2013).

신 5분위 이행행렬 자료를 만들어본 것이 <표 3-6>이다. 스페인의 경우 이행지수 M(P)가 0.8808이고, 한국의 경우 0.8337이다. 이는 소득과 자산에서 같은 분위를 유지하는 비율이 스페인의 경우 29.5%이고 한국의 경우 33.3%라는 것을 의미한다. 스페인의 경우 한국에 비해 소득과 자산의 상관관계가 상당히 낮다는 것을 의미한다.

특히 스페인의 경우 훨씬 더 높은 분위로의 이동(long-range re-rankings)이 더 빈번하다. 즉, 소득 하위 1분위가 자산 중위 분위 이상인 경우는 약 25% 수준이며, 소득 최상위 분위가 중위값 이하로 이동하는 경우의 비율도 20% 정도로 나타나고 있다(Azpitarte, 2010). 그러나 한국의 경우에는 이 수치가 각

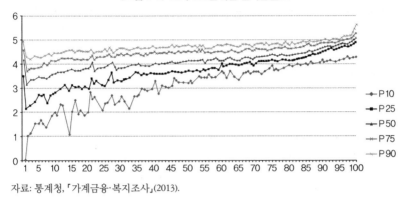

〈그림 3-3〉 소득 100분위별 순자산분포

자료: 통계청, 「가계금융·복지조사」(2013).

각 20.8%, 12.0%로 상당히 낮은 편이다. 특히 고소득층이 상대적으로 저자산인 비율은 그리 높지 않다.

즉, 한국의 경우 스페인과 유사한 자산분포 형태를 가지고 있기는 하지만, 스페인에 비해 전반적으로 소득-자산의 상관관계가 높고, 소득과 자산의 분위재배열(re-ranking)에서 이동성이 낮은 형태의 소득-자산 결합분포를 나타낸다고 할 수 있다.

한편, <그림 3-3>은 소득 100분위별로 자산 분위별 자산액을 로그값으로 나타낸 것이다. 동일한 소득분위 내 자산분포의 불균등(within income diversity of wealth)이 저소득 분위에서 더욱 뚜렷하게 나타나고 있음을 알 수 있다. 즉, 고소득층의 경우 자산 분산이 그리 크지 않은 반면, 저소득층에서는 자산 분산이 상대적으로 큰 것을 알 수 있다. 이는 저소득층의 경우 저자산가도 있지만 고자산가도 있다는 것을 의미한다. 물론 스페인보다는 약하고 미국보다는 강한 것으로 판단된다.

자산을 설명하는 요인에는 소득 외에도 많은 요인이 존재한다. 즉, 높은 소득과 관련된 특성들(예를 들어 높은 교육 수준)은 높은 자산 수준과도 관련될

<표 3-7> 소득과 자산분포 간의 상관계수

	비조건부		조건부	
	경상소득-총자산	가처분소득-순자산	경상소득-총자산	가처분소득-순자산
피어슨 상관계수	0.538	0.419	0.514	0.391
스피어만 상관계수	0.578	0.499	0.500	0.430
켄달 타우	0.412	0.352	0.355	0.304
표본 수	18,596	18,596	18,596	18,596

주: 조건부는 회귀분석에 따른 잔차 간의 상관관계를 의미함.
자료: 통계청, 「가계금융·복지조사」(2013).

수 있다. 소득과 자산의 상관관계에서 국가 간 차이 또한 자산을 소유한 사람들의 특성 차이와 이러한 특성과 관련된 소득-자산 차이에 기인하는 것일 수 있다. 따라서 연령과 교육, 가구 형태 등을 공변수(covariates)로 하는 가처분소득과 순자산의 회귀분석을 통해 이러한 변수 요인들을 통제하는 방법을 활용해볼 수 있다. 이를 통해 자산이 어떻게 가구 및 개인 특성과 관련되는지, 연령, 교육, 가구 형태 등을 통제한 상태에서의 소득과 자산의 결합분포가 국가별로 어떻게 다른지를 볼 수 있을 것이다. 즉, 통제변수를 고려한 최종 잔차(residual)의 상관관계를 구하고 비교하는 것이다. 이는 가구와 개인 특성을 통제한 상태에서의 소득과 자산의 상관관계이며, 또한 각국의 특수한 요인이나 제도들에 의해서 설명되는 상관관계라고 할 수 있을 것이다.

얀티 외(Jantti et. al., 2008)의 분석을 인용해보면, 개별 국가들의 회귀분석 결과, 가처분소득의 경우 0~25%(Adj-R2)가 이러한 세 가지 변수들로 설명되고(스웨덴의 경우 이 비중은 40%), 순자산의 경우 10~20% 정도를 설명하는 것으로 나타났다. 우리나라도 <표 3-7>에서 볼 수 있듯이 가처분소득의 경우 Adj-R2가 27.1% 정도이고, 순자산의 경우 10.1% 정도로 나타난다.

이 회귀분석에서 잔차의 분산은 연령, 교육, 가구 형태 등의 변수로 파악되지 않는 제도적인 효과, 즉 국가별 고정효과(country fixed effects)를 낸다고 볼 수 있다. 따라서 잔차의 상관관계는 인구학적 요소 외에 제도적 요소(상속, 기업가정신, 조세 등)들에 의한 상관관계를 의미한다고도 해석할 수 있다.

이 상관계수는 미국에서는 0.5 이상으로 높게 나타나고 있는 반면,[7] 대부분의 국가에서는 3.5 이하이며(0.27~0.36), 스웨덴은 0.27 정도로 낮게 나타나고 있다. 이는 인구학적 요소 이외에 각 나라마다 제도적 요소에 의한 차이로 인해 소득-자산 상관관계의 국가별 차이가 생겨난 것을 의미한다. 우리나라는 <표 3-7>에서 보듯이, 비조건부의 경우 상관관계가 0.499이지만, 조건부의 경우 0.430으로 나타난다. 즉, 미국의 0.5에는 미치지 못하지만 여전히 미국에 가장 근접한 높은 수준으로 나타나고 있다. 개인이나 가구의 특성을 고려하더라도, 우리나라의 가처분소득과 순자산의 상관관계는 여타 국가들에 비해서 높은 수준이며 미국에 비해서도 그리 낮지 않다.

5. 맺음말

불평등은 매우 다차원적이다. 따라서 불평등의 문제를 전체적인 시각에서 보기 위해서는 불평등을 설명하는 다양한 요인들을 고려할 필요가 있다. 특히 자산은 소비의 원천이 될 수 있고 불확실한 상황에서 보험의 기능을 수행하기 때문에 개인과 가구의 경제 상태를 설명하는 데 매우 중요한 요인이다. 특히 소득과 더불어 자산을 동시에 고려하는 것은 기초생활보장정책, 공적연금정책, 빈곤층 자산형성정책과 같은 공공정책의 효과적 설계에서 중요할 수

---

7) 부드리아 외(Budria et al., 2002)도 미국에서 소득과 자산의 상관계수는 0.6에 이른다고 분석했다.

있다. 그럼에도 소득-자산의 관계나 결합분포에 대한 연구는 자산이 가지는 특수한 성격과 이를 파악하기 위한 자료와 통계의 한계로 인해 크게 진전되지는 못했다. 최근에야 자산과 관련된 통계가 국제적으로 비교 가능한 형태로 축적되고 있어, 본 연구는 이를 기반으로 한국의 소득-자산 결합분포의 형태를 국가 간 비교의 관점에서 분석해보았다.

분석 결과, 한국의 경우 자산분포에서 미국이나 스웨덴에 비해 상대적으로 불평등도가 낮고 스페인이나 이탈리아 등 남유럽과 유사한 형태를 보였다. 연령별 자산분포에서도 한국은 미국, 스웨덴보다는 남유럽 국가들과 유사한 것으로 나타났다. 그러나 한국은 스페인과 같은 남유럽 국가들과 달리, 학력에 따른 자산불평등도가 상대적으로 크고, 특히 소득과 자산의 상관관계는 미국과 유사하게 높았다. 소득-자산 결합분포 분석을 보면, 한국의 경우 저소득-저자산, 고소득-고자산의 비중이 상대적으로 높은 미국과 유사한 것으로 나타나 소득-자산 간 상관관계가 높은 편인 것으로 나타났다. 이는 연령, 학력, 가구 형태 등을 통제하는 경우에도 유사한 결과를 보인다.

그러나 이 글은 자산분포나 소득-자산의 상관관계의 실태만을 드러내는 데 그치고 있다. 왜 한국은 자산분포에서는 스페인을 비롯한 남유럽 국가들과 유사한 특징이 있으면서, 소득-자산의 상관관계에서는 오히려 미국과 유사한 특징을 가지는 것인지에 대한 설명이 충분하지 않다. 우리나라의 연령별 자산분포가 남유럽 국가와 가까운 것은 이들 국가와 유사한 주택자산에 대한 태도나 가족주의적 관습의 영향이 크기 때문일 수 있고, 소득-자산의 상관관계가 미국과 유사할 정도로 높아지고 있는 것은 이러한 전통적 관습이 자산유동화나 금융위기 등을 겪으면서 변화하는 과정을 겪고 있기 때문일 수도 있다. 하지만 이 글에서는 자산분포의 특징과 소득-자산의 상관관계에 대해 국가 간 비교를 하는 정도에 그쳤다. 정책적으로 더 의미 있는 것은 소득-

자산 사이의 인과관계와 이 관계를 규정하는 요인들에 대한 분석일 것이다. 그러나 소득과 자산 사이의 인과 관계에 대한 연구는 적어도 종단적인 패널 자료가 확보되어야 분석이 가능하다. 물론 이와 관련한 이론적인 논의도 제대로 검토되어야 하겠지만 본 연구에서는 상관관계와 관련된 논의들만 정리했다.

또한 자료를 한 해의 데이터만으로 분석한 것에도 한계가 있다. 시간이 지남에 따라 소득은 장기 추세에서 종종 벗어나기 마련이다. 자산부자들은 소득의 타이밍에서 훨씬 더 큰 유연성을 가진다. 이 사실은 매우 중요할 수 있다. 소득 흐름의 맥락에서 자산분포를 추정하는 것이 가능할 수 있기 때문에 다년간의 데이터를 합해서(pooling) 활용하는 방법이 필요할 것이다. 이는 향후의 추가적인 연구 과제로 남겨두기로 한다.

참고문헌

김경아·김혜주. 2009. 「라이프사이클하에서의 자산과 소득의 상관관계 분석」. 제10
회 한국노동패널 학술대회 발표문.

김용현·배석주. 2007. 「극단치 분포와 Copula함수를 이용한 주식시장 간 극단적 의존
관계 분석」. ≪대한산업공학회지(Journal of the Korean Institute of Industrial
Engineers)≫, 제33권 제4호, 410~418쪽.

남상호. 2008. 「가계자산 분포와 불평등도의 요인별 분해: 노동패널 자료를 중심으
로」. 제9회 한국노동패널 학술대회 발표문.

성명재·김현숙. 2006. 「분배구조 개선을 위한 조세정책 방향: 소득, 부동산자산 결합
분포 및 관련 세부담 분포 분석에 관한 연구」. 한국조세연구원.

Azpitarte, Francisco. 2010, "The Household Wealth Distribution in Spain: The Role Of
Housing and Financial Wealth." *Hacienda Pública Española, IEF*, Vol. 194, No. 3,
pp. 65~90.

Bover, O. 2005. "Spanish Survey of Household Finances(EFF): Description, Methods and
Preliminary Results." *Economic Bulletin of the Bank of Spain.*

_____. 2010. "Wealth Inequality and Household Structure: U.S. vs. Spain." *Review of Income
and Wealth,* Vol. 56, No. 2, pp. 259~290.

Bover, O., Martínez, C. and Velilla, P. 2005, "The Wealth of Spanish Households: a
Microeconomic Comparison with the United States, Italy and the United Kingdom."
Economic Bulletin of the Bank of Spain.

Brandolini, A. 2006. "The Distribution of Wealth in Germany and Sweden: Discussion of
the Papers by Stein and Klevmarken." in G. Chaloupek and T. Zotter(eds.). *Steigende
wirtschaftliche Ungleichheit bei steigendem Reichtum?*, pp. 45~54. Tagung der Kammer
für Arbeiter und Angestellte für Wien. Vienna: LexisNexis Verlag ARD Orac.

Budria, S., Díaz-Jiménez, J., Quadrini, V. and Ríos-Rull, J. V. 2002. "Updated Facts on
the U.S. Distributions of Earnings, Income and Wealth." *Federal Reserve Bank of
Minneapolis, Quarterly Review,* Vol. 26, No. 3, pp. 2~35.

Davies, J. B. and A. F. Shorrocks. 2000. "The Distribution of Wealth." in A. B. Atkinson
and F. Bourguignon(eds.), *Handbook of Income Distribution,* Vol. 1, pp. 605~675.

Amsterdam: North-Holland.

Diaz-Gimenez, Javier, Andy Glover and Jose-Victor Ribs-Rull. 2011. "Facts on the Distributions of Earnings, Income and Wealth in the United States: 2007 Update." *Federal Reserve Bank of Minneapolis, Quarterly Review*, Vol. 34, No. 1, pp. 1~36.

Domeij, D. and P Klein. 1998. "Inequality of Income and Wealth in Sweden." mimeo.

Jäntti, M., Sierminska, E and van Kerm P. 2012. "A Model for the Joint Distribution of Income and Wealth." *mimeo*.

_____. 2010. "The Middle Class in the Joint Distribution of Income and Wealth: Luxembourg in Comparative Perspective." *mimeo*.

Jantti, M., Sierminska and T. Smeeding. 2008. "The Joint Distribution of Household Income and Wealth: Evidence from the Luxembourg Wealth Study." *OECD Social, Employment and Migration Working Paper*, No. 65. OECD. Paris.

Jenkins, Stephen P. 1990. "The Distribution of Wealth: Measurement and Models." *Journal of Economic Surveys*, Vol. 4, No. 4, pp. 329~360.

Jenkins, Stephen P. and Jantti, Markus. 2005. "Methods for summarizing and comparing wealth distributions." ISER Working Paper Series 2005-05, Institute for Social and Economic Research.

Kennickell, Arthur B. 1999. "Using Income Data to Predict Wealth-In memory of Daniel B. Radner." FRB working paper.

Kopczuk, Wojciech and Saez, Emmanuel. 2004. "Top Wealth Shares in the United States, 1916~2000: Evidence from Estate Tax Returns." *National Tax Journal, National Tax Association*, Vol. 57, No. 2, pp. 445~487.

Kojadinovic, I. and J. Yan. 2010. "Modeling Multivariate Distributions with Continuous Margins Using the copula R Package." *Journal of Statistical Software*, Vol. 34, No. 9, pp. 1~18.

Marius Hofert, I Kojadinovic, M Maechler and J Yan. 2014. "Multivariate Dependence with Copulas: Package 'copula'." *mimeo*.

Nelson, R. B. 2006. *An Introduction to Copulas*. New York: Springer.

Nardi, Mariacristina. 2004. "Wealth Inequality and Intergenerational Links." *Review of Economic Studies*, Vol. 71, pp. 743~768. Wiley Blackwell.

OECD. 2008, Growing Inequality." Paris: OECD Publishing.

_____. 2013a. "Guidelines for Micro Statistics on Household Wealth, Report of the OECD Expert Group on Household Income, Consumption and Wealth Statistics." Paris:

OECD Publishing.

_____. 2013b. "Framework for Statistics on the Distribution of Household Income, Consumption and Wealth." Paris: OECD Publishing.

Radner, D. and D Vaughan. 1987. "Wealth, Income and the Economic Status of Aged Households" in E. Wolff(ed.). *International Comparisons of the Distribution of Household Wealth*, Oxford University Press.

Ruiz, Nicola. 2011. "Measuring the Joint Distribution of Household's Income, Consumption and Wealth Using Nested Atkinson Measures." OECD Statistics Working Papers, No. 5.

Sierminska, E. A. Brandolini and T Smeeding. 2006. "The Luxembourg Wealth Study: A Cross Country Comparable Database for Household Wealth Research." *Journal of Economic Inequality*, Vol. 4, pp. 375~383.

Shorrocks, A. F. 1978. "The Measurement of Mobility." *Econometrica*, Vol. 46, pp. 1013~1024.

Sklar, A. 1959. "Fonctions de répartition à n dimensions et leurs marges." *Publ. Inst. Statist. Univ. Paris 8*, pp. 229~231.

Wolff, Edward. N. 1996. "International Comparisons of Wealth Inequality." *Review of Income and Wealth*, Vol. 42, No. 4, pp. 433~451.

제4장

미국의 소득불평등, 정치양극화 및 입법효율성[*]

박복영 | 경희대학교 국제대학원 부교수

1. 미국의 정치양극화

1) 2008년 금융위기 이후 정치적 대립

글로벌 금융위기 이후 미국 정치권은 위기를 대응하는 과정이 전혀 효율적이지 않았다. 즉, 위기 대응을 위해 행정부가 제출한 정책이나 법안들은 야당에 의해 빈번히 좌절되거나, 의회에 의해 승인된다고 하더라도 장기간의 정치적 논쟁으로 인해 시기를 놓치는 경우가 많았다. 예를 들어 부실화된 금융기관의 구제를 놓고 공화당과 민주당은 격렬한 논쟁을 벌였다. 미국정부와 정치권은 1997년 외환위기 이후 한국정부가 한 것처럼 부실금융기관의 주식을 정부가 인수하는 방안을 검토했는데, 많은 공화당원은 이를 사회주의적

---

* 이 글은 대외경제정책연구원의 보고서『글로벌 금융위기 이후 미국경제의 진로 모색과 시사점』(2012)을 수정·보완한 것이며, 이 중 핵심 분석 결과는 다시 ≪비교경제연구≫, 제21권 제1호에 발표되었다.

정책이라고 비난하며 격렬히 반대했다. 결국 주식인수 대신 부실자산을 매입하는 7000억 달러 규모의 부실자산구제프로그램(TARP)을 실시하는 것으로 결론이 났지만 그 과정에서의 논쟁은 정책의 실효성보다는 이념 문제에 집중되었다.

버락 오바마(Barack Obama) 대통령이 집권한 이후 미국 정치권은 끊임없이 정쟁에 휩싸여 있었다. 2009~2010년에는 의료보험개혁 문제로 집권당인 민주당과 야당인 공화당이 격렬히 대립했다. 의료개혁법안이 통과된 이후에도 위헌 소송이 이어져 논란은 장기화되었다. 또한 공화당은 의료개혁에 따른 정부지출 부담의 증가를 지적하며 정부의 다른 지출에 대해서도 계속 시비를 걸었다. 공화당은 이 문제를 위기 이후 불가피하게 나타나는 정부의 지출 증가와 재정적자 및 정부부채 확대 문제와 결부시켰다. 이를 근거로 공화당은 정부에 대해 지출의 과감한 축소를 요구했다. 그리고 2011년 8월에는 추가로 국채발행이 이루어지지 않으면 연방정부의 운영이 불가능한 상황인데도 공화당은 정부부채의 상한의 증액을 승인하는 과정에서 벼랑끝 전술을 펼쳤다. 그 과정에서 시장은 미국정부의 정책수행 능력 혹은 정치적 리더십에 대한 불신을 표출했다. 즉, 사상 최초로 미국의 국가신용등급이 강등 되는 사태가 벌어졌고 미국 주가는 급락했다.

미국 최초의 흑인 대통령인 오바마가 집권하면서 정치적 대립은 더욱 심화되었다. 아마도 이것은 명시적으로 드러나지는 않지만 인종문제와 밀접한 연관이 있다고 판단해야 할 것이다(Krugman, 2007). 또한 선거 과정에서 공화당 내 극우 보수주의자들이 득세하면서 공화당은 전체적으로 더욱 보수화되었고 정치적 타협은 더욱 어려워졌다. 공화당 내 극우 보수주의자들은 부통령 후보였던 세라 페일린(Sarah Palin)을 열렬히 지지했고, 선거에서 패배한 후에도 소위 티파티운동(Tea Party Movement)을 통해 세력을 넓히고 결집력을 높였다. 한편, 민주당 편에 선 진보진영에서도 급진적인 성향이 나타났다. 글로벌 금융위기 속에서 금융기관의 부도덕성과 탐욕이 드러났고, 이러한 기관에 공적자금을 투입하는 데 대한 반감도 확대되었다. 한편, 금융위기 이후 주택이 차압되거나 빈곤층으로 전락한 가구가 증가하는 등 소득불평등이 심화되었다. 이러한 계층들은 오바마에게 부유층 혹은 월스트리트의 금융권과 더욱 과감하게 대결할 것을 주문하면서 급진화된 성향을 나타냈다. 2011년 나타난 월가점령 시위(occupy wall-street)는 이러한 정서를 극명히 나타낸 것이라고 할 수 있다.

2) '정치양극화' 논의

미국 정치이념의 이러한 양극화는 최근의 현상이 아니라 좀 더 길게 본다면 1970년대 말 이후 지속되어온 현상이다. 다만 현재 양극화의 정도는 19세기 말 이후 가장 심화된 상태라고 평가된다(Poole, 2008: 3). 이 분야의 초기 논문이라고 할 수 있는 로젠탈과 풀(Rosenthal and Poole, 1984)은 1960년대 후반과 1970년대 중반 사이에 민주당과 공화당 간의 이념적 분화가 확실해졌다고 평가한다. 즉, 점점 더 많은 민주당원은 일관되게 자유주의적(liberal) 입장을 취하고 반대로 공화당원들은 일관되게 보수주의적 입장을 취하기 시작했다는 것이다. 또 1970년대 후반에는 중도층이 급격히 축소되면서 양극화가 뚜렷해지기 시작했고 최근까지 심화되는 추세를 보였다고 한다(McCarty, Poole and Rosental, 2006).

정치학자 키스 풀(Keith Poole)과 하워드 로젠탈(Howard Rosenthal)은 1980년대 초에 개개인의 호명투표(roll call vote)를 분석해 의원들의 이념적 좌표(ideological locations)를 측정하는 시도를 했다. 즉, 의회에서의 법안 등에 대한 투표에서 개별 의원들의 찬반 여부를 분석해보면 의원들 간의 이념적 유사성의 정도를 알 수 있고 그 결과를 공간에 표시할 수 있다는 것이다. 두 도시 간의 공간적 인접성을 지도에 표시하듯이 이념적 유사성을 공간적 지도(spatial map)에 표시하는 방식이었다. 이들은 두 가지 차원의 평면에 좌표를 표시했다. 첫 번째 차원(수평축)은 경제문제에 관한 좌우 혹은 자유주의 대 보수주의를 나타내는 축이다. 말하자면, 경제에서 이념적 차이에 따른 정부의 개입 정도에 대한 차이로, 좌파 혹은 자유주의(민주당)는 적극적인 개입을 지지하는 반면 우파 혹은 보수주의는 작은 정부 혹은 정부개입의 제한을 지지한다. 두 번째 차원(수직축)은 어느 시기의 주요 이슈를 축으로 한다. 예를 들어 노예제, 복본위제, 흑인인권운동, 동성애 문제에 대한 입장이 이 축이 될 수 있다. 이들은 이 두 가지 차원 중 첫 번째 축, 즉 자유주의와 보수주의의 성향이 의원들의 투표 성향에 압도적인 영향을 미친다고 설명한다.

로짓모형을 기초로 이들이 개발한 방법론은 흔히 NOMINATE(Nominal Three-Step Estimation)라고 불린다. 이들은 그 이후 동태적 모형을 개발하고 표준오차 계산 방법을 개선해나가면서, D-NOMINATE, W-NOMINATE로 방법론을 발전시켰고, 최근에는 DW-NOMINATE라는 방법론을 통해서 이념적 좌표를 측정했다. 이 방법론을 이용하면 지표의 시계열 비교가 가능하다.[1]

<그림 4-1>은 DW-NOMINATE 첫 번째 차원의 지표를 이용해 미국 상원과 하원에서의 정치양극화 추이를 나타낸 것이다. DW-NOMINATE 지표는 +1과 -1 사이에 위치하게 되는데 +1에 가까울수록 보수주의 성향이 강한 것을 나타내고, -1에 가까울수록 자유주의 성향이 강한 것을 나타낸다.

---

[1]   각 방법론에 관한 간단한 설명은 이들의 홈페이지(http://www.voteview.com/page2a.htm)를 참조한다.

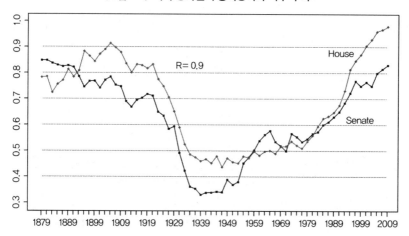

〈그림 4-1〉 미국 상하원의 정치양극화 지수 추이

주: 1) House는 하원, Senate는 상원을 가리키며 R은 양원 양극화 지수 간 상관계수를 의미함.
　　2) 미국 의회는 2년 단위로 의원이 교체되므로 이 지표는 매년이 아니라 2년 주기로 측정됨.
자료: McCarty et al.(2006).

<그림 4-1>의 정치양극화 지표는 각 당 소속 의원들의 이 지표의 평균값을 구한 다음, 양당 평균의 차를 계산한 것이다.

그림을 보면 우선 상원(Senate)과 하원(House)의 정치양극화 지수는 그 추이가 매우 유사하다는 것을 확인할 수 있다. 그리고 1920년대 초까지는 양당 간의 이념적 격차가 매우 높은 수준을 유지했지만, 그 이후부터 제2차 세계대전까지 약 20년간 이념적 격차는 급격히 축소되었다. 하원의 경우 0.8~0.9에서 0.45 수준으로 떨어졌다. 그리고 1970년대 후반까지의 30여 년간은 격차가 축소된 상태에서 비교적 안정적인 추세를 보였다. 하지만 1980년대부터 최근까지 30여 년간은 격차가 꾸준히 증가하는 추세를 보인다. DW-NOMINATE 지표에 따르면 2010년 양당 간 이념적 격차는 거의 사상 최고 수준으로 고조된 상태이다.

풀(Poole, 2008)은 미국의 정치양극화와 관련한 몇 가지 중요한 특징을 지

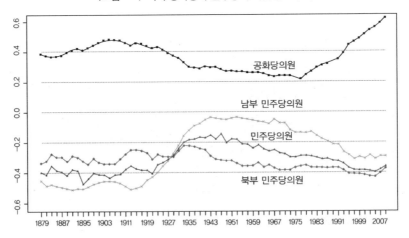

〈그림 4-2〉미국 공화당과 민주당의 이념지표 추이

자료: McCarty et al.(2006).

적했는데, 첫 번째는 전쟁 기간, 특히 제1차·2차 세계대전 동안에는 격차가 축소되었다는 점이다. 이는 대외적으로 전쟁을 하고 있는 동안에는 국내의 정치적 갈등은 완화된다는 일반적 인식과 부합한다. 두 번째는 1960년대 후반 흑인인권운동 혹은 린든 존슨(Lyndon Johnson) 대통령 재임 시의 「민권법(Civil Right Act)」의 제정이 양당 간 이념적 격차의 확대에 중요한 계기가 되었다는 것이다. 이를 계기로 미국 남부에서 공화당의 지배력이 확대되고 공화당이 전체적으로 더욱 보수화되었다고 한다. 반면, 민주당 내에서 상대적으로 보수적이었던 남부의 민주당 의원들은 더욱 진보적인 성향으로 기울면서 양당 간 격차는 확대되었다. 그 후 양당 모두에서 중도파 의원들이 줄어들어 이념적 성향은 더욱 뚜렷해졌다고 한다. 결국 공화당이 더욱 우경화되고, 민주당 내 우파인 남부지역 의원들은 소멸되면서 이념적 격차가 확대되었다는 설명이다. 양당 의원들의 이념지표를 평균해 좌표의 추이를 그린 <그림 4-2>를 통해서 이러한 사실을 확인할 수 있다.

글로벌 금융위기 이후에도 양당 간 격차는 꾸준히 증가했으며, 특히 상원의 경우 최근에 큰 폭의 증가를 보이고 있다. 따라서 이 지표는 금융위기 이후 혹은 오바마 정부 들어 이념적 격차가 확대되고 정치적 대립과 갈등이 심화되었다는 앞의 설명을 뒷받침하고 있다. 앞에서 설명한 바와 같이 1980년대 이후 미국의 정치양극화의 원인은 민주당의 이념적 변화보다는 공화당의 보수화에 있다(<그림 4-2> 참조). 현재 공화당의 보수주의 정도는 19세기 중반 이후 사상 최고 수준이다. 글로벌 금융위기 전후를 비교해보면 민주당은 오히려 다소 보수화되어 격차가 줄어드는 방향으로 나아갔지만, 공화당의 보수화는 더욱 심화되어 결과적으로 전체 격차는 더 확대되었다.

2008년 대선을 전후로 공화당의 보수주의화는 더욱 심화되었는데, 이것은 공화당 내부 이념적 갈등의 결과라는 평가이다. 조지 부시(George Bush) 대통령의 공화당 정부는 2006년 중간선거에서 패배했고, 이는 공화당이 1994년 이래 유지했던 의회 내 다수당의 지위를 상실했음을 의미하는 것이었다. 이러한 부시 정부의 정치적 실패에 대해 공화당 내 전통 보수주의 그룹은 부시 정부가 제한 정부, 균형예산의 재정 보수주의 같은 보수주의의 원칙을 위반한 것이 패배의 원인이라고 공격했다. 반면 개혁보수주의자들은 부시 정부가 중산층의 사회경제적 문제를 다루지 못한 것이 실패의 원인이라고 주장했다.[2] 그 후 전통 보수주의 그룹이 세력을 확장하면서 공화당은 더욱 보수화되었으며, 2008년 대선에서 극단적 보수주의자인 페일린을 부통령 후보로 지명한 것은 이러한 당내 이념 변화를 반영한 것이다.

공화당의 보수화를 촉진하는 것은 당 지지자 중 중도파보다는 극우적 지지자들이 정치참여에 적극적이기 때문이다. 예를 들어 2009년 이후 강화되

---

[2] 미국 공화당 내부의 이념적 갈등에 대해서는 이혜정(2009)을 참조한다.

고 있는 극우적 성격의 티파티운동 지지자들은 다른 공화당원에 비해 정치활동에 훨씬 더 적극적인 것으로 나타났다(Abramowitz, 2011). 따라서 공화당 후보들은 득표를 위해서는 공화당원들의 평균적인 이념적 성향에 비해 더 보수적인 입장을 취하는 것이 합리적일 것이다. 이러한 공화당 내의 변화 결과, 글로벌 금융위기 이후 불황에서 벗어나기 위해 정부의 적극적 역할이 요구되는 상황에서 공화당은 그 어느 때보다 작은 정부와 재정적자 축소를 강하게 요구했다. 이것은 오바마 정부의 경제정책 입지를 크게 축소시킨 것이 분명했다.

3) 정치적 대립과 경제정책의 제약

이러한 정치양극화에 의한 정치적 타협 곤란 혹은 정치적 리더십의 약화는 단순히 정치적 문제로만 남는 것이 아니다. 그것은 다양한 경제적 비용을 수반하는 것으로 판단된다. 특히 지금처럼 금융위기 이후 혹은 심각한 경기침체기에는 그 비용이 더 크다고 할 수 있다. 왜냐하면 위기의 후유증을 극복하기 위해서는 다양한 정책적 처방이 필요하며, 과감하고도 신속한 조치가 필요한 상황에서는 정치양극화의 기회비용이 특히 크기 때문이다.

그 대표적인 사례가 2008년 금융위기 이후 경기회복조치를 마련하는 과정에서의 갈등이다. 오바마 대통령은 2009년 1월 취임 이후 신속히 부양조치를 마련하려 했지만 야당은 그 규모와 구성에 대해 강경하게 비판했다. 야당은 부양조치 규모의 축소와 감세를 통한 부양을 주장했다. 민주당은 상원에서 59석을 차지하고 있어 필리버스터(filibuster, 합법적 의사진행 방해)를 막기에 1석이 부족한 상태였고 공화당은 이를 최대한 지렛대로 활용하려고 했기 때문에 민주당은 타협할 수밖에 없었다. 그 결과 부양조치의 규모가 축소되고, 시기도 늦춰졌으며, 효과도 줄어들 수밖에 없었다. 그 결과 부양조치 규모는 8000억 달러 정도였으며 이 중 3분의 1은 정부지출보다 승수효과가 작은 감세로 이루어졌다. 조지프 스티글리츠(Joseph Stiglitz, 2010: 117)는 부양조치 규모가 턱없이 부족했으며, 2009년 미국연방정부의 부양대책으로 늘어난 지출에서 각 주가 줄인 지출을 빼면 순지출은 거의 제로에 가까웠다고 평가한다. 부양책의 규모가 작은 것은 당초 위기의 심각성을 오바마 정부가 충분히 인식하지 못한 측면도 있지만 정치적 갈등도 한 요인으로 작용했다고 볼 수 있다.

이러한 부족한 부양조치 때문에 경기는 예상보다 더 나빠졌으며 실업률도 상승해 10%를 넘어섰다. 이 상황에서 행정부는 추가적인 조치의 필요성을 인식했지만 야당의 반대가 확실했기 때문에 즉각적인 조치를 취하지 않았다. 경기악화는 오히려 재정적자와 국가부채의 증가를 가져와 공화당의 반대 명분은 더욱 확실해졌다. 빈더와 만(Binder and Mann, 2011)은 2010년 11월 중간선거를 앞둔 상황에서 행정부는 선거가 끝날 때까지 기다릴 수밖에 없었다고 평가한다. 선거가 끝난 12월 오바마는 부시 정부의 감세를 2년 연장하는 대신 실업수당 지급을 연장하는 방식으로 공화당과 타협해 약 8000억 달러 규모의 추가적인 부양조치를 할 수 있었다.

한편, 국가채무한도 상향 조정을 둘러싸고 2010년 말 이후 시작된 정치권의 갈등은 정치양극화로 인한 경제적 비용 발생을 보여주는 또 하나의 대표적인 사례이다. 중간선거에서 미국 공화당은 하원에서 다시 다수당을 차지했고 그때부터 모든 정치적 의제를 정부지출 축소에 맞추었다. 공화당은 연방정부의 폐쇄를 위협하면서 2011년도 예산 삭감을 위한 협상을 시작했고, 결국 연방정부 예산 중 임의성 지출예산이 대폭 삭감되었다. 그리고 5월에 정부부채가 공식적으로 상한에 도달했는데도 공화당은 재정지출 삭감을 부채

상한 조정과 연계시키는 벼랑 끝 전술을 썼다. 결국 디폴트를 이틀 앞두고 7월 31일 협상은 타결되었지만 이는 향후 10년간 2조 5000억 달러의 정부지출 삭감을 조건으로 한 합의였다. 경기회복이 매우 느리고 더블딥(double dip, 이중침체) 가능성까지 있는 상황에서 이러한 정부지출 삭감은 미국경제의 회복을 더욱 어렵게 만들고 정책적 불확실성을 높일 것이 분명하다.

결국 오바마 정부는 대규모 재정지출 삭감을 조건으로 채무 상한 조정을 공화당과 합의했고, 이러한 조건은 경기침체에 대해 정부가 사용할 수 있는 정책수단을 크게 제한시켰다. 만약 이러한 합의가 그대로 이행된다면 2013년에는 대규모 재정지출 감소, 소위 재정절벽(fiscal cliff)에 따른 급격한 경기후퇴가 불가피할 것으로 전망되었다. 미국의회예산처(Congressional Budget Office)는 2013년 예상대로 재정지출 삭감이 이루어질 경우 GDP가 3.6% 감소할 것으로 추정했다. 여야의 합의로 이러한 사태를 피한다고 해도 그 과정에서 정치적 논란과 대립을 피할 수는 없을 것이며 이는 다시 경제에 큰 불안요인으로 작용할 것이었다.

결국 미국의 정치적 보수화 혹은 정치양극화의 심화가 미국경제의 회복에 큰 제약으로 작용하고 있는 것은 분명하다. 그래서 여기서는 정치양극화에 대해 좀 더 구체적으로 살펴보고, 특히 통계적 분석을 시도할 것이다. 우선 정치이념의 양극화의 원인을 분석할 것이다. 나아가 이러한 양극화가 실제 정부(입법부까지를 포함하는 넓은 의미의 정부)의 효율성을 낮추는지를 분석할 것이다. 물론 정부의 효율성을 측정하는 것은 매우 어렵다. 하지만 생각해볼 수 있는 것은 의회에서 양당 간 이념적 격차가 확대되면 타협이 어려워지고, 따라서 필요한 법안의 통과나 기타 입법적 조치가 지연되거나 무산될 확률이 높다는 것이다. 그러면 적어도 입법부 차원에서의 효율성은 떨어진다고 할 수 있다. 그리고 예산안 통과나 기타 재정정책처럼 법률적 뒷받침을 필요로 하는 경제정책들은 적기에 실시하기 어려워지고, 이는 넓은 의미의 정부의 정책 효율성을 낮출 것이다. 따라서 여기서는 법률안 통과 비율을 정책 효율성의 한 지표로 사용했다. 즉, 정치이념의 양극화가 실제로 입법의 효율성을 떨어뜨리는지를 분석할 것이다.

2. 정치양극화의 원인 분석

1) 기존 연구

다수결 원칙이 작용하는 민주주의 정치체제하에서 정치인이나 정당의 행동을 설명하는 가장 대표적인 정치·경제이론은 해럴드 호텔링(Hotelling, 1929)이나 앤서니 다운스(Downs, 1957) 등이 발전시킨 '중위투표자 정리(median voter theorem)'이다. 이 정리에 따르면 일정한 가정하에서 정치인이나 정당은 중위투표자의 선호를 반영하는 것이 득표에 가장 유리하다. 그리고 이 논리를 따르면 선거나 투표에서 승리하려는 정치인이나 정당의 정책은 서로 수렴하게 된다. 그러나 이 정리는 정당 간의 이념 혹은 정책적 노선의 차이가 확대되는 정치양극화 현상을 설명하기 어렵다.

하지만 미국의 예에서 살펴본 것처럼 현실에서는 유권자 혹은 정당 사이에 정치적 성향의 차이가 확대되는 정치양극화가 자주 발견된다. 이러한 정치양극화는 이미 정치학의 중요한 연구주제가 되어왔다. 정치양극화에는 두 가지 종류가 있는데 하나는 유권자양극화(electorate or public polarization)이며, 다른 하나는 정당양극화(party or elite polarization)이다. 전자는 유권자들 사이에 정치 성향의 차이가 확대되는 것을 의미하고, 후자는 정당 혹은 의원들 사이에 차이가 확대되는 것을 의미한다. 그런데 일반적으로는 유권자의 양극화보다는 정당양극화가 더 뚜렷하게 관찰되며, 이는 미국의 경우도 마찬가지이다.[3]

정당의 정치양극화에 대해 정치학 분야에서 많은 연구가 이루어졌다. 하지만 이 글의 주제인 정치양극화의 원인에 관한 연구는 많지 않다. 미국의 정치양극화에 관한 대표적인 연구는 매카티와 풀, 로젠탈(McCarty, Poole and Rosentha, 2006)이 대표적이다. 이들은 정치양극화, 소득불평등, 그리고 이민의 문제를 사회적 변화라는 포괄적인 시각에서 다루고 있다. 즉, 이 세 가지가 1970년대 이후 모두 심화되는 동일한 패턴을 보이고 있다는 것을 지적하고, 이 세 가지의 상호작용을 분석하고 있다.[4] 하지만 정치양극화의 원인에 대해서는 명확한 설명을 제시하지 않는다. 다만 정치양극화의 계기가 된 역사적 사건들을 지적하는데, 예를 들어 1965년 '흑인인권법' 통과가 중요한 전환점이 되었다고 한다. 삭스(Sachs, 2011: 97)는 정치이념이나 문화의 측면에서 1960년대 이후 미국 사회의 분열이 심화된 중요한 원인으로 흑인인권운동, 이민자의 증가, 남부지역의 인구 및 경제적 비중의 증가, 백인의 교외로의 이주를 들고 있다.

그런데 정치양극화에 관한 많은 연구들이 정치양극화와 소득불평등의 관계, 특히 소득불평등이 정치양극화에 미친 영향에 대해 주목하고 있다. 매카티와 풀, 로젠탈(McCarty, Poole and Rosentha, 2006)은 1913년 헌법 개정과 더

---

3) 퓨 리서치센터(Pew Research Center, 2009)의 조사에 따르면 미국 유권자의 정당 지지 성향에서 중도파의 비중은 1990년 이후 안정적으로 30~35%를 유지하고 있으며, 최근에는 이 비율이 증가하고 있는 것으로 나타났다. 중도파 비중의 증가는 양극화와는 반대되는 현상이다.

4) 예를 들어 하위 소득계층을 구성하는 비서구 출신의 이민자가 증가하면서 소득불평등이 심화되고, 소득불평등의 심화가 정치양극화를 초래했을 가능성이 있다고 지적한다.

불어 연방정부가 개인소득세를 부과하는 것이 가능하게 된 이후의 변화를 주목하고 있다. 연방소득세가 도입되고 그 후 세율이 상승하면서 소득불평등과 정치양극화가 동시에 완화되었다. 1970년대 후반 이후에는 소득세율의 하락과 더불어 반대의 현상이 나타났다. 개런드(Garand, 2010)는 미국의 주(states) 데이터를 이용하여 소득불평등이 주 유권자의 정치이념 양극화를 심화시키고, 상원의원 간 이념 격차에도 영향을 미친다는 사실을 발견했다. 아크데데(Akdede, 2012)는 유럽 17개국의 패널자료를 이용하여 소득불평등이 정당득표율에서의 양극화를 증가시킨다는 분석 결과를 제시했다. 또 폰투손과 루에다(Pontusson and Rueda, 2008)는 12개 선진국의 자료를 이용하여 소득불평등이 정당의 정책공약에 미치는 효과를 분석했다. 이들은 정책공약의 이념적 성향을 지수화하여 정치양극화 정도를 측정했다. 그 결과 소득불평등이 각 계층의 정치적 참여도(mobilization)와 상호작용을 하면서 정치양극화에 영향을 미친다고 주장했다. 예를 들어 저소득층의 투표율과 노조 조직률이 낮은 상태에서 소득불평등이 심화되면 보수정당은 더욱 보수화되는 경향이 있다는 것이다. 즉, 소득불평등이 심화되어 정부의 재분배정책에 대한 저소득층의 요구가 높아진다고 해도 이들의 정치적 참여도 낮다면 보수정당의 정책이 보수화되는 것을 정치적으로 막기 어렵다는 것이다.

그러면 소득불평등은 구체적으로 어떤 기제를 통해서 정치양극화를 심화시킬까? 소득불평등이 민주주의 정치체제하에서 정책에 미치는 영향에 관한 대표적인 이론은 멜처와 리처드(Meltzer and Richard, 1981)이다. 이들의 모형은 선진국에서 정부의 재분배기능이 확대되는 원인을 저소득층으로의 선거권 확대로 설명하고 있다. 이 모형은 앞서 설명한 중위투표자 정리를 전제하고 있는데, 선거권이 확대되면서 중위투표자의 소득이 평균소득에서 점점 멀어지게 되고, 그들의 소득재분배의 요구는 점점 강해진다고 설명한다. 하지만 이 모형은 모든 정당이 중위투표자의 선호를 반영한다고 설명하고 있어, 정당 간의 이념적 혹은 정책적 차이를 설명할 수는 없다. 그래서 폰투손과 루에다(Pontusson and Rueda, 2008)는 멜처와 리처드(Meltzer and Richard, 1981)와는 다른 모형을 제시한다. 이들의 기본 전제는 당은 각자의 핵심유권자층(core constituency)을 가지고 있으며, 우파 정당은 고소득층, 좌파 정당은 저소득층이 핵심유권자층을 이룬다고 설명한다. 또 좌파유권자층은 재분배정책을 선호하는 반면, 우파유권자는 이를 선호하지 않는다고 전제한다. 정당은 선거에서 승리하는 것을 목표로 함과 동시에, 자신들의 핵심유권자층의 이익을 대변하려는 성향도 가진다. 따라서 정당은 항상 부동층 유권자인 중위투표자의 선호와 핵심유권자 선호 사이에서 균형을 맞추려고 한다는 것이다. 이들은 이러한 가정이 실제 정치 현실을 더 잘 반영하며 정당에 관한 정치학의 연구결과에도 부합한다고 주장한다.

정당이 각자의 핵심유권자층을 가지고 있고 그들의 이익을 대변한다는 이 연구의 가정하에서, 재분배정책에 대한 선호 혹은 저지에 대한 정당의 강도는 평균 소득과 핵심유권자층의 중위소득 간 격차에 달려 있다. <그림 4-3>은 소득수준별 가구의 빈도를 나타낸 그래프이다. 국가 A에 비해 양 옆으로 더 넓게 퍼져 있는 국가 B의 분포가 소득불평등이 더 심한 상태라고 할 수 있다. 이 상태에서 좌파 정당의 핵심유권자층인 저소득 가구의 중위소득과 평균소득 간의 거리가 재분배정책 요구의 강도를 결정하며, 고소득 가구 중위소득과 평균소득 간의 거리는 재분배에 반대하는 우파 정당의 강도를 결정한다. 소득불평등이 심한 국가 B에서는 국가 A에 비해 거리가 더 멀기 때문에 양 정당 간의 이념 격차 혹은 정책차이가 더 크게 나타난다는 것이 폰투손과 루에다(Pontusson and Rueda, 2008)의 핵심이다. 그리고 이들은 소득계층별 투표율이나 정치활동 참가율 또한 정치양극화의 정도에 영향을 미칠 수 있다고

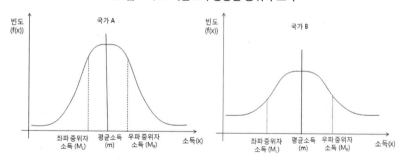

〈그림 4-3〉 소득분포와 정당별 중위자 소득

자료: Pontusson and Rueda (2008, p.318)를 기초로 필자 작성.

강조한다. 왜냐하면 소득계층별로 보면 전체 유권자 및 핵심유권자층의 중위투표자의 위치는 달라지기 때문이다.

이를 수식으로 표현해보면 다음과 같다. 우선 어느 국가의 가구소득 분포함수를 $F(x)$ 라 하고 평균을 m, 표준편차를 σ 라고 하자. 그러면 그것의 누적분포함수 F는,

$$F(\alpha) = \int_0^\alpha f(x)\,dx$$

이 된다. 그리고 좌파 중위자 소득 M_L 과 우파 중위자의 소득 M_R은[5)]

$$F(M_L) \equiv 0.25, \ F(M_R) \equiv 0.75 \ \text{혹은},$$
$$M_L \equiv F^{-1}(0.25), \ M_R \equiv F^{-1}(0.75)$$

으로 나타낼 수 있다.

국가 전체의 평균소득 m 에서부터 계층 중위자의 소득까지의 거리를 d 라고 하면, 좌파 중위자의 거리 d_L과, 우파 중위자의 거리 d_R은,

$$d_L \equiv |M_L - m|, \quad d_R \equiv |M_R - m|$$

---

5) 실제 소득분포는 왼쪽으로 치우친(skewed) 모습을 가지는 것이 일반적이지만, 여기서는 설명의 편의를 위해 분포가 좌우대칭이라고 가정했다.

이다. 그런데 소득불평등의 심화, 즉 소득분포함수의 표준편차 σ가 증가하면 d도 증가하게 된다. 즉,

$$\frac{\partial d_L}{\partial \sigma} > 0, \quad \frac{\partial d_R}{\partial \sigma} > 0$$

이 된다.

각 정당의 이념좌표 혹은 재분배에 대한 선호 I는 각 정당 핵심유권자층의 중위자 소득과 평균소득과의 차이, 즉 d의 함수이다. 좌파 정당의 이념좌표를 I_L, 우파 정당의 이념좌표를 I_R이라고 하면,

$$I_L = g_L(d_L), \ I_R = g_R(d_R)$$

이 된다.

I값이 클수록 보수성향(혹은 재분배에 대한 비선호)이 강하다는 것을 의미한다면, d가 각 정당의 이념좌표에 미치는 영향은,

$$\frac{\partial g_L}{\partial d_L} < 0, \quad \frac{\partial g_R}{\partial d_R} > 0$$

이다. 즉, 소득격차가 확대될수록 양 정당의 이념적 격차가 확대된다.

결국 σ의 증가는 d의 증가를, 이는 다시 정당 간 이념 격차의 확대를 가져오며,

$$I_R - I_L = g_R(d_R) - g_L(d_L),$$

$$\frac{\partial(I_R - I_L)}{\partial \sigma} = \frac{\partial g_R}{\partial d_R} \cdot \frac{\partial d_R}{\partial \sigma} - \frac{\partial g_L}{\partial d_L} \cdot \frac{\partial d_L}{\partial \sigma} > 0$$

로 나타난다.

이렇듯 소득에 따른 정당별 핵심지지층 가정은 미국의 현실과도 부합한다고 할 수 있다. <그림 4-4>에 나타난 바와 같이 저소득계층에서는 민주당 지지도가, 고소득계층에서는 공화당 지지도가 뚜렷이 높다.[6] 그리고 2011년

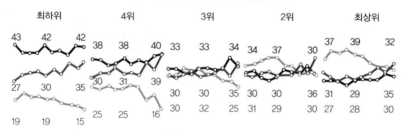

〈그림 4-4〉 미국의 소득계층별 정당선호도

| 최하위 | 4위 | 3위 | 2위 | 최상위 |

주: 1) 짙은 색은 민주당, 중간 색은 공화당, 옅은 색은 무당파를 의미함.
   2) 2009년 불변달러 기준 가구소득으로 최하위는 2만 달러 이하, 4위는 2만~4만 달러, 3위는
      4만~6.5만 달러, 2위는 6.5만~10만 달러, 최상위는 10만 달러 이상임.
자료: The Pew Research Center for the People and the Press(2009).

대통령선거 출구조사에서도, 연소득 3만 달러 이하의 저소득층 가구에서는
민주당 오바마와 공화당 미트 롬니(Mitt Romney)의 지지도가 63대 35로 오바
마 지지도가 압도적으로 높았다. 반면 연소득 25만 달러 이상의 고소득층 가
구에서는 43대 54로 롬니의 지지도가 더 높은 것으로 나타났다(The Wall
Street Journal).

한편, 바텔스(Bartels, 2008)와 길렌스(Gilens, 2005)는 유권자의 정치적 영향
력이 소득계층별로 크게 다르다는 사실을 발견했다. 상위 소득계층의 정치적
의사는 의회나 정책에 많이 반영되지만, 하위 소득계층의 정치적 영향력은
매우 낮다는 것이다. 물론 이러한 결과는 정치권 및 정책의 전반적 보수화를
설명할 수는 있지만, 정치양극화와는 직접적인 관련이 없다. 하지만 정치양
극화에 대해서도 어느 정도 시사점을 제공한다. 우선, 전체 유권자 중 중위투

---

6) 공화당 지지가 전체적으로 낮아지고 있는데 최상위 계층에서 최근 공화당 지지자 비율이
   하락하는 것도 이러한 전반적인 추세를 반영한다. 하지만 최상위 계층에서 공화당 지지도
   는 민주당 지지도를 상회한다.

표자의 영향력이 멜처와 리처드(Meltzer and Richard, 1981)가 가정했던 것만큼 크지 않다는 것이다.[7] 그리고 폰투손-루에다(PontussonRueda) 모형에 따르면, 핵심유권자층 중 상대적으로 부유한 계층의 정치적 영향력이 더 크기 때문에 이것을 반영한 각 정파의 중위소득은 모두 오른쪽으로 이동한다. 즉, 모든 정당에서 정책의 보수화가 나타나는 것이다. 그런데 최상위 소득계층의 영향력이 가장 크기 때문에 우파의 중위소득 이동폭이 좌파에 비해 더 크게 나타나고, 그 결과 두 정당의 중위소득의 거리는 더 멀어진다. 바텔스(Bartels, 2008)와 길렌스(Gilens, 2005)의 연구결과는 1980년대 이후 미국의 정책적 보수화나 정치양극화와 부합하기 때문에 많이 인용된다. 해커와 피어슨(Hacker and Pierson, 2010)은 최고 소득자 계층이 협회나 로비단체처럼 조직화하여 자신들의 이익을 대변하는 것을 강조한다. 이것 역시 소득계층별로 정치적 영향력에 큰 차이가 있음을 시사하는 것이다. 이들은 1970년대 말 이후 이러한 조직화가 미국 정치의 보수화·양극화를 낳았다고 설명한다.

마이언과 수피, 트레비(Mian, Sufi and Trebbi, 2012)는 금융위기 이후가 대중들의 정치이념에 미치는 영향을 분석했다. 그리고 대중들의 정치이념을 조사한 「세계가치조사(World Value Survey)」의 자료를 60개국에 대해 분석한 결과 금융위기가 정치이념의 격차를 확대하는 경향이 있음을 발견했다.[8]

이러한 기존 연구를 바탕으로 다음 절에서는 미국의 정치이념 혹은 이념 격차를 설명할 수 있는 회귀분석 모형을 구성할 것이다. 특히 폰투손-루에다 모형이 예상한 바와 같이 소득불평등이 이념 격차의 확대를 야기하는지를 통

---

7) "공화당 상원의원들의 경우 저소득 유권자들은 말할 것도 없고 중소득 유권자들의 요구에 부응한다는 증거는 없다. 그러나 고소득 유권자들의 의견은 공화당 상원의원들의 관심을 상당히 많이 받는 것 같다"(Bartels, 2008: 272).

8) 하지만 국가 및 연도 고정효과를 추가하면 통계적 유의성은 사라지는 것으로 나타났다.

계분석을 통해 확인해볼 것이다.

2) 분석방법

이 절에서는 미국에서 양당 간 정치이념의 격차를 확대시키는 배경 및 원인을 찾기 위해 통계분석을 시도할 것이다. 그리고 정치·경제학적 접근에 따라 정치이념의 양극화에 영향을 미칠 것으로 예상되는 경제적 변수를 중심으로 살펴보고자 한다.

자료는 시계열 자료이며, 분석 대상 기간은 1930년부터 2010년까지이다. 로젠탈과 풀(Rosenthal and Poole, 1984)에 의해 개발된 양당의 이념지표는 1879년 자료부터 이용이 가능하지만 설명변수들의 제한 때문에 1930년부터의 자료를 이용했다. 자료는 연간(annual) 데이터이며,[9] 종속변수는 상원과 하원에서 각 정당의 평균적 이념지수 혹은 두 정당의 평균 이념지수의 격차이다. 즉, 각 의원들의 이념지표를 정당별로 평균한 값이다. 이 지표는 -1과 1 사이의 값을 가지는데 1에 가까울수록 보수주의 성향이 강한 것을 의미한다.[10] 따라서 양 정당 간의 이념적 격차의 최소값은 0, 최대값은 2가 된다.

이러한 정당 이념지표를 설명변수로 회귀분석을 할 것이다. 설명변수에 대해서는 다음 부분에서 자세히 설명할 것이다. 회귀분석에서는 세 가지 방법을 사용할 것이다. 우선, 일반최소자승법(OLS: ordinary least squares)을 사용한다. I를 이념지표, X를 그 설명변수라고 하면 추정식은 다음과 같다.

---

9) 미국의 양대 정당인 민주당과 공화당의 이념지표의 평균은 단일의회 단위, 즉 2년을 단위로 측정되어 있다. 하지만 통계분석을 위해서 2년간 동일한 값을 갖는 연간 데이터로 변환했다.

10) 이는 로젠탈과 풀(Rosenthal and Poole, 1984)이 측정한 DW-NOMINATE 1차원지수 (DW-NOMINATE 1st dimension score)이다.

$$I_t = \alpha + \beta X_t + \epsilon_t$$
$$s.t.\ cov(X_t, \epsilon_t) = 0$$

그런데 여기서 이 방법을 사용할 경우 우려되는 것은 내생성(endogeneity) 문제이다. 예를 들어 설명변수 중 하나인 소득불평등이 정당의 이념에 영향을 미칠 수도 있지만, 반대로 정치이념이 소득불평등의 정도에 영향을 미칠 수도 있다. 보수적인 정치이념은 소극적인 소득재분배정책으로 귀결되고 이것이 소득불평등의 심화를 초래할 수 있기 때문이다. 이러한 내생성 문제에 대응하기 위해 일차적으로는 내생성이 의심되는 변수에 대해서는 동기값 대신 전기값을 사용할 것이다. 하지만 이것만으로는 내생성 문제를 충분히 해결하지 못할 수 있다. 그래서 도구변수(IV: instrumental variable)를 사용한 2단계 최소자승법(2SLS: two-stage least squares)을 사용했다. 도구변수를 Z라고 하면 추정식은 다음과 같다.

$$I_t = \alpha + \beta X_t + \epsilon_t$$
$$X_t = \gamma + \delta Z_t + \nu_t$$
$$s.t.\ cov(X_t, \epsilon_t) \neq 0,\ cov(Z_t, \epsilon_t) = 0$$

내생성 외에 또 다른 문제는 시계열 변수가 갖는 불안정성(non-stationarity) 문제이다. 즉, 시계열 변수에 확률적 추세가 존재해 불안정적일 경우 가성회귀(spurious regression) 문제가 발생할 수 있다. 이 문제에 대응하기 위해 단위근 검증을 통해 안정적이지 않은 것으로 판정되는 변수들은 1차 차분을 한 후, OLS 추정을 했다. 이렇게 설명변수들 중 불안정적인 시계열 변수들을 X_1, 안정적인 시계열 변수들을 X_2라고 하면 추정식은 다음과 같다.

$$\Delta I_t = \alpha + \beta_1 \Delta X_{1t} + \beta_2 X_{2t} + \epsilon_t,$$
$$s.t.\, cov(\Delta X_{1t}, \epsilon_t) = 0$$
$$cov(X_{2t}, \epsilon_t) = 0$$

3) 정치양극화의 요인

정당의 이념성향에 영향을 미칠 것으로 예상되는 설명변수들은 크게 네 가지로 나눌 수 있다.

첫 번째, 사회경제적 불평등의 정도가 정당의 이념성향에 영향을 미칠 수 있다. 일반적으로 보수정당인 공화당은 부유층의 이해를, 진보정당인 민주당은 노동자나 빈곤층 혹은 사회적 약자의 이해를 대변하는 것으로 이해된다. 따라서 계층 간의 사회경제적 불평등이 확대될수록 정당 사이의 이념적 격차가 확대되고 갈등이 심화될 가능성이 높다고 할 수 있다.[11] 앞에서 살펴본 다수의 기존 연구들도 이러한 영향을 분석하고 있다. 불평등에는 소득불평등이 가장 대표적이지만, 미국의 경우에는 인종구성도 사회적 불평등의 중요한 원인이 되고 있다. 일반적으로 히스패닉이나 아시아계 이민자들이 저소득계층을 구성하며, 이는 사회 전체의 이질성을 높이는 원인이 되고 있다. 또한 이민자 그 자체는 이념 갈등의 중요한 소재가 된다. 일반적으로 보수주의자들은 엄격한 이민제한 정책을 주장하는 반면, 진보주의자들은 상대적으로 이민자에 대해 너그럽다. 따라서 이민자 비율이 증가할수록 공화당은 더 강력한 이민제한 정책을 요구할 가능성이 크고, 양당 간 이념 격차가 확대될 가능성

---

11) 물론 유권자의 정당에 대한 지지가 반드시 소득에 따라 결정되는 것은 아니기 때문에, 경제적 불평등이 정당의 공약이나 의원들의 이념적 성향에 어떤 영향을 미칠지는 단정적으로 말하기 어렵다.

도 높다. 매카티와 풀, 로젠탈(McCarty, Poole and Rosenthal, 2006)은 엄밀하게 분석하고 있지는 않지만 인구 중 해외출생자의 비율이 소득불평등도 및 정치 양극화와 밀접한 관계를 나타낸다고 지적한다.

두 번째, 경제·재정상황이 정당의 이념성향에 영향을 미칠 수 있다. 공화당은 정부의 경제적 개입 축소를, 반대로 민주당은 공화당에 비해 더욱 적극적인 정부의 개입과 지출의 확대를 선호한다. 그리고 공화당은 민주당에 비해 재정건전성의 유지를 더 강조한다고 볼 수 있다. 따라서 현 정부의 경제적 개입 정도나 재정상황이 정당의 이념에 영향을 미칠 수 있다. 예를 들어 이미 정부지출의 비중이 매우 높거나 재정적자의 정도가 심각할 경우, 공화당은 정부지출 및 개입의 축소를 더욱 강하게 요구할 가능성이 높다. 즉, 공화당의 평균적인 이념성향이 보수 쪽으로 더 기울 것으로 예상할 수 있다. 경기상황 역시 이념성향이나 격차에 영향을 미칠 수 있다. 경기상황이 양호할 경우 양 정당은 현재 상황에 만족해 이념적 갈등이 축소될 수 있다. 하지만 반대로 협력을 통해 난관을 극복해야 한다는 절박함이 없기 때문에 당의 이념적 정체성이 오히려 더 뚜렷하게 드러날 수도 있다. 이 둘 중 어떤 요인이 더 강한지는 단정하기 어렵다.

세 번째, 정치구도 요인이 정당의 이념성향에 영향을 미칠 수 있다. 정치구도 요인이란 양당 중 어느 당이 집권하느냐를 나타나는 변수이다. 1980년대 공화당 출신의 로널드 레이건(Ronald Reagan) 대통령 집권 시절, 공화당의 보수화가 심화되고 양당 간 이념 격차가 확대되었다고 알려져 있다. 이렇듯 어느 정당이 집권하느냐에 따라 정당의 이념 혹은 정당 간 이념 격차에 영향을 미치는가를 살펴볼 필요가 있다.

네 번째, 경제위기나 전쟁처럼 긴박하고 예외적인 정치적·경제적 상황이 정당의 이념성향에 영향을 미칠 수 있다. 외국과 전쟁을 하고 있다면 일반적으로 이념적 보수화가 나타날 가능성이 높고, 대외적 위기 상황에 대처하기 위한 국민적 합의가 강화되고 정당 간 이념 격차는 축소될 것으로 예상된다. 경제위기의 상황에서도 비슷한 분위기가 조성될 수 있다. 하지만 글로벌 금융위기 이후에 나타난 것처럼 경제위기의 원인과 극복 방안을 둘러싼 이념적 대립이 격화될 가능성도 있다. 또한 경제위기 이후에는 불평등이 심화되는 경향이 있는데 이 요인 역시 이념 격차를 확대시킬 수 있다.

　이 네 가지 설명변수를 더욱 구체적으로 설명해보면 다음과 같다. 먼저 경제적 불평등 정도를 나타내는 대표적인 변수는 전체 소득 중 상위 1%의 가구가 차지하는 비율이다. 이 대신 지니계수나 상위 5%의 비중도 고려할 수 있지만 시계열이 짧다는 문제점이 있다. 강건성(robustness) 확인을 위해 이 변수들도 사용했지만 지면의 한계 때문에 보고서에 그 결과를 제시하지는 않았다. 사회적 불평등의 지표 중 하나로 풀(Poole, 2008)이 제시한 인구 중 해외출생자 비율도 고려할 수 있다. 하지만 이 통계는 10년마다 시행되는 인구통계로 만들어지기 때문에 연간 데이터는 없어 사용하기 어렵다. 차선책으로 내삽법(interpolation)을 이용해 연간 데이터를 만들어 사용할 수는 있다. 이 방법 역시 사용했지만 그 구체적인 결과는 제시되지 않았다.[12]

　경제·재정상황에 관한 변수로는 세 가지를 사용했다. 먼저 해당 시기의 경기상황을 나타내기 위해 경제성장률을 사용했다. 그리고 정부의 개입정도를 나타내는 변수로는 GDP 대비 연방정부의 지출 비중을 사용했다. 이 비중이 크면 연방정부의 개입 정도가 높다고 할 수 있다. 공화당은 연방정부의 지출 비중을 줄일 것을 계속 주장하고 있기 때문에 이는 적절한 지표라고 할 수 있다. 마지막으로 재정수지 상황을 나타내는 변수로 GDP 대비 연방정부의 재

---

12) 전체 인구 대비 그해의 연도 영주권 취득자의 비율은 연간 데이터를 이용할 수 있는 이민 관련 변수이다. 하지만 이 변수 역시 시계열이 길지 않다는 문제점이 있다.

<표 4-1> 정치이념 격차의 설명변수와 예상부호

	변수	변수명	예상부호	단위근 존재
사회경제적 불평등	상위1% 가구소득 비중	top1	+	o
	해외출생자 비율	foreborn	+	o
경제·재정상황	경제성장률	growth	+, -	x
	재정지출 비중	fis_exp	+	x
	재정수지	fis_bal	-	x
정치구도	집권당 더미	presi-party	- (?)	x
	오바마 정부 더미	obama	+	x
정치적·경제적 위기	경제위기 더미	crisis	+, -	x
	전쟁 더미	war_year	-	x

<그림 4-5> 정치이념과 그 요인의 추이

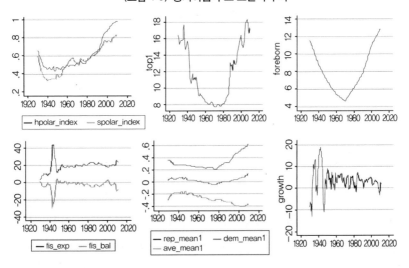

주: 각 변수 이름은 <표 4-1> 참조.

정흑자 비율을 사용했다. 이 값이 양수이면 재정흑자, 음수이면 재정적자를
나타낸다.

정치구도에 관한 변수로는 집권당 더미변수를 사용했다. 대통령이 공화당 출신인 경우는 0, 민주당 출신인 경우는 1로 했다. 그리고 일부 추정식에서는 오바마 대통령 집권기에 관한 더미변수를 추가했다. 최초의 흑인 대통령인 오바마가 집권하면서 인종문제가 중첩되어 이념 격차가 더 심화되었는지를 확인하기 위해서이다.

마지막으로 정치적·경제적 위기 상황에 관한 변수로 경제위기 더미변수와 전쟁 더미변수를 사용했다. 대공황과 같은 심각한 경기침체나 금융위기가 발생한 경우, 발생 후 최초 2년간은 1, 나머지 기간은 0으로 했다. 경제위기 여부의 판정은 라인하르트와 로고프(Reinhart and Rogoff, 2008)를 따랐다. 전쟁 더미는 제2차 세계대전, 한국전쟁, 베트남전쟁, 이라크전쟁 등과 같이 미국의 대규모 지상전 개입이 있는 경우로 한정했다. 전쟁 발발 최초 3년간은 1, 나머지 기간은 0으로 했다.

종속변수인 정치이념의 지표, 그리고 다양한 설명변수에 대한 더욱 상세한 설명과 출처는 <부표 4-1>에 정리되어 있다. 그리고 주요 변수의 추이는 <그림 4-5>와 같다. 또한 각 변수의 기초통계량과 설명변수 간의 상관계수 행렬은 <부표 4-2>와 <부표 4-3>에 정리되어 있다.

4) 분석 결과 1: 공화당 보수화의 원인

앞 절에서 살펴본 바와 같이 1970년대 이후 정당 간 이념 격차가 확대된 주원인은 민주당의 급진화보다는 공화당의 보수화에 있었다. 따라서 이념 격차의 원인분석에 앞서 우선 공화당의 보수화를 가져온 요인이 무엇인지를 분석해볼 필요가 있다. 그래서 앞에 설명한 분석방법과 설명변수를 이용해 공화당의 평균 이념을 회귀분석했다. 종속변수는 공화당의원들의 이념지표를

〈표 4-2〉 변수의 설명 및 출처

변수명	내용	출처
growth	GDP 성장률(%)	Bureau of Economic Analysis, US. Dept. of Commerce
fis_bal	Federal government fiscal balance (% of GDP)	U.S.Office of Management and Budget, Budget of the United States Government, Historical Tables
fis_exp	Federal government expenditure (% of GDP)	U.S. Office of Management and Budget, Budget of the United States Government, Historical Tables
immigrant	인구 대비 당해 연도 영주권 취득자 (회계연도 기준) 비율	Yearbook of immigration statistics 2011, US. Dept. of Homeland security
foreborn	인구 중 해외출생자 비중	The 2010, 2000 data are from the US Census Bureau's American Community Survey. All other data are from Gibson, Campbell and Emily Lennon(1999), US Census Bureau, Working Paper No. 29
top5	상위 5% 가구의 소득 비중	US census bureau
gini	gini coefficient	US census bureau
top1	상위 1%의 소득 비중	The world top incomes database
fin_comp	피용자 총보수 중 금융부문 비중	US, Bureau of Economic Analysis, National Income and Product Accounts
presi_party	대통령소속 정당더미 (공화당=0, 민주당=1)	
presi_elect	대통령선거 해[-3, -2, -1, 0(선거 해)]	
hpolar_index	하원 양극화 지수	voteview.com(양당 DW-nominate 1st dimension score 차이, 2년의 동일 의회에 동일값 부여)
spolar_index	상원 양극화 지수	voteview.com(양당 DW-nominate 1st dimension score 차이, 2년의 동일 의회에 동일값 부여)
war_year	US 개입 대규모 육상전투 (최초 3년=1),	US involved ground war(first three years=1), 대규모 육상전투, 제2차 세계대전, 한국전쟁, 베트남전쟁, 1990년 이라크 전쟁, 2001년 아프가니스탄 전쟁, 2003 이라크 전쟁
crisis	금융 및 실물위기 (최초 2년=1)	Reinhart and Rogoff(domestic default=1933, banking=1929, 1984, 2007, output=1930, 1932, 1946)
obama	오바마 대통령 집권기 더미 (2009~2011)	

rep_mean1	공화당 DW_Nominate 1st dimension score	voteview.com
ave_mean1	양당 평균 DW_nominate 1st dimension score	저자 계산
stotalnum	상원 발의 법안 총수	Congressional Bills Project 홈페이지(congressionalbills.org) 법안상정 및 처리결과 데이터를 이용해 계산
splaw_r	하원 발의 법안이 법률로 공포된 비율	상동
htotalnum	하원 발의 법안 총수	상동
hplaw_r	하원 발의 법안이 법률로 공포된 비율	상동

평균한 공화당의 평균 이념지표(rep_mean1)이다.

이미 설명한 바와 같이 정치이념이 소득불평등에 미치는 영향이 분명히 존재할 것이므로 OLS 방법은 생략하고 대신 도구변수를 이용한 2SLS 방법을 사용했다. 도구변수로는 전체 피용자보수 중 금융부문 종사자 보수의 비중과 경제성장률을 사용했다.[13] 금융산업이 성장하여 이 부문의 비중이 높아진 것이 미국 소득불평등 확대의 중요한 원인으로 지목된다.[14] 그리고 평균 이념성향과 상위 1% 소득 비중은 검증 결과 모두 단위근을 갖는 것으로 나타났기 때문에 이를 차분한 값으로도 분석했다.

분석 결과는 <표 4-3>과 같다. 우선 상위 1% 가계의 소득 비중(top1)이 유의한 양의 계수를 갖는 것으로 나타났다. 이는 소득불평등의 심화가 공화당의 보수화를 유의하게 강화시키는 것을 의미한다. 또한 정부의 경제적 개

---

[13] OLS 분석의 결과 경제성장률은 평균 이념성향에 유의한 영향을 미치지 않는 것으로 나타났다.

[14] <표 4-2>에 표시한 바와 같이 하우스만(Hausman) 검증 등 추정 후 검증(post-estimation test) 결과, 모두 도구변수의 적절성을 대체로 만족한 것으로 나타났다.

	IV1	IV2	DOLS1	DOLS2	DOLS3
top1	0.037*** (8.64)	0.039*** (10.87)	0.004** (2.04)	0.004* (1.91)	0.004** (2.05)
fis_exp(-1)		0.006*** (5.16)	0.001** (2.39)	0.001** (2.27)	0.001** (2.31)
fis_bal(-1)	0.001 (0.67)				
presi_party		-0.049*** (3.34)		-0.002 (0.69)	
crisis	-0.018 (0.73)			0.000 (0.07)	0.001 (0.28)
war_year		0.001 (0.04)			0.003 (0.92)
r2	0.504	0.640	0.094	0.100	0.105
N	80	80	79	79	79
Wu_Hausman (p)	0.00	0.00			
1st F-stat.	20.71	23.65			
Sargan (p)	0.02	0.61			

주: 1) *, **, ***는 각각 유의수준 10%, 5%, 1%를 의미한다.
2) (-1)은 전기값을 의미한다.
3) IV는 2SLS 분석의 결과이며, 도구변수로는 피용자보수 중 금융부문 종사자 보수의 비중과 경제성장률을 사용했다
4) DOLS는 단위근을 갖는 변수를 차분해 분석한 결과인데, Dickey-Fuller 검증 결과 종속변수 인 공화당 이념성향(rep_mean1)과 top1이 단위근을 갖는 것으로 나타났다.
5) DOLS의 경우 top1 차분의 내생성 통제를 위해 전기값을 사용했다.
6) 모형에 상수항이 포함되었지만 결과표에서 제외했다.

입이 확대되어 정부지출 비중(fis_exp)이 증가하면 공화당 의원의 평균 이념 성향이 더 보수화되는 것으로 나타났다. 즉, 정부 역할의 축소를 더 강하게 주장하게 된다. 반면, 정부 재정수지(fis_bal) 혹은 재정적자의 확대는 공화당 이념성향에 유의한 영향을 미치지 않았다. 대통령의 출신 정당(presi_party) 계수는 음수를 나타냈는데, 이는 공화당 집권기에 비해 민주당 집권기에 공

화당의 보수화가 덜 진행되었다는 것을 의미한다. 이는 레이건 행정부 때처럼 공화당 집권기에 보수화가 더 심화되었다는 인식과 부합하는 결과이다. 하지만 차분변수를 사용했을 때는 통계적 유의성이 없어진다. 마지막으로 경제위기(crisis)나 외국과의 대규모 전쟁(war_year) 수행 여부는 공화당의 이념 성향에 모두 유의한 영향을 주지 않은 것으로 나타났다.

5) 분석 결과 2: 이념 양극화의 원인

이 절에서는 이 글의 핵심적인 주제인 정당 간의 이념 격차가 확대되는 원인을 살펴보기 위해, 양당 간의 평균 이념 격차를 다양한 설명변수들에 대해 회귀분석 했다. 여기에서 종속변수는 정당 간 이념 격차(상원은 spolar_index, 하원은 hpolar_index), 즉 공화당의원의 평균과 민주당의원의 평균의 차이가 된다.[15] 상원과 하원에 대해 모두 분석을 했지만 여기서는 주로 하원의 결과를 중심으로 설명할 것이다.[16] <표 4-4>는 상원의, <표 4-5>는 하원의 정당 간 이념 격차에 영향을 미치는 요인들을 분석한 결과이다.

우선 소득불평등의 심화는 예상한 바와 같이 정당 간 이념 격차를 확대시키는 것으로 나타났다. 상위 1% 가계의 소득 비중의 계수가 세 가지 모든 회귀분석방법에서 통계적으로 유의한 양의 값을 보인 것이다.[17] 여기서는 결과를 제시하지 않았지만, 소득불평등의 지표로 상위 5% 가계의 비중이나 지

---

15) 이 글에서 변수명을 상원(senate)은 s로 하원(house)은 h로 표시했다.

16) 상원은 하원에 비해 의원 수가 적다는 약점이 있고, 또 2년마다 전체 의석에 대한 선거가 이루어지는 하원과 달리 상원은 2년마다 3분의 1의 의석에 대해서만 선거가 이루어지기 때문에 의원들의 이념성향 변화가 하원만큼 크지 않다는 특징도 있다. 따라서 하원의 이념성향 변화가 분석에 더 적절한 것으로 판단된다.

17) 단, 상원의 경우 차분변수를 이용한 회귀분석에서는 통계적 유의성이 낮은 것으로 나타났다.

<表 4-4> 상원의 양당 간 이념 격차 회귀분석 결과

	OLS1	OLS2	IV1	IV2	IV3
top1(-1)	0.015*** (3.23)	0.020*** (4.31)	0.067*** (5.23)	0.061*** (5.59)	0.056*** (5.26)
fis_exp(-1)	0.007*** (2.86)	0.007*** (3.13)	0.014*** (3.41)	0.012*** (3.54)	
fis_bal(-1)					0.004 (0.97)
growth(-1)	-0.007** (2.20)	-0.008** (2.36)	-0.005 (0.94)	-0.008* (1.67)	-0.002 (0.51)
presi_party		-0.088*** (2.93)		-0.125*** (3.00)	-0.132*** (3.06)
crisis		-0.094** (2.07)		-0.173*** (2.73)	-0.150** (2.24)
r2	0.190	0.310			
N	80	80	80	80	80
Wu-Hausman(P)			0.000	0.000	0.000

주: 1) *, **, ***는 각각 유의수준 10%, 5%, 1%를 의미한다.
   2) (-1)은 전기값을 의미한다.
   3) IV는 2SLS 분석의 결과이며 도구변수로는 피용자보수 중 금융부문 종사자 보수의 비중을 사용했다.
   4) 모형에 상수항이 포함되었지만 결과표에서 제외했다.

니계수를 사용해도 유의한 양의 계수를 보여 결과는 유사했다.[18] 또한 이민자 유입에 의한 사회적 불평등의 영향을 살펴보기 위해 총인구 중 해외출생자 비율의 변수에 대해서도 분석했다. 그 결과는 여기 제시하지 않았지만 예상대로 해외출생자 비율이 높을수록 이념 격차가 심화되는 것으로 나타났다. 하지만 앞에서 설명한 바와 같이 10년 주기라는 이 데이터가 갖는 한계점 때문에 분석의 신뢰성에는 한계가 있을 수밖에 없다.[19] 이 변수 대신 영주권 획

---

18) 이 경우 통계적 유의성이 다소 떨어지는 것으로 나타났는데, 이는 상위 1% 비중에 비해 시계열이 짧기 때문인 것으로 판단된다.

<표 4-5> 하원의 양당 간 이념 격차 회귀분석 결과

	OLS3	OLS4	IV3	IV4	DOLS3	DOLS4
top1(-1)	0.038*** (8.93)	0.032*** (7.06)	0.072*** (8.25)	0.065*** (7.84)	0.006** (2.02)	0.006** (2.16)
fis_exp(-1)	0.008*** (3.75)		0.012*** (4.18)		0.001** (2.29)	0.001** (2.43)
fis_bal(-1)		0.003 (0.87)		0.003 (0.92)		
growth	-0.004 (1.37)		-0.004 (0.94)			
presi_party	-0.095*** (3.41)	-0.097*** (3.22)	-0.123*** (3.41)	-0.124*** (3.32)	-0.005 (1.17)	
crisis	-0.056 (1.43)		-0.120** (2.32)		-0.010* (1.75)	-0.011* (1.75)
war_year		0.010 (0.27)		-0.041 (0.87)		-0.002 (0.42)
r2	0.553	0.445	0.214	0.109	0.158	0.144
N	80	80	80	80	79	79

주: 1) *, **, ***는 각각 유의수준 10%, 5%, 1%를 의미한다.
2) (-1)은 전기값을 의미한다. 2SLS에서는 top1은 동기값을 사용했으며, DOLS에서는 fis_exp는 동기값을 사용했다.
3) IV는 2SLS 분석의 결과이며 도구변수로는 피용자보수 중 금융부문 종사자 보수의 비중과 경제성장률을 사용했다.
4) DOLS는 단위근을 갖는 변수를 차분해 분석한 결과인데, Dickey-Fuller 검증 결과 종속변수 인 공화당 이념성향(rep_mean1)과 top1이 단위근을 갖는 것으로 나타났다.
5) DOLS의 경우 top1 차분의 내생성 통제를 위해 전기값을 사용했다.
6) 모형에 상수항이 포함되었지만 결과표에서 제외했다.

득자의 비율을 사용했는데 OLS 분석에서 유의한 양의 계수값을 나타냈다. 이상의 결과들은 모두 경제적 혹은 사회적 불평등이 정당 간 이념 격차라는 소위 미국의 정치양극화를 심화시키는 경향이 뚜렷함을 의미한다. 이것은 매 카티와 풀, 로젠탈(McCarty, Poole and Rosenthal, 2006)의 주장을 뒷받침하는

---

19) 특히 내삽법을 사용해 연간 데이터로 변환했기 때문에 차분변수 회귀분석을 할 수 없었다.

결과들이다.

경제·재정상황이 이념 격차에 미치는 영향을 살펴보면, 정부개입의 정도가 커질수록 이념 격차가 확대되는 경향이 뚜렷이 발견되었다. 즉, GDP 대비 정부지출 비중의 계수가 모든 식에서 유의한 양의 값을 보였다. 정부지출의 비중이 정부의 경제개입 혹은 재분배정책의 적극성 정도를 의미한다고 하면, 그 비중이 증가할수록 이념 격차도 확대되는 것이다. 정부지출이 증가할수록 공화당이 더욱 보수화 되고 또 공화당의 보수화가 양당 간 이념 양극화의 주된 요인이라는 앞의 분석을 고려할 때, 이것은 예상된 결과라고 할 수 있다. 반면, 재정수지의 흑자나 적자 여부는 이념 격차에 유의미한 영향을 미치지 않는 것으로 나타났다. 경제성장률의 계수는 상원이든 하원이든 모든 식에서 음의 계수를 가진다. 이것은 경제성장률이 높을수록, 즉 경기가 좋을수록 정당 간 이념 격차가 축소된다는 것을 의미한다. 다시 말해 경기가 나쁠 때는 그 원인이나 해법을 둘러싸고 정치적 갈등이 오히려 더 심화되는 경향이 있는 것이다. 하지만 일부 식에서는 통계적 유의성을 보이지 않는다는 데 유의할 필요가 있다.

집권당 더미의 계수는 어느 정당이 집권할 때 이념 갈등이 더 심화되는가를 보여준다. 이 계수는 일관되게 음의 추정치를 보였으며, 차분변수 회귀식을 제외한 나머지 식에서는 통계적 유의성도 높았다. 음의 계수를 가지는 것은 민주당 집권기에 이념 격차가 축소되는 경향이 있음을 의미한다. 이 결과는 공화당 집권기에 공화당의 보수화가 더 가속화된다는 앞의 분석 결과와도 부합한다.

마지막으로 정치적·경제적 위기 상황의 영향이다. 경제위기 더미는 유의미한 영향을 미치지만 전쟁은 유의미한 영향이 없는 것으로 나타났다. 즉, 경제위기 더미의 계수는 음수로 나타났으며, 위기 시에 이념 격차가 축소되는 것을 의미한다. 앞에서 경제성장률이 낮으면 이념 갈등이 심화되는 것으로 나타났지만, 경제위기라고 할 만큼 경제상황이 극도로 악화되면 오히려 정당 간 갈등은 축소된다고 해석할 수 있다.[20] 하지만 경제위기의 이러한 효과는 조심스럽게 평가해야 한다. 분석 기간 총 7회의 경제위기가 있었는데 이 중 4회가 1930년대 대공황기의 위기이다. 대공황에 대응한 프랭클린 루스벨트(Franklin Roosevelt) 집권기에는 또한 이념 격차가 급격히 축소되었다. 따라서 경제위기 시 이념 격차가 축소된다는 분석 결과는 대공황기의 사례를 반영한 측면이 크므로 일반화하기는 어렵다. 대공황기를 제외하면 경제위기는 오히려 이념 격차를 확대하는 것으로 나타났다. 즉, 전쟁 더미는 통계적 유의성도 없고 계수의 부호도 변하기 때문에, 외국과의 전쟁 여부가 이념 격차에 영향을 미치지는 않는 것을 알 수 있다.

3. 정치양극화와 입법효율성

공화당과 민주당 의원들의 이념성향 격차가 점점 확대되면 양 정당의 합의는 더욱 어려워질 것이다. 그렇게 되면 의회의 의견 충돌이 잦아지고 격화될 것이며, 발의된 법안을 두 정당이 합의해 통과시킬 확률도 줄어들 것이다. 입법이라는 것은 결국 한 사회에서 발생한 문제를 해결하기 위해 대응책을 마련하고, 그 처방에 대한 정치적 합의를 통해 문제를 제도적으로 해결하거

---

20) 1930년대 대공황을 제외하고 경제위기의 영향을 분석하면 통계적 유의성이 사라진다. 이는 1930년대 대공황에 대응한 루스벨트 집권기의 이념 격차 축소 사례가 경제위기 전반의 효과에 과도하게 반영되었음을 시사한다. 따라서 이 효과가 강건하다(robust)고 보기는 어렵다.

나 혹은 해결하기 위한 제도적 틀을 마련하는 과정이라고 할 수 있다. 그런데 이념적 차이와 그에 따른 정치적 갈등 때문에 입법이 지연되거나 좌초되면 그만큼 한 사회의 문제 해결이 어려워진다고 판단할 수 있다. 즉, 정당 간 이 념 격차의 확대는 입법 활동의 효율성, 나아가 입법을 통한 사회적 혹은 경제 적 문제의 해결에 장애가 될 수 있다. 특히 현재의 미국처럼 금융위기를 극복 하고 이를 초래한 원인들이 재발하지 않기 위한 제도적 개혁이 필요한 시점 에서, 이것이 제대로 이루어지지 않을 경우 문제는 더 심각해질 수 있다. 이 러한 인식하에서 이 절에서는 정당 간 이념 격차의 확대가 실제로 입법 활동 에 장애를 초래하는지, 즉 입법의 효율성을 저하시키는지를 통계적으로 분석 해보고자 한다.

1) 분석방법

정당 간 이념 격차가 정치적 갈등을 유발해 타협을 어렵게 하고 그 결과 입 법을 방해하는지 여부를 분석하기란 쉽지 않다. 무엇보다 입법 활동에 어느 정도 지장이 초래되었는지를 측정하기가 어렵기 때문이다. 양당이 대화와 타 협을 통해 입법을 효과적으로 수행하는 정도를 '입법효율성(legislative efficiency)'이라고 한다면 입법의 효율성을 나타내는 지표를 찾아야 한다. 정치 학 분야에서는 입법효율성에 관한 몇몇 연구들이 있는데, 이 연구들이 사용 하는 대표적인 지표로는 1일당 입법 수(enactment per day)와 법안통과율(percentage of bills passed)이 있다.[21] 여기에는 정당이 견해의 차이를 극복하고 타 협을 통해 얼마나 효율적으로 입법 활동을 하는지를 보는 것이 목적이므로,

---

21) 입법효율성 분석에 관한 연구들을 간략히 이해하기 위해서는 스퀘어(Squire, 1998)를 참 조한다.

법안통과율이 더 적절한 지표라고 할 수 있다. 즉, 의원들에 의해서 제출된 법안들 중에서 상원과 하원을 통과해 최종적으로 법률로 제정되는 비율이 얼마나 되는지가 입법효율성의 지표로 적절한 것으로 판단된다.

따라서 법안통과율을 종속변수로 하여 이것을 정당 간 이념 격차에 대해 회귀분석을 하려고 한다. 그리고 법안통과율에 영향을 미칠 것으로 예상되는 변수들을 통제변수로 할 것이다. 따라서 추정식은 다음과 같다.

$$R_t = \alpha + \beta I_t + \gamma X'_t + \epsilon_t$$

여기서 R_t는 법안통과율을 의미하며, I_t는 양당 간의 이념 격차를 나타낸다. 그리고 X'_t는 통제변수 벡터이다. 여기서는 내생성 문제나 시계열 불안정성 문제는 존재하지 않기 때문에 OLS 분석을 할 것이다.

분석 대상 기간은 1947년부터 2008년까지이다. 스콧과 윌커슨(Scott and Wilkerson)은 미국의 제80대 의회부터 제110대 의회까지 제출된 법안과 그 처리결과에 대한 DB를 구축해놓았는데, 이는 1947년부터 2008년까지의 통계이다. 여기에서는 이 DB를 사용했으며 각 연도에 상원과 하원에서 제출된 법안의 총수와 그중 상하원에서 모두 통과되어 제정된 법률 수를 계산했다. 결국 종속변수는 어느 해에 상원 혹은 하원에서 제출된 법안 총수 대비 법률화된 법안 수의 비율(상원은 splaw_r, 하원은 hplaw_r)이다. 위 기간 상원에서 발의된 법안의 총수는 약 6만 건, 연간 평균 994건이었으며, 하원의 경우는 총 약 32만 건 연간 평균 5116건으로 나타났다. <그림 4-6>은 법안통과율의 추이를 보여준다. 상원과 하원 모두 1960년대 초반까지는 법안통과율이 비교적 높게 나타났지만, 1970년대부터는 상원의 경우 낮은 수준에서 등락을 거듭하고 있고, 하원의 경우에는 약간 상승하는 추세를 보이고 있다. 분석

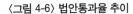
〈그림 4-6〉법안통과율 추이

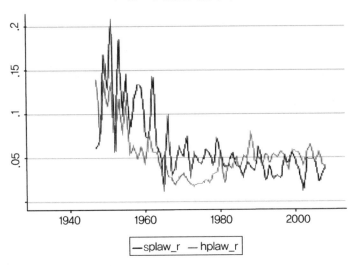

주: splaw_r은 상원 발의 법안통과율을, hplaw_r은 하원 발의 법안통과율.
자료: Scott and Wilkerson의 DB 이용해 필자 계산.

대상 기간 상원의 법안통과율은 평균 6.4%, 하원의 평균은 5.4%로 나타났
다.[22]

2) 입법효율성의 결정요인

입법효율성 결정요인에 관한 기존의 연구에서는 설명변수로 몇 가지 범주
의 요인들을 고려한다. 첫 번째는 입법부의 전문성 정도(professionalization)인
데 의원의 보수나 지원 인력, 임기 등이 그 구성요소가 된다. 전문성 정도가
높을수록 법안통과율도 높을 것으로 예상된다. 두 번째는 제안된 법안 수인

---

22) 변수들의 기초통계는 <부표 4-1>을 참조한다.

데, 법안 수가 많을수록 통과율이 하락할 것이다. 세 번째는 입법과 관련된 제도이다. 예를 들어 의원 1명당 법안제출 수를 제한하는가 여부, 미표결 법안을 다음 회기로 이월할 수 있는가 여부 등이 법안통과율에 영향을 미칠 수 있다. 네 번째로 이익집단이 얼마나 존재하는가가 영향을 미칠 수 있다. 이익집단이 많을수록 통과율을 낮출 가능성이 크다. 다섯 번째로 의회 내 권력의 분산 여부, 제1당의 의석점유율과 같은 입법부 내 권력지형이 영향을 미칠 수 있다. 이러한 요인들이 고려되기는 하지만 입법효율성에 영향을 미치는 요인은 전문성이나 법안 수, 그리고 제도적 요인 정도인 것으로 나타났다.

여기에서는 중요한 통제변수로 1년 동안 제출된 전체 법안 수, 대통령선거와의 시차, 집권당의 의회 과반의석 점유 여부 등을 사용한다. 그리고 이념격차를 설명변수로 사용했던 일부 변수들을 통제변수로 사용했다. 입법효율성의 변수로 일반적으로 사용되는 입법제도 변수는 사용하지 않는다. 일반적으로 입법효율성 분석은 미국 주별 비교분석의 방법으로 사용하는데, 이 경우에는 주별로 제도가 다르기 때문에 입법제도 변수가 의미를 가진다. 하지만 여기서는 미국 연방의회의 시계열 분석을 하기 때문에 시기에 따라 입법제도에 큰 변화가 없다면 입법제도 변수를 사용하지 않아도 문제가 되지 않는다.[23] 입법부의 전문성 변수 역시 마찬가지이므로 여기서는 포함하지 않았다.

제출법안의 총수(stotalnum 혹은 htotalnum)는 법안통과율의 분모가 되므로

---

23) 미국의 입법제도과 관련해 제2차 세계대전 이후 가장 큰 변화 중 하나는 법안의 공동발의자 수에 관한 제한을 완화한 것이다. 제91대 의회(1969~1970년)에서는 공동발의자 수를 1명에서 25명으로 확대했으며 제96대 의회(1979~1980년)에서는 공동발의자 수 제한을 완전히 철폐했다. 이러한 제도의 변화는 여러 의원이 동일한 법안을 각각 제출하던 관행을 줄여 제출법안 총수를 줄이는 효과가 있었다. 따라서 제도 변화의 효과는 통제변수 중 하나인 제출법안 총수에 반영되었다고 할 수 있다. 상세한 설명은 애들러와 윌커슨(Adler and Wilkerson)을 참조할 수 있다.

이것이 클수록 통과율은 낮을 것이다. 그리고 법안 수가 많으면 하나의 법안에 대한 논의에 할애할 수 있는 평균 시간이 줄어들기 때문에 이 역시 통과율을 낮출 것이다. 대통령선거가 가까워질수록 양당 간 정치대립이 격화될 것으로 예상할 수 있다. 대통령선거와의 시차(presi_elect) 변수는 대통령선거 해를 0으로 하여 한 해씩 앞으로 가면서 -1, -2, -3을 부여했다. 이 수가 크다는 것은 대통령선거에 더 가깝다는 것을 의미할 것이다. 따라서 이 변수의 계수는 음수를 가질 것으로 예상된다. 집권당이 의회의 다수당을 장악하면 법률 제정도 유리할 것으로 예상할 수 있다. 집권당 의회 장악 변수(majority_score)는 양원에서 모두 과반일 경우 2, 상하원 중 한 군데서만 과반일 경우 1, 모두 과반이 아닐 경우는 0으로 했다. 따라서 계수는 양수가 될 것으로 예상된다. 이외에 정부의 경제개입 정도, 즉 재정지출 비중이나 경제상황 등은 이념 격차에 미치는 영향과는 별도로 직접법안통과율에 영향을 미칠 수 있다. 이 변수들이 이념 격차에 영향을 미치고, 이념 격차가 다시 법안통과율에 영향을 미치는 간접효과도 있지만, 이 경로를 거치지 않고 직접법안통과율에 영향을 미칠 수도 있다. 따라서 이러한 변수들도 통제변수로 추가했다.

3) 분석 결과

회귀분석 결과 예상한 바와 같이 정당 간 이념 격차의 계수는 음수를 보였다. 이것은 이념 격차가 확대될수록 입법효율성, 즉 법안통과율이 낮아지는 것을 의미한다. 상하원 모두에서 동일한 결과를 얻었으며, 통계적 유의성도 매우 높았다.[24] 이것은 결국 양당 소속 의원 사이에 정치적 이념이 확대되면

---

24) 여기에는 결과를 제시하지 않았지만 강건성 확인을 위해 법안통과율이 크게 낮아진 1960년 이후로 기간을 제한하여 분석을 시도했다. 이 경우 상원에서는 유의성이 사라졌지만

〈표 4-6〉 상원 발의 법안통과율(splaw_r) 회귀분석 결과

	M1	M2	M3	M4	M5
spolar_index	-0.206*** (5.81)	-0.209*** (5.85)	-0.156*** (4.11)	-0.189*** (4.99)	-0.199*** (5.28)
stotalnum	0.000 (0.80)	0.000 (0.30)	-0.000 (0.21)	0.000 (0.34)	0.000 (0.04)
growth(-1)	0.001 (0.58)	0.001 (0.41)		0.000 (0.26)	
fis_exp			-0.007*** (2.86)		
fis_bal				0.004 (1.63)	0.003 (1.22)
presi_party		0.001 (0.09)	-0.013 (1.25)	-0.010 (0.83)	-0.004 (0.37)
presi_elect		-0.007 (1.53)	-0.005 (1.13)		-0.006 (1.50)
majority_s~e			0.004 (0.78)	0.006 (1.09)	
crisis			-0.020 (1.53)		
war_year					0.011 (1.00)
r2	0.381	0.407	0.501	0.415	0.436
N	59	59	59	59	59

갈등이 심화되고 타협이 어려워져 법안을 통과시킬 가능성이 낮아진다는 것을 증명하는 것이다. 또한 이러한 의회 내 대립으로 인해 경제위기 같은 문제를 해결하기 위한 입법이 제대로 이루어지지 않아 이에 대한 해결이 지연되고 악화될 수 있음을 시사한다.

통제변수들의 영향을 분석한 결과, 상원의 경우에는 뚜렷하지 않지만 하

하원에서는 여전히 강한 유의성을 보였다.

<표 4-7> 하원 발의 법안통과율(hplaw_r) 회귀분석 결과

	M1	M2	M3	M4	M5
hpolar_index	-0.046* (2.00)	-0.043* (1.85)	-0.030 (1.43)	-0.041* (1.92)	-0.053** (2.25)
htotalnum	-0.000* (1.80)	-0.000* (1.97)	-0.000*** (2.73)	-0.000** (2.36)	-0.000** (2.48)
growth(-1)	-0.002* (1.73)	-0.002** (2.10)		-0.003** (2.62)	
fis_exp			-0.007*** (4.86)		
fis_bal				0.006*** (3.36)	0.005** (2.59)
presi_party		0.012* (1.76)	-0.003 (0.43)	-0.002 (0.27)	0.003 (0.36)
presi_elect		-0.004 (1.10)	-0.003 (0.90)		-0.003 (0.86)
majority_s~e			0.004 (0.96)	0.008* (1.90)	
crisis			0.005 (0.49)		
war_year					0.012 (1.42)
r2	0.130	0.190	0.402	0.322	0.250
N	62	62	62	62	62

원의 경우에는 몇 가지 주목할 만한 현상이 발견되었다. 우선, 예상대로 제출 법안 수(htotalnum)가 많을수록 법안통과율이 유의하게 낮아졌다. 이것보다 더 주목할 만한 결과는 정부지출 비중(fis_exp)이 높을수록 법안통과율이 하락한다는 것이다. 즉, 정부개입이 클수록 법안처리에서 양당 간의 합의가 어려워진다는 것이다. 이는 정부지출 비중이 이념 격차에 영향을 미쳐 법안통과율을 낮추는 간접적 효과는 제외하고, 정부지출 증가가 법안통과율에 직접 영향을 미치는 효과만을 나타낸다. 그리고 재정수지(fis_bal) 상태가 양호할수

록 법안통과율도 높아지는 것으로 나타났다. 이러한 결과들은 정부의 재정상황이 전반적으로 하원의 법안통과율에 매우 체계적으로 영향을 미친다는 것을 시사한다. 하원이 예산안 심의 등과 같은 정부재정의 문제를 다룬다는 점을 고려하면 의미가 있는 결과라고 할 수 있다.

또한 하원에서는 경제성장률이 높을수록 법안통과율이 낮아지는 것으로 나타났다. 이것이 의미하는 바는 명확하지 않아 추가적인 연구가 필요할 것으로 생각된다. 상원과 하원 모두에서 대통령선거 해의 시차(presi_elect) 변수의 계수가 모두 음수로 나타났다. 그리고 집권당이 의회에서 과반의석을 차지하는지의 여부(majority_score)는 예상대로 양의 부호가 나타났다. 즉, 예상대로 의회에서는 선거 해가 가까워질수록 법안통과율이 하락한다는 것을 의미한다. 하지만 통계적 유의성은 강하지 않았다. 전쟁 기간(war_year)에는 예상대로 법안통과율이 상승하는 것으로 나타났지만 이것 역시 유의성은 높지 않다. 경제위기(crisis)가 법안통과율에 미치는 영향은 상원과 하원에서 다르게 나타났다.

4. 맺음말

2008년 글로벌 금융위기의 진원지는 바로 미국의 금융산업이었다. 크고 작은 금융위기는 경기변동과 더불어 종종 발생하지만 2008년 금융위기는 1930년대 대공황 이후 가장 심각했다. 그만큼 미국경제는 금융위기로 큰 충격을 받았다. 금융위기로 미국정부는 크게 세 가지의 문제를 해결해야 했다. 첫 번째는 부실금융기관을 조기에 정리해 금융시스템을 정상화시키는 것이다. 두 번째는 실물부문의 침체가 심화되는 것을 막고 경기를 회복시키는 것이다. 세 번째는 2000년대 이후 꾸준히 악화되던 재정적자와 경상수지적자를 개선하는 것이다. 이러한 과제를 해결해야 하는 상황에서 2009년 정권은 공화당의 부시 정부에서 민주당의 오바마 정부로 교체되었다. 오바마 정부는 국내외의 기대 속에서 출범했지만 그 성과는 기대에 훨씬 못 미쳤다. 우선, 정부가 사용할 수 있는 수단이 많지 않았다. 금리 인하라는 전통적인 통화정책 수단은 거의 다 소진되었으며, 재정적자 및 국가채무의 누적 때문에 재정지출을 확대하는 데도 많은 제약이 있었다.

하지만 가장 큰 제약 중 하나는 바로 정치적 대립과 갈등이었다. 위기 대응을 위해 법적 조치가 필요한 경우에는 의회에서의 입법이 신속하고 효율적으로 이루어져야 하고, 경기부양을 위한 재정지출이 투입되어야 하는 경우에는 의회의 승인이 이루어져야 한다. 하지만 2009년 금융위기 직후, 부실금융기관 처리 및 경기회복을 위한 조치, 2010년 추가적인 경기부양책 마련, 2011년 국가채무한도 확대, 2012년 재정절벽 위험의 해소 등의 과정을 살펴보면 위험 극복 과정에서 결코 정치적 효율성이 발휘되었다고 평가할 수 없다. 오히려 정당 간의 대립이나 행정부와 의회의 갈등은 경제정책의 집행에 방해가 되었으며, 또 하나의 경제적 불안요인이 되었다.

한국의 1997년 외환금융위기 사례와 같이 경제위기가 위기 극복을 위한 국민적 합의와 정쟁을 자제하는 정치적 분위기를 만들어내기도 한다. 하지만 2008년 이후 미국의 정치적 분위기는 전혀 그렇지 않았다. 집권당인 민주당과 야당인 공화당의 반목과 비타협적 태도는 위기 이후 오히려 심화되었다는 것이 일반적인 평가다. 이러한 정치적 갈등이 심화된 데는 여러 가지 이유가 있지만 표면적으로는 다음의 두 가지 이유를 들 수 있다. 하나는 오바마 정부 집권 초기 추진한 의료보험개혁의 후유증이다. 저소득층으로의 의료보험 확대는 민주당의 오래된 숙원이었는데, 이 개혁과정에서 공화당과 민주당 사이의 갈등은 더욱 첨예화되었다. 다른 하나는 불황이 장기화되어 생겨난 효과이다. 불황이 4년 가까이 계속되면서 정부의 경제정책에 대한 대중들의 불만이 커지고 야당의 공격은 거세졌다. 그리고 계속된 경기부진은 재정적자와 국가채무의 누적을 초래했다. 이것은 재정정책의 수단을 제한했을 뿐만 아니라, 연방정부의 팽창이라는 보수파의 비판을 불러일으켰다.

하지만 좀 더 긴 시각에서 보면 미국 내 정치적 대립과 이념적 분열은 1970년대 이후 지속되어온 현상이다. 이러한 경향이 글로벌 금융위기 이후에 심화되었고 그 경제적 비용이 현실화되고 있다. 그리고 진보와 보수 혹은 민주당과 공화당 사이의 이념적 차이가 확대된 배경을 분석한 결과, 다음과 같은 점을 발견할 수 있었다.

첫 번째, 이념의 분열은 소득불평등의 심화와 밀접한 관계가 있다. 이것은 경제적 격차 확대가 이념 격차 형태로 반영되고, 결국 정치적 갈등으로 표면화되었다고 이해할 수 있다. 자신의 경제적 이익을 대변하는 방식의 투표 성향, 즉 계급투표의 경향이 강하게 유지되는 한 경제적 불평등은 이념 격차로 나타날 수밖에 없을 것이다. 미국 사회의 경제적 불평등은 어떤 지표로 측정해도 1970년대 이후 계속 악화되는 것으로 나타난다. 그리고 이것이 양당 간 이념 격차의 확대에 영향을 미쳤다는 것을 통계적으로 확인할 수 있었다. 금융위기는 대부분의 경우 소득불평등을 심화시킨다. 그리고 위기의 진원지는 고소득층이 집중된 금융권인 반면, 이에 따른 위기와 불황의 피해는 일반 근로자나 저소득층까지 확산되기 때문에 계층 사이의 반목과 갈등이 심화될 가능성이 크다. 2008년 이후 글로벌 금융위기도 이러한 계층 간의 경제적 불평등과 반목을 심화시켰다. 따라서 이념 갈등의 심화는 예상된 결과라고 할 수 있다.

두 번째 중요한 발견은 정부의 경제적 개입이 확대될수록 이념 격차도 확대된다는 것이다. 정부지출의 비중은 정부의 경제개입 혹은 재분배기능의 정도를 나타내는 척도라고 할 수 있는데, 통계분석 결과 정부지출 비중의 증가가 이념 격차를 확대하는 것으로 나타났다. 글로벌 금융위기 이후 미국의 정부지출 비중은 계속 증가했는데, 이에 대한 공화당의 반발도 심해졌다. 결국, 글로벌 금융위기 이후 소득불평등이 확대되고 경제성장률이 둔화되었으며 정부의 경제적 개입이 확대되었다는 점에서, 미국의 이념적 분열과 정치적 갈등이 심화될 수 있는 경제적 환경이 조성되었다고 할 수 있다.

그런데 문제는 이것이 갈등 그 자체로 그치는 것이 아니라, 비용을 발생시킨다는 것이다. 특히 여기서는 이념 격차의 확대가 의회의 입법효율성을 저해한다는 것을 통계적으로 확인했다. 즉, 정치집단 간 이념 격차가 확대되어 타협이 어려워지면서, 입법이 순조롭게 진행되지 않는다는 것이다. 이는 분명 위기에 대한 정책 대응에 지장을 주며, 그에 따른 비용을 발생시킬 것이다. 2013년 미국의 재정지출이 급속히 줄어들어 마이너스 경제성장을 보일 수도 있는 상황에서, 2012년 말 현재 양당 사이에 타협이 순조롭게 이루어지지 않는 것이 가장 대표적인 이념 격차의 비용이라고 할 수 있다. 타협이 이루어진다고 해도 그것에 오랜 시간이 소요된다면 그만큼 불확실성이 상당 기간 지속되어 소비심리나 투자심리에 부정적인 영향을 미칠 것이다.

결국 이념적 분열이 심화되는 추세에서 글로벌 금융위기는 그것을 더욱 가속하는 계기가 되었다고 할 수 있다. 그리고 이에 따른 정치적 갈등은 정책 대응의 효율성을 낮추어 불황의 극복을 지연시키고 있다. 그 과정에서 경제적 불평등은 더 심화되고 정부의 경제적 비중은 확대되며 재정수지는 악화되는데, 이 모든 요인들이 다시 이념 대립을 심화시킬 수 있다. 결국 경제의 침체와 이념 대립의 악순환이 나타날 가능성이 높아지게 된다. 미국경제가 위기와 불황에서 좀 더 빨리 벗어나기 위해서는 정당 간 타협과 정치적 리더십의 강화, 그리고 이를 바탕으로 한 신속하고 효율적인 정책 대응이 필요하다고 판단된다.

〈부표 4-1〉 변수 요약 통계표

변수명	관측치 수	평균	표준편차	최소값	최대값
growth	82	3.36	5.02	-13.1	18.5
fis_bal	82	-3.18	5.17	-30.3	4.6
fis_exp	82	19.02	6.69	3.4	43.6
immi_ratio	72	0.226	0.12	0.01	0.72
foreborn	81	7.95	2.43	4.7	12.9
top5	44	19.01	2.27	16.3	22.4
gini	44	0.430	0.02	0.38	0.47
top1	81	11.79	3.45	7.74	18.33
presi_party	82	0.524	0.50	0	1
presi_elect	82	-1.5	1.11	-3	0
majority_s~e	81	1.13	0.93	0	2
hpolar_index	81	0.601	0.16	0.43	0.98
spolar_index	81	0.546	0.14	0.32	0.83
rep_mean1	81	0.333	0.10	0.22	0.62
ave_mean1	81	0.032	0.03	-0.03	0.13
stotalnum	59	994.2	686.40	63	3,304
splaw_r	59	0.064	0.04	0.01	0.20
htotalnum	62	5,116.7	3,410.7	1,504	15,432
hplaw_r	62	0.053	0.02	0.01	0.13
fin_comp	82	5.72	1.57	2.59	8.62

〈부표 4-2〉 정당양극화 관련 변수 간 상관계수

	top1	top5	gini	fin_comp	foreborn	growth	fis_exp	fis_bal
top1	1.0000							
top5	0.9453	1.0000						
gini	0.9543	0.9809	1.0000					
fin_comp	0.8562	0.8534	0.9024	1.0000				
foreborn	0.9687	0.9520	0.9788	0.8491	1.0000			
growth	-0.1562	-0.0871	-0.1181	0.0099	-0.1899	1.0000		
fis_exp	-0.1840	-0.2620	-0.1197	0.0018	-0.0986	-0.2517	1.0000	
fis_bal	0.1088	0.1815	0.0527	0.0497	0.0186	0.2109	-0.9051	1.0000

〈부표 4-3〉 입법효율성 관련 변수 간 상관계수

	hplaw_r	hpolar~x	htotal~m	L.growth	fis_exp	fis_bal
hplaw_r	1.0000					
hpolar_index	-0.1655	1.0000				
htotalnum	-0.1395	-0.4510	1.0000			
L.growth	-0.2334	0.0126	0.0717	1.0000		
fis_exp	-0.5454	0.2844	-0.1860	0.0468	1.0000	
fis_bal	0.3503	-0.1597	0.1598	0.1058	-0.8653	1.0000

참고문헌

이혜정. 2009. 「미국 공화당의 위기: 보수의 역사적 정체성과 정치적 과제」. ≪의정
연구≫, 제15권 제1호, 209~235쪽.

Abramowitz, Alan I. 2011. "Partisan Polarization and the Rise of the Tea Party Movement."
   Paper at the Annual Meeting of the American Political Science Association, Seattle and
   Washington, Sep. 2011.

Adler, E. Scott and John Wilkerson, Congressional Bills Project: NSF 00880066 and
   00880061. (http://congressionalbills.org).

Akdede, Sacit Hadi. 2012. "Income Inequality and Political Polarization and Fracturalization:
   An Empirical Investigation of Some European Countries." *Bulletin of Economic Research*,
   Vol. 64, No. 1, pp. 20~30.

Bartels, Larry M. 2008. *Unequal Democracy: The Political Economy of the New Gilded Age*. New
   York: Russell Sage Foundation.

Binder, Sarah. A. and Thomas E. Mann 2011. "Constraints on leadership in Washington."
   Issues in Governance Studies, No. 41. Brookings Institute.

Downs, Anthony. 1957. "An Economic Theory of Political Action in a Democracy." *Journal
   of Political Economy*, Vol. 65, pp. 135~150.

Garand, James C. 2010. "Income Equality, Party Polarization and Roll-Call Voting in the
   U.S. Senate." *The Journal of Politics*, Vol. 72, No. 4, pp. 1109~1128.

Gilens, Martin. 2005. "Inequality and Democratic Responsiveness." *Public Opinion Quarterly*,
   Vol. 69, No. 5, pp. 778~796.

Hacker, Jabob S. and Paul Pierson. 2010. *Winner-Take-All Politics: How Washington Made
   the Rich Richer and Turned Its Back on the Middle Class*. Simon and Schuster.

Hotelling, Harold. 1929. "Stability in Competition." *The Economic Journal*, Vol. 39, pp. 41~57.

Krugman, Paul. 2007. *The Conscience of a Liberal*. Random House.

McCarty, Nolan, Keith T. Poole and Howard Rosenthal. 2006. *Polarized America: The Dance
   of Ideology and Unequal Riches*. Cambridge: MIT Press.

Meltzer, Allan H. and Scott F. Richard. "A Rational Theory of the Size of Government."
   Journal of Political Economy, Vol. 89, No. 5, pp. 914~927.

Mian, Atif R. Amir Sufi and Francesco Trebbi. 2012. "Resolving Debt Overhang: Political Constraints in the Aftermath of Financial Crises." *NBER working paper*, No. 17831.

National Center for Education Statistics. *Digest of Education Statistics*. U.S. Department of Education.

National Center for Education Statistics. 1993. *120 Years of American Education: A Statistical Portrait*. U.S. Department of Education.

OECD. 2011. "Divided we stand: Why inequality keeps rising." OECD.

Pew Research Center for the People and the Press. 2009. "Trends in Political Values and Core Attitudes: 1987~2009." May 21.

Pontusson, Jonas and David Rueda. 2008. "Inequality as a Source of Political Polarization." in Christopher Anderson and Pablo Beramendi(eds.). *Democracy, Inequality and Representation*, New York: Russell Sage Foundation.

Poole, Keith T. 2008. "The Roots of the Polarization of Modern U. S. Politics." http://ssrn.com/abstract=1276025.

Rosenthal, Howard and Keith T. Poole 1984. "The polarization of American politics." *The Journal of Politics*, Vol. 46, No. 04, pp. 1061~1079.

Sachs, Jeffery. 2011. *The Price of Civilization: Economics and Ethics After the Fall*. Random House.

Squire, Peverill. 1998. "Membership turnover and the efficient processing of legislation." Legislative Studies Quarterly, Vol. 23, No. 1. pp. 23~32.

Stiglitz, Joseph. E. 2010. *Freefall: American Free Markets and the Sinking of the World Economy*. New York: W.W. Norton & Company, Inc.

US, Bureau of Economic Analysis, National Income and Product Accounts, US Department of Commerce(www.bea.gov).

U.S. Office of Management and Budget. Budget of the United States Government, Historical Tables.

US. Dept. of Homeland security. 2011. "Yearbook of immigration statistics."

Wall Street Journal. "Exit polls: Casting ballots in 2012." http://online.wsj.com/article/ SB10001424127887324894104578103850653249588.html(검색일: 2012. 12. 15).

제2부 소득불평등 해소를 위한 정책 방향

제5장

복지재정의 현실과 대안*

강병구 | 인하대학교 경제학과 교수

1. 머리말

해방 이후 한국경제는 전쟁과 분단의 역경을 극복하고 비약적인 성장을
이룩했지만, 사회구성원들에게 성장의 결실이 골고루 분배되는 복지국가를
건설하지는 못했다. 최저임금은 기초생활을 유지하기에 부족할 뿐만 아니라
일부 임금근로자는 이마저도 적용을 받지 못하고 있다. 비정규직 근로자는
고용불안과 저임금에 시달리고 있으며, 정규직과 비정규직의 임금격차는 확
대되고 있다. 2008년 경제위기 이후에는 실질임금 상승률이 마이너스를 기
록해 노동생산성은 물론 물가상승률마저 따라가지 못하는 상황이다. 더욱이
내수침체와 과다한 경쟁으로 인해 영세 자영업자들은 휴·폐업 및 도산의 위
기에 처해 있다.

또한 대기업과 중소기업 간 격차가 확대되고, 상위 소득계층에 소득과 자

---

*   이 글은 《민주사회와 정책연구》, 통권 26호(2014년 하반기)에 발표한 논문 「복지국가
    의 대안적 재정 체계」를 수정·보완한 것이다.

산이 집중되면서 이른바 낙수효과(trickle down effect)는 나타나지 않고, 내수 기반은 더욱 취약해지고 있다. 그럼에도 우리 사회의 복지 현실은 매우 실망스러운 수준에 머물러 있다. 다수의 빈곤층이 사회보험 및 공공부조의 사각지대에 놓여 있을 뿐만 아니라 양극화와 저출산·고령화 시대의 새로운 사회적 위험에도 무방비 상태에 놓여 있다. 그야말로 저소득계층은 벼랑 끝으로 내몰리고 있는 상황이다.

불평등의 심화는 사회정치적 갈등을 유발하고 국민경제의 성장잠재력을 약화시키기 때문에 국가는 사회 조정자로서의 역할을 적극적으로 수행해야 한다. 노벨경제학상 수상자인 조지프 스티글리츠(Joseph Stiglitz)가 『불평등의 대가』에서 주장한 바와 같이 불평등이 광범위하게 퍼져 있는 사회는 생산적이지 못하고, 그 경제는 장기적으로도 안정성과 지속성을 확보할 수 없다. 한국의 조세 및 이전지출의 재분배기능이 OECD 회원국 중 최하위에 속한다는 사실이 크게 우려스러운 이유이다.

우리 사회가 성장잠재력을 확충하면서 발전된 복지국가로 나아가기 위해서는 근로소득의 불평등한 분배를 개선하는 노력과 함께 재정정책을 통한 국가의 적극적인 재분배정책이 요구된다. 특히 세계화의 충격을 흡수하는 방식에 따라 복지국가가 위축될 수도 있고, 혹은 더 발전하는 계기가 될 수도 있기 때문에 국가의 재정정책은 대단히 중요하다. 역사적으로 재정정책의 사회경제적 성과는 사민주의 복지국가가 뛰어난 것으로 평가되지만, 우리에게 던져진 과제는 복지국가 발전의 보편성을 뛰어넘어 우리에게 적합한 복지국가 모형과 그에 조응하는 재정체계를 모색하는 것이다.

이 글에서는 이러한 문제의식을 바탕으로 미래 한국의 복지국가에 적합한 대안적 재정체계를 모색한다. 특히 미래 복지국가의 발전을 모색함에서는 주로 자유주의 복지국가와 사민주의 복지국가를 비교해 시사점을 얻고자 한다.

이를 위해 2절에서는 자유방임적 재정정책을 비판적으로 검토해 대안적 논의의 틀을 구축한다. 3절에서는 복지국가 유형별로 재정정책의 구조적 특징과 사회경제적 성과를 비교한다. 4절에서는 미래 한국의 복지국가를 위한 대안적 재정체계를 제시하며, 5절에서는 이상의 논의들을 정리할 것이다.

2. 자유방임적 재정정책의 재검토

국가의 재정활동은 수입과 지출의 두 측면으로 구성된다. 재정의 주된 역할은 자원을 효율적으로 배분하고 경제주체들에게 소득을 공평하게 재분배하며 거시경제의 안정적인 성장을 추구하는 것이다. 또한 재정의 지속가능성은 국가의 재정활동에서 중요하게 고려되어야 할 사항이다. 이러한 국가재정의 역할과 제약조건은 재정활동을 평가하는 기준을 제공하지만, 구체적 내용은 시장경제에 대한 국가의 개입을 바라보는 시각에 따라 달라진다.

시장경제의 자기조정적 기제를 강조하는 자유지상주의자(libertarian, 또는 보수주의자)들은 개인의 합리적 선택에 바탕을 둔 자유방임적(laissez-faire) 경제정책을 중시하기 때문에 시장경제에 대한 국가 개입을 최소화하고자 한다. 작은 정부를 지향하는 자유지상주의자들은 사회 전체의 공동선(common good)보다는 개인의 자유를 중시하며, 재산권을 기초로 한 시장에서의 자유로운 선택 행위를 통해 공동선에 도달할 수 있다고 주장한다. 하지만 자유방임적 재정정책은 본질적으로 정치적일 수밖에 없는 재정활동을 효율성 위주의 경제적 문제로 환원시킬 뿐 아니라, 계층과 집단의 관점을 배제시킴으로써 공평성과 거시경제의 안정적 성장에 대한 재정의 역할을 경시하고 있다. 자유방임주의 사상은 오늘날 신자유주의적 재정정책의 근간을 이루고 있다.

반면에 개입주의자(interventionist, 또는 진보주의자)들은 인간 행동의 불완전성과 경제행위에 내포된 불확실성에 주목하며, 시장실패를 시정하기 위한 국가의 적극적 개입을 중시한다. 이들에게 효율성은 금전적인 비용 대비 산출이라는 좁은 의미의 효율성을 넘어 사회통합이라는 정치적·경제적 가치까지 고려하는 사회적 효율성으로 확대되고, 지속가능한 복지국가의 관점에서 거시경제의 안정적 성장을 강조한다. 진보주의자들에 따르면, 시장은 내재적으로 불안정하며 분배구조를 악화시키는 경향이 있기 때문에 사회구성원의 집합적 욕구와 사회권(social right)을 보장할 수 있도록 충분한 재정이 확보되어야 하고, 그 부담은 구성원들의 능력에 따라 공평하게 분담되어야 한다.

자유지상주의 관점에서 볼 때, 효율성은 경제주체들의 선택행위를 왜곡시키지 않는 재정정책의 중립성(neutrality)을 의미하기 때문에 시장에서의 생산과 소비활동에 참가하는 경제주체들에게 가급적 적은 세금을 부과하고 이전지출을 작게 할수록 효율성은 높아진다. 즉, 시장경제에 대한 개입을 최소화하는 작은 정부가 효율적이라는 것이다. 그러나 재정정책의 중립성이 효율적이라고 주장할 수 있는 것은 시장이 완전경쟁적인 일반균형의 상태에 있을 때뿐이다. 현실세계에서는 불완전경쟁과 불균형 상태가 더 일반적이기 때문에 중립성을 고수할 경우 기존의 불공평·불합리한 상태는 더욱 악화될 수 있다. 불완전한 현실세계에서는 오히려 공정성(fairness)의 원칙 위에 비생산적이고 비효율적인 경제활동을 규제하고, 또한 생산적인 경제활동을 지원해야 자원의 효율적 배분을 유도할 수 있다(우명동·강병구, 2007 참조). 아울러 재정정책의 효율성 평가는 사회적 관점에서 미래에 발생할 비용과 편익을 적절히 고려해야 한다. 예를 들면, 보건의료정책이 노동의 질과 양을 개선해 생산성 향상에 기여하듯이 복지프로그램은 단기적으로 볼 때 비효율적일수도 있지만 장기적으로는 사회 전체의 효율성을 개선할 수 있다.[1]

다음으로 재정정책을 통해 공평성을 추구하는 경우 정부는 누가 얼마만큼을 부담하고, 누구에게 어느 정도의 혜택을 부여할 것인가를 결정해야 한다.[2] 조세부담의 배분에서, 이익설은 국가로부터 제공받는 편익의 크기에 따라 조세를 납부해야 한다고 보는 반면, 능력설은 국가로부터 받는 편익과 관계없이 개인의 담세 능력에 따라 조세를 납부해야 한다고 보는 입장이다.[3] 또한 공평과세는 같은 능력을 가진 사람은 같은 금액의 조세를 납부해야 한다는 수평적 공평과, 다른 능력을 가진 사람은 다른 금액의 조세를 부담해야 한다는 수직적 공평이라는 두 차원으로 구분된다. 자유지상주의자는 시장에서 상호교환의 원리를 중시하기 때문에 이익설의 관점에 가깝고, 또 중립성의 원칙에서 가급적 낮은 세율을 주장하지만, 진보주의자는 능력설의 관점에서 불평등에 적극적으로 대응하는 수직적 공평성을 강조한다.

거시경제의 안정적 성장 또한 재정정책이 추구해야 할 중요한 목표이다. 자본주의 시장경제는 생산의 사회적 성격과 소유의 사적 성격으로 인해 필연적으로 수요 부족 또는 공급 과잉의 상태에 놓이게 되고, 호황과 불황의 국면을 주기적으로 반복한다. 만약 정부가 경기변동에 적절하게 대응하지 못하면 오히려 재정적자가 큰 폭으로 증가해 인플레이션을 초래하고, 국가채무의 증가는 금리상승을 가져와 민간투자를 위축시킬 수 있다. 더욱이 재정적자나 국가채무 증가가 물가상승으로 이어질 가능성이 있다고 인식되는 경우, 환율

1) 복지지출의 동태적 효율성에 대해서는 브와예(Boyer, 2000)를 참조한다.
2) 정부의 이전지출에 의한 복지급여를 마이너스의 조세로 간주할 경우 조세제도의 공평성에 적용되는 원칙은 재정지출에도 그대로 적용될 수 있다. 다만, 재정지출을 수반하는 복지제도에는 사회권(social right)의 개념이 내포되어 있기 때문에 납세의무와는 질적인 차이를 보인다.
3) 일찍이 애덤 스미스(Adam Smith, 1776)는 "모든 국가의 국민은 가급적 각자의 능력에 비례해, 즉 국가의 보호 아래 획득하는 수익에 비례해 정부를 지원한다"라고 주장해 이익설과 능력설을 복합적으로 제시했다.

이 불안해지고 자본의 해외이탈이 촉진될 수 있다. 이러한 맥락에서 재정의 안정화기능은 단기적인 경기조절기능뿐만 아니라 지속가능한 경제성장을 위해서도 매우 중요하다. 보수주의 경제학자들은 재정정책의 길고도 불확실한 시차로 인해 재정정책의 안정화기능을 부정하지만, 통화정책 또한 시차의 문제에서 자유롭지 않다. 따라서 비교적 시차의 문제에서 자유로운 재정의 자동안정화장치를 구축하는 것이 거시경제의 안정적인 성장을 위해 바람직하다.

한편, 세계화와 저출산·고령화로 인해 재정의 지속가능성에 대한 고려가 점차 중요해지고 있다. 즉, 국가 간 가격 경쟁이 심화되면서 생산비용의 사회화에 대한 요구가 더욱 증대되고 있지만, 조세를 납부하지 않으려는 유인도 함께 증가하기 때문에 재정적자는 확대되는 경향이 있다. 게다가 저출산·고령화로 인한 조세수입 감소와 재정지출 증가는 재정의 지속가능성을 더욱 위협하는 요인이 되고 있다. 현실적으로 재정의 지속가능성은 국가채무의 규모 및 총산출에서 국가채무가 차지하는 비중의 변화와 밀접한 관계가 있다. 적정 수준의 국가채무 비율을 제시하기는 어렵지만, 일반적으로 정부의 재정지출 및 수입구조를 위협할 정도로 국가채무가 증가하면 재정정책은 더 이상 지속가능하지 않다.[4]

보수주의 경제학자들은 재정의 지속가능성을 유지하기 위해 정부지출의 규모와 증가율을 축소해 국가채무를 일정 수준 이내로 관리할 것을 권고하고 있다.[5] 그러나 재정수지의 균형을 엄격하게 유지하는 것은 효율성과 공평성

---

[4] 재정의 지속가능성 조건에 따르면 실질경제성장률이 실질이자율보다 낮고, 기초수지가 지속적으로 적자 상태이거나 국채이자를 지급할 수 없을 정도로 낮은 수준의 흑자를 기록한다면 재정은 더 이상 지속가능하지 않다(Roux, 1993; Hemming and Miranda, 1991).
[5] 유럽연합(EU)은 재정적자와 국가채무 비율을 각각 국내총생산(GDP) 대비 3%와 60% 이내로 관리할 것을 회원국들에게 권고하고 있다.

의 측면에서 모두 바람직하지 않을 수 있다. 왜냐하면 탄력적인 재정운용은 정부지출을 조정함으로써 조세의 변동으로 초래될 사회적 비용을 최소화시킬 수 있고, 또 미래세대가 정부지출의 수혜자일 경우 재정적자를 통해 조세부담의 일부를 미래세대에 전가하는 것이 정당화될 수 있기 때문이다.[6] 더욱이 자유지상주의자들은 복지국가의 지속가능성보다는 재정의 지속가능성을 중시하므로 적극적인 안정화정책을 선호하지 않는다. 그래서 재정의 지속가능성이 위협받을 경우에는 사회복지 지출의 삭감을 우선적으로 고려하고, 그 결과 가계부채를 증가시킨다는 점이 문제가 된다.[7] 따라서 복지국가의 지속가능성이라는 관점에서 볼 때, 균형예산 규칙을 엄격하게 적용하기보다는 재정을 다소 탄력적으로 운용할 필요가 있다.

3. 복지국가의 재정구조와 성과

1) 재정구조의 특징

재정구조는 개별 국가에 고유한 정치, 경제 및 사회적 관계를 반영할 뿐만 아니라 역사와 문화의 산물이기 때문에 세계 각국의 재정구조를 유형화하기란 쉽지 않다. 그럼에도 여기에서는 OECD 국가들을 스칸디나비아형, 서유럽형, 앵글로색슨형, 남유럽형, 그리고 동아시아형으로 구분하고, 자원배분의 효율성과 소득분배의 공평성, 거시경제의 안정적 성장과 재정의 지속가능

---

6) 자세한 내용은 맨큐(Mankiw, 2000)를 참조한다.
7) 버거(Burger, 2003)에 따르면 국가채무의 감소는 사회지출의 삭감을 위주로 하는 정부지출의 감축을 통해 달성되기 때문에 민간부문의 부채를 증가시킨다.

<표 5-1> OECD 국가의 주요 재정지표(2011년)

(단위: GDP 대비 %)

	조세부담률	국민부담률	일반정부 총지출	공공사회 복지지출	일반정부 총금융부채
스칸디나비아형	36.2	44.5	52.1	27.4	50.5
앵글로색슨형	25.8	29.3	43.5	20.7	77.1
서유럽형	26.3	41.2	51.0	27.8	88.7
남유럽형	23.7	35.1	49.2	25.8	125.3
동아시아형 (한국)	18.3 (19.8)	27.3 (25.9)	36.1 (30.2)	15.7 (9.1)	123.4 (36.2)
OECD 평균	25.0	34.1	45.9	21.7	78.5

주: 1) 일본과 터키의 공공사회복지 지출은 각각 2010년과 2009년 수치.
   2) 앵글로색슨형(오스트레일리아, 캐나다, 아일랜드, 뉴질랜드, 영국, 미국); 스칸디나비아형
      (덴마크, 핀란드, 노르웨이, 스웨덴); 서유럽형(오스트리아, 벨기에, 프랑스, 독일, 네덜란
      드); 남유럽형(그리스, 이탈리아, 포르투갈, 스페인); 동아시아형(한국, 일본).
자료: www.oecd.org/statistics

성이라는 측면에서 재정구조의 특성과 성과를 비교할 것이다.[8] 남유럽형과
동아시아형을 제외하면 이러한 복지국가의 구분은 노동력의 탈상품화를 유
형화의 기준으로 적용한 에스핑-안데르센(Esping-Andersen, 1990)의 자유주의
(앵글로색슨형), 조합주의(서유럽형), 사민주의(스칸디나비아형) 복지국가와 대
체로 일치한다.[9]

<표 5-1>에서 보듯이 OECD 국가의 주요 재정지표를 보면 스칸디나비
아형 복지국가의 경우 조세부담률과 국민부담률 그리고 GDP 대비 재정지출

---

8) 동아시아형을 제외한 복지국가의 유형화는 캐슬(Castles, 2004)에 근거하고 있으며, 한국
   과 일본을 동아시아형으로 범주화할 수 있는가에 대해서는 김연명(2012)을 참조한다.
9) 노동력의 탈상품화(decommodification)란 개인 또는 가족의 시장으로의 참여와 관계없이
   사회적으로 수용할 만한 수준의 생활을 보장받을 수 있는 정도를 의미한다. 에스핑 안데
   르센(Esping-Andersen)의 실증분석에 따르면 복지제도의 특성을 양적으로 표시한 탈상품
   화 지수는 사민주의 복지국가에서 가장 높고, 자유주의 복지국가에서 가장 낮다.

<표 5-2> 재정분권 지표(2010년)

(단위: %)

	재정수입	재정지출	조세수입	이전재원
스칸디나비아형	27.8	46.0	25.0	37.5
앵글로색슨형	29.7	30.0	20.2	54.3
서유럽형	19.9	31.7	11.8	68.1
남유럽형	15.2	24.7	12.5	55.7
한국	16.5	43.1	16.7	60.5
OECD 평균	20.5	32.2	15.2	53.1

주: OECD 국가는 연방국가(오스트레일리아, 오스트리아, 벨기에, 캐나다, 독일, 멕시코, 스위스, 미국, 스페인) 이외에 나머지 25개 국가는 단일국가이다. 연방국가의 경우 주정부와 지방정부의 재정지출과 수입을 합한 수치이다. 연방국가의 경우 주정부와 지방정부의 이전수입을 합했기 때문에 다소 과대평가될 수 있다.
자료: www.oecd.org/ctp/federalism/oecdfiscaldecentralisationdatabase.htm

비율이 가장 높고, 공공사회복지 지출 비율 또한 서유럽형 다음으로 높은 반면, 금융부채 비율은 가장 낮아 건전한 재정구조를 유지하고 있다. 이에 더해 스칸디나비아형 복지국가는 높은 조세부담률을 적용해 보편적 복지제도를 시행할 수 있는 기반을 마련하고 있다. 앵글로색슨형 복지국가는 국민부담률과 공공사회복지 지출이 낮아 '저부담·저복지' 국가의 특징을 보이며, 국가채무도 비교적 안정적인 수준을 유지하고 있다. 서유럽형 복지국가와 앵글로색슨형 복지국가의 조세부담률은 비슷하지만 전자의 국민부담률이 더 높은 것은 이들 국가에서 사회보험 중심의 복지제도가 발달했음을 의미한다. 남유럽형 복지국가의 경우 재정지출 규모에 비해 조세부담률이 낮기 때문에 재정 건전성이 취약한 상태이다. 한국은 조세부담률과 재정지출 규모가 모두 낮아 전형적인 '저부담·저복지' 상태를 나타내며, 국가채무 또한 낮은 수준이어서 재정이 비교적 건전하다고 평가된다.[10]

한편, 중앙정부와 지방정부 간 재정분권화도 복지국가 유형별로 일정한 차이를 보인다. <표 5-2>에서 보듯이 일반정부의 재정수입에서 지방정부가 차지하는 비중은 앵글로색슨형 복지국가에서 가장 높지만, 조세수입과 재정지출에서 차지하는 비중은 스칸디나비아형 복지국가에서 가장 높다. 반면, 지방정부의 이전수입 비중은 스칸디나비아형 복지국가에서 가장 낮고 서유럽형 복지국가에서 가장 높다. 이러한 지표를 볼 때 단일국가로 구성된 스칸디나비아형 복지국가에서 재정분권이 발달한 것으로 판단되고, 이는 지역밀착형 공공서비스의 공급 방식을 통해 예산지출의 효율성을 유인한다고 평가된다. 한국의 경우 지방정부의 재정수입 비중은 OECD 회원국 평균에는 미치지 못하지만 재정지출 비중은 높아 이전수입에 대한 의존도가 높다. 이는 중앙정부의 재정지원사업에 대한 의존도가 높다는 사실을 간접적으로 보여준다.[11]

2) 조세체계

조세체계란 기능과 부담의 조화를 고려해 파악한 다양한 조세들의 조합을 가리키며 공평성, 효율성, 단순성 등을 바람직한 조건으로 삼는다.[12] <표

---

[10] 그러나 국가채무의 가파른 증가율과 공기업 채무를 고려할 경우 우리나라의 재정건전성이 크게 양호하다고는 할 수 없다. 2000년 111.2조 원(국내총생산 대비 18.4%)에 지나지 않던 국가채무가 2012년 443.1조 원(국내총생산 대비 34.8%)로 급격히 증가했고, 2012년 공기업 채무는 일반정부 채무의 118.3%로 매우 높은 수준을 나타낸다. 일반정부와 공기업 채무를 합산한 공공부문 부채비율은 2012년에 국내총생산 대비 75.2%에 달한다(강병구, 2010; 조영무, 2013 참조).

[11] 물론 이러한 양적 지표를 통해서 재정분권화를 논하는 것은 한계가 있으며, 재정지출의 내용과 재정 관계 조정 메커니즘에서 지방정부가 보유하고 있는 실질적인 자율성을 판단의 근거로 삼아야 한다. 이에 대해 우명동(2012)은 재정분권을 측정하는 현상적인 지표보다는 지방재정의 과정에서 지역주민의 의사가 반영되는 메커니즘을 갖고 있는지를 확인하는 것이 재정분권의 본질에 다가설 수 있는 방법이라고 설명한다.

〈표 5-3〉 조세수입 구조(2011년)

(단위: GDP 대비 %)

	소득세		소비세		재산세		사회보장기여금	
	개인 소득세	법인 소득세	일반 소비세	개별 소비세	부동산세	금융자본 거래세	근로자	고용주
스칸디나비아형	14.8	4.9	9.0	3.8	0.8	0.3	2.4	5.6
앵글로색슨형	10.1	3.4	5.5	2.7	2.3	0.4	1.3	2.2
서유럽형	9.4	2.3	7.3	3.2	1.0	0.5	5.4	7.7
남유럽형	7.4	2.5	6.9	3.6	0.8	0.6	3.0	6.9
동아시아형 (한국)	4.6 (3.8)	3.7 (4.0)	3.6 (4.4)	2.6 (3.2)	1.5 (0.8)	1.1 (1.9)	3.9 (2.6)	4.0 (2.6)
OECD 평균	8.5	3.0	6.9	3.5	1.1	0.4	3.3	5.2
한국/OECD	45.0	134.6	64.3	90.6	74.1	466.3	77.2	51.1

주: 재산세제는 부동산보유세(재산세, 종합부동산세, 각종 부가세), 부유세, 상속세, 금융 및 자본거래세 등으로 구성되고, 소비세제는 부가가치세, 판매세, 관세 등으로 구성된다.
자료: OECD(2012a).

5-3〉에 보듯이 스칸디나비아형 복지국가의 경우 조세수입에서 소득세와 소비세의 비중이 크고, 재산세와 사회보장기여금의 비중은 OECD 회원국 평균을 밑돌고 있다. 이들 국가에서는 역진적인 성격을 가지는 소비세의 비중이 크지만 개인소득세의 비중 또한 크고, 재정지출을 통해 적극적인 재분배정책을 취하기 때문에 전반적인 재정구조의 재분배기능이 우월하다.[13] 반면, 앵

---

12) 그동안 많은 논자들이 바람직한 조세체계가 갖춰야 할 조건을 제시했다. 특히 머스그레이브와 머스그레이브(Musgrave and Musgrave, 1989)는 조세수입의 적절성, 공평성, 효율성, 경제의 안정적 성장, 명확성, 행정비용의 최소화 등을 제시했다. 또한 2011년 영국의 세제개편보고서(Institute for Fiscal Studies, 2011)는 바람직한 조세체계의 요건으로 중립성, 단순성, 안정성을 제시하는 동시에, 외부효과를 시정할 목적의 비중립적 세제의 필요성과 과세환경의 변화를 반영하지 못하는 조세체계의 문제점을 지적하고 있다.

13) 휄러 외(Hoeller et al, 2012)에 따르면 앵글로색슨형 복지국가의 경우, 근로소득 불평등도가 높은 상태에서 선별적인 공공이전지출과 누진적인 소득세를 통해 불평등구조를 완화

글로색슨형 복지국가에서는 소득세와 부동산세의 비중이 다소 높지만, 금융자본거래세, 소비세, 사회보장기여금의 비중은 낮다. 서유럽형 복지국가는 사회보장기여금의 비중이 높아 사회보험국가의 특성을 나타낸다.

한국은 개인소득세, 부동산세, 소비세, 사회보장기여금의 비중이 낮은 반면 법인소득세와 금융자본거래세의 비중이 높다. 특히 OECD 회원국 평균의 절반에도 미치지 못하는 개인소득세와 고용주의 사회보장기여금은 복지재정을 취약하게 만드는 요인이다. 소비세 중 일반소비세(부가가치세)의 비중은 OECD 회원국 평균보다 낮지만 개별소비세의 비중은 평균보다 높다. 한국의 법인세수 비중이 높은 것은 재벌 대기업으로의 경제력 집중, 낮은 노동소득분배율,[14] 법인세율과 소득세율의 차이로 인한 법인 선호 등으로 법인세 과세대상이 크기 때문이며, 개별 기업의 세금 부담이 크기 때문은 아니다. 소득세수의 비중이 낮은 것은 소득세 최고세율이 낮은 데다가 적용 소득 구간이 높아 고소득자의 과세 비중이 작기 때문이다. 또한 개발연대 이후 저임금을 지원하기 위해 다양한 소득공제 제도가 활용되어 세금을 내지 않는 비과세자 비중이 커졌고, 고소득 자영업자를 중심으로 탈세가 만연하며, 고소득자와 고액자산가에게 제공하는 비과세 감면 혜택이 크기 때문이다. 높은 자영업자 비중과 낮은 노동소득분배율도 소득 세수의 비중을 낮추는 요인이다. 고용주

시킨다. 반면, 덴마크, 노르웨이, 스웨덴 등의 복지국가는 상대적으로 근로소득 불평등도가 낮은 상태에서 보편적인 공공이전지출과 누진성이 다소 낮은 소득세를 결합한다. 고경환 외(2012)에 따르면 조세의 누진성은 약하지만 보편적 복지지출 규모가 큰 스웨덴의 경우 재정의 소득재분배기능이 매우 크다.

14) 1990년대 중반 이후부터 비정규직과 저임금 일자리의 비중이 높아지면서 국민소득에서 노동이 차지하는 비율인 노동소득분배율은 감소 또는 정체되었고, 선진국과의 차이도 10%p 정도 벌어졌다. 자세한 내용은 이병희(2013), Cheon(2013), 주상영·전수민(2004) 등을 참조한다. 또한 2011년 총부가가치액(Gross Value added)에서 우리나라의 피용자보수가 차지하는 비중은 50.3%로 OECD 회원국 평균(53.0%)에도 미치지 못하고 있다.

<표 5-4> 주요 국가의 최고세율

(단위: %, 배)

	개인소득세		법인세			부가가치세 표준세율	사회보험료		
	최고세율	배수	합계	국세	지방세		합계	근로자	고용주
한국	41.8	8.6	24.2	22.0	2.2	10.0	18.2	8.1	10.1
일본	50.8	4.5	37.0	26.2	10.8	5.0	27.9	13.7	14.2
미국	46.3	8.5	39.1	32.8	6.3	-	19.3	5.6	13.7
영국	45.0	4.2	23.0	23.0	0.0	20.0	25.8	12.0	13.8
스웨덴	56.7	1.5	22.0	22.0	0.0	25.0	38.4	7.0	31.4
덴마크	60.4	1.2	25.0	25.0	0.0	25.0	8.0	8.0	0.0
독일	47.5	5.7	30.2	15.8	14.4	19.0	40.1	20.5	19.6
프랑스	54.5	15.1	34.4	34.4	0.0	19.6	55.3	13.7	41.6
그리스	46.0	5.5	26.0	26.0	0.0	23.0	45.1	16.5	28.6
이탈리아	48.6	10.1	27.5	27.5	0.0	21.0	42.6	10.5	32.1
OECD	43.4	4.8	25.3	22.8	8.5	18.9	26.8	9.9	16.9

주: 1) 배수는 제조업 정규직 성인 근로자 평균임금 대비 개인소득세 최고세율이 최초로 적용되는 과세표준의 배율이다.
2) 법인세의 국세는 지방소득세 공제제도를 적용한 수치이며, OECD 회원국 중 8개 국가에서 법인세에 지방소득세를 부과한다.
3) 사회보장기여금(2012)을 제외한 나머지는 2013년 기준이며, 사회보험료의 경우 단일요율(flat rate)을 적용하는 국가는 단일요율을 최고 요율로 간주한다. 2012년 현재 근로자에 대한 사회보험 단일요율을 적용하는 OECD 회원국은 13개국이며, 고용주에 대해 적용하는 경우는 14개국이다.
자료: www.oecd.org/tax/tax-policy/tax-database.htm

의 사회보장기여금 비중이 낮은 것은 전반적으로 고용률이 낮고, 전체 근로소득자 가운데 사회보험 미가입자 비중이 높으며, 고용주에게 적용하는 사회보험료율이 낮기 때문이다.

<표 5-4>에서 보듯이 2013년 한국 개인소득세의 최고세율(지방세 포함)은 41.8%로 OECD 회원국의 평균(43.6%)보다 낮다. 최고세율이 최초로 적용되는 과세표준은 2013년 제조업 정규직 성인 근로자 평균임금의 8.6배를

기록해 OECD 회원국 평균을 크게 상회했다.[15) 또한 2013년 법인세 최고세율(지방세 포함)은 24.2%로 OECD 회원국 평균보다 다소 낮은 수준이며, 일본(37%)과 미국(39.1%)에 비해서는 크게 낮은 수준이다. 무엇보다도 사회보험의 최고 요율이 OECD 회원국 평균보다 낮은데, 그 차이는 대부분 고용주 부담의 사회보험료율 차이에서 발생한다. 2012년에 한국 근로자가 부담하는 최고 사회보험료율은 8.1%로 OECD 회원국 평균의 81.8%이지만 고용주의 경우 10.1%로 OECD 회원국 평균의 59.8%에 지나지 않는다.

또한 한국의 조세체계는 다양한 비과세 감면제도와 지하경제로 인해 과세 기반이 상당히 취약하다. 소득탈루율이 높은 자영업자와의 과세형평성 차원에서 근로소득공제를 비롯한 다양한 조세감면 조치가 도입되었고, 낮은 임금 수준을 세제상의 필요경비 공제를 통해 보전하기 때문에 근로소득자의 과세자 비율이 낮다. 투자와 고용을 유인하기 위해 기업에도 법인세 공제감면제도를 적용하고 있지만 그 효과는 미미하며, 오히려 과세 기반을 더욱 취약하게 만들고 있다.[16) 더욱이 간이과세제도와 면세제도는 직접적으로 부가가치세의 과세 기반을 침식할 뿐만 아니라 거래 당사자의 매출액을 누락시켜 과세투명성을 약화시키고 있다. 그 결과 국세감면액은 2007년 이후 지속적으로 증가했다.[17) <표 5-5>에서 보듯이 국세감면액은 2007년 23.0조 원에서

---

15) 2014년 1월 1일 '소득세법' 개정을 통해 최고세율이 최초로 적용되는 과세표준이 3억 원에서 1억 5000만 원으로 낮아지면서 그 배율도 낮아졌다.

16) 강병구·성효용(2008)은, 법인세가 기업투자에 영향을 미치는 경우에도 그 효과는 미약하며, 고용에 미치는 효과 또한 없거나 매우 미약한 것으로 평가한다. 또한 김유찬·김진수(2004)과 윤영선(2010) 등은 임시투자세액 공제제도가 기업의 설비투자 증가율에 유의미한 영향을 미치지 못했다고 평가했다.

17) 세금감면은 조세지출, 비망항목, 경과조치로 구분되며, 2012년 전체 세금감면 총액 29.7조 원은 조세지출(18.3조 원), 비망항목(11.1조 원), 경과규정(0.2조 원)으로 구성된다. 자세한 내용은 박원석 의원실 조세개혁리포트(제2013-15호)를 참조한다.

〈표 5-5〉 국세감면액 추이

(단위: 조 원, %)

	2007년	2008년	2009년	2010년	2011년	2012년	2013년 (잠정)
국세감면액	23.0	28.8	31.1	30.0	29.6	33.4 (30.1)	33.6 (30.0)
국세수입액	161.5	167.3	164.5	177.7	192.4	203.0	210.4
국세감면율	12.5	14.7	15.8	14.4	13.3	14.1 (12.9)	13.8 (12.5)

주: 괄호 안 숫자는 2012년 실적부터 추가된 농수산물 의제매입 세액공제 등 4개 제도의 감면 효과를 제외한 국세감면액 및 국세감면율.
자료: 기획재정부, 『조세지출보고서』, 『조세지출예산서』(각 연도).

2013년 30.0조 원으로 증가했고, 농수산물 의제매입세액공제 등을 포함할 경우 33.6조 원으로 늘어난다. 더욱이 정부의 조세감면 통계에는 포함되어 있지 않지만 조세지출에 포함되거나 최소한 비망항목으로 분류되어야 할 규모는 20조 원을 넘는 것으로 추정된다.[18]

낮은 법정세율과 다양한 비과세 감면제도로 인해 개인과 법인의 실효세율은 매우 낮은 수준을 기록하고 있다. <표 5-6>을 보면 알 수 있듯이 우리나라는 2012년 USD 10만 달러의 소득수준인 무자녀 독신자의 개인소득세 실효세율(17.1%)이 OECD 회원국 중 세 번째로 낮은 수준이다. 또한 근로자 및 고용주가 부담하는 사회보험료도 OECD 회원국 평균에 비해 낮은 수준이며, 특히 고용주가 부담하는 사회보험료가 낮다. 근로자의 과세대상 소득에서 고용주 부담의 사회보험료가 차지하는 비중은 6.3%로 이는 OECD 회원국 평균(16.7%)의 37.7%에 지나지 않는 수준이다. 사회보험료를 포함해 기업들이 부담하는 실질적인 조세부담도 낮다. 중견기업들이 부담하는 법인세와 실효

---

18) 자세한 내용은 김재연 의원실 상임위 정책보고서(2013-제3호)를 참조한다.

<표 5-6> 개인소득세 및 법인세 실효세율의 국제 비교

(단위: %)

	개인소득세(2012년)			법인세(2012년)			
	개인 소득세	근로자 사회보험료	고용주 사회보험료	총조세 부담률	법인세율	사회 보험료	기타
한국	17.1	5.4	6.3	27.9	14.2	13.4	0.3
일본	15.2	13.1	13.8	49.7	27.2	17.9	4.5
미국	18.7	7.3	7.7	46.3	27.9	9.9	8.4
영국	24.1	7.3	12.2	34.0	21.6	10.6	1.7
스웨덴	36.3	0.0	31.4	52.0	16.0	35.5	0.6
덴마크	42.1	0.2	0.4	27.0	20.3	3.6	3.1
독일	28.3	15.5	14.8	49.4	23.0	21.8	4.6
프랑스	20.0	22.0	41.0	64.7	8.7	51.7	4.3
그리스	30.0	16.5	28.6	44.0	11.2	32.0	0.7
이탈리아	35.6	9.6	17.0	65.8	20.3	43.4	2.0
OECD 평균	26.0	8.3	16.7	41.8	16.3	23.5	2.1

주: 1) 개인소득세 및 사회보험 실효세율은 조세감면 전 과세대상 소득 대비 개인소득세 또는 사
　　　회보험료의 비율로 개인소득이 USD 10만 달러인 무자녀 독신자를 기준으로 산출.
　　2) 실효법인세율은 IFC와 세계은행에서 조사한 중견기업(medium-sized firm)의 실효세율이며,
　　　총조세부담률은 기업이윤 대비 조세·사회보험료·강제기여금의 비율.
자료: KPMG(2012); IFC and The World Bank(2013).

세율은 OECD 회원국 가운데 중간 수준이지만 사업소득에서 차지하는 사회
보험료의 비중은 13.4%로 OECD 회원국 평균(23.5%)의 57.0%에 지나지 않
는다. 그 결과 2012년 현재 한국 중견기업이 부담하는 총조세부담률은
27.9%로 34개 OECD 회원국 중 여섯 번째로 낮은 수준을 기록했다.

한편, 정부의 세제혜택 또한 고소득층과 대기업에 집중되어 있기 때문에
조세체계의 과세공평성도 매우 취약한 상태이다. <표 5-7>에서 보듯이
2011년 개인소득 소득공제액의 경우 소득 상위 10%가 전체의 19.7%를 차

〈표 5-7〉 개인소득 및 법인소득 조세감면 현황(2011년)

(단위: 조 원, 10억 원, %)

소득 10분위	개인소득(과세미달자 제외)			법인소득(흑자기업)		
	소득 비중	소득공제액		흑자법인 소득 비중	공제감면액	
		금액 (조 원)	비중		금액 (10억 원)	비중
상위 1% 이내	10.6	5.4	2.2	73.87	7,344.0	78.70
상위 10% 이내	34.3	48.7	19.7	89.02	8,716.7	93.38
상위 20% 이내	16.7	43.1	17.4	4.34	312.8	3.35
상위 30% 이내	12.6	36.5	14.7	2.37	120	1.29
상위 40% 이내	9.9	30.1	12.1	1.64	116	1.24
상위 50% 이내	7.9	24.6	9.9	0.89	25.4	0.27
상위 60% 이내	6.3	20.4	8.2	0.55	12.1	0.13
상위 70% 이내	4.9	17.2	7.0	0.33	8.2	0.09
상위 80% 이내	3.7	13.9	5.6	0.20	2.2	0.02
상위 90% 이내	2.7	9.9	4.0	0.60	128.7	0.19
상위 100% 이내	1.0	3.5	1.4	0.07	0.2	0.00
전체	100.0	247.9	100.0	100.0	9,331.5	100.0

주: 개인소득은 2011년 귀속 종합소득세 신고자와 근로소득 연말정산 신고자의 소득에서 중복
　　을 제거한 통합소득이며, 근로소득의 총급여와 종합소득의 종합소득금액을 합산한 것이다.
　　통합소득에는 비과세소득과 과세미달자의 소득이 포함되지 않는다. 개인소득공제는 통합
　　소득과 과세표준의 차액으로 산출했으며, 법인소득의 10분위 분포는 각 사업연도 소득 기
　　준이다.
자료: 홍종학 의원실(2012).

지하고 있으며, 법인소득세 공제감면액도 소득 상위 1%의 흑자기업에 전체
의 78.7%가 집중되어 있다. 더욱이 편법적·불법적인 상속 및 증여 행위는 세
대 간 부의 불평등은 물론 자산 과세의 형평성을 악화시키고 있다. 정부는
1998년 '상속세 및 증여세법' 개정을 통해 기존의 열거주의에 의한 과세 방
식을 포괄주의로 전환하고, 2003년에는 완전포괄주의를 도입했지만, 변칙적

인 증여는 여전히 계속되고 있다. 예를 들면, 2009년 5월 29일 대법원이 에버랜드 전환사채 헐값 발행 사건에 대해 최종 무죄 판결을 내림으로써 삼성의 이재용은 고작 16억 원의 세금을 내고 200조 원(2009년 9월 16일 기준) 이상에 달하는 삼성그룹 지배구조의 정점에 있는 에버랜드를 물려받았다.[19] 최근에는 회사 기회의 유용과 지원성 거래를 통한 일감 몰아주기가 재벌총수 일가의 자식과 후손들에게 부를 증여하는 방편으로 이용되고 있지만, 정작 이들에 대한 처벌은 미흡한 수준이다.[20] 재벌 대기업에 대한 세제혜택과 변칙적인 증여 및 상속은 조세정의는 물론 기회평등의 원칙을 훼손해 일반 시민들의 납세 협력을 약화시킬 뿐만 아니라 분배구조를 악화시켜 국민경제의 건전한 발전을 저해한다. 이는 자유시장경제에 수반되는 모순을 제거하고 경제민주화를 실현한다는 대한민국 헌법 이념에도 정면으로 배치된다.[21]

이와 같이 고소득층과 고액자산가, 재벌 대기업에 집중된 세제혜택으로 인해 조세체계의 수직적 공평성은 매우 낮은 상태이다. <그림 5-1>에서 보듯이 순개인소득세(net personal income tax)로 측정된 한국의 개인소득세 누진성은 2009년에 0.07로 OECD 회원국 중 폴란드와 일본 다음으로 낮은 수준으로 나타났다.[22] 특히 이명박 정부에서 추진된 고소득층 및 대기업 위주의

---

19) 에버랜드는 '이재용 → 삼성에버랜드 → 삼성생명 → 삼성전자 → 삼성카드 → 삼성에버랜드'로 이어지는 순환출자 구조의 핵심고리다. 에버랜드 전환사채 헐값 발행 사건이 최종적으로 무죄로 판결되면서, 이재용은 아버지에게 받은 61억 원을 밑천으로 에버랜드를 장악했다. 당시 이재용이 낸 증여세가 16억 원이었는데, 이를 제외하면 45억 원으로 에버랜드를 장악한 셈이다(김용철, 2010 참조).

20) 이지수·채이배(2012)에 따르면 2010년 말 현재 기업집단 지배주주 일가 192명이 회사 기회 유용과 지원성 거래를 통해 얻은 부의 증식 규모는 총 9조 9588억 원에 이르는 것으로 추정된다.

21) 재벌 대기업에 대한 세제혜택과 편법적 증여 행위에 대해서는 강병구(2014)를 참조한다.

22) 자세한 내용은 OECD(2012b)와 한국조세연구원(2012)을 참조한다.

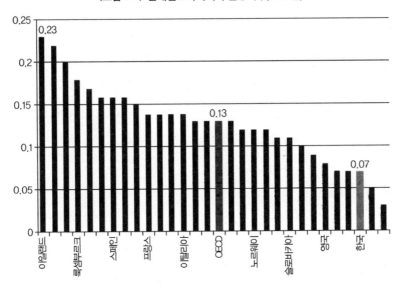

〈그림 5-1〉 순개인소득세의 누진성지수(2009년)

주: 누진성지수는 무자녀 단독 납세자를 기준으로 산출.
출처: OECD(2012b); 한국조세연구원(2012)에서 재인용.

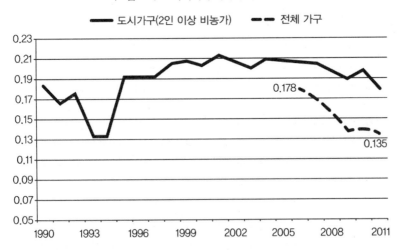

〈그림 5-2〉 소득세의 수직적 공평성 추이

자료: 통계청, 「가계동향조사」(각 연도)의 자료 이용해 직접 계산.

감세정책으로 인해 조세체계의 누진성은 더욱 약화되었다.[23] <그림 5-2>
에서 보듯이 TR(Tax Redistribution)계수로 측정한 소득세의 수직적 공평성은
2000년대 중반 이후 하락하고 있다. 도시가구(2인 이상 비농가)를 대상으로
추정한 TR계수는 1994년 0.134에서 2004년 0.208로 증가한 이후 2011년
0.179로 하락했다. 전체 가구를 대상으로 추정한 경우에도 2006년 0.178에
서 2011년 0.135로 하락해 소득세의 수직적 공평성이 더욱 낮아졌다.[24]

3) 재정지출 구조

한국의 재정지출 구조는 상대적으로 높은 국방비 및 경제사업과 낮은 사
회보호 관련 지출로 인해 공공자원 배분의 효율성과 재분배기능이 취약한 것
으로 평가된다. <표 5-8>에서 보듯이 스칸디나비아형과 서유럽형 복지국
가에서는 사회보호 관련 지출 비중이 크지만, 앵글로색슨형 복지국가에서는
상대적으로 국방과 보건의료 지출의 비중이 크다. 한국의 사회보호 관련 재
정지출은 OECD 회원국 평균의 3분의 1 정도에 지나지 않지만, 국방과 경제

---

23) 강병구(2013)의 추정에 따르면 2008~2011년의 시기에 소득세 감세액 15조 4733억 원
   중 46.1%를 상위 소득 10%의 고소득층이 차지했다. 또한 이은정(2013)의 추정에 따르면
   2009~2011년 시기에 법인세 감세액 14조 9682억 원 중 84.3%를 상위 10%의 기업이
   차지했으며, 2011년에는 상위 1%의 기업이 법인세 감면액의 72.1%를 차지했다.
24) 총소득 대비 납세액으로 측정한 평균세율 t에 대해 TR계수, 즉 $L_X(p) - C_T(p)$의 값이 작
   아지면 세부담은 저소득층에 더 집중되며, 이는 곧 조세체계의 누진성이 작다는 것을 의
   미한다. 반대로 TR계수 값이 클수록 조세체계의 누진성은 커지며 소득불평등은 감소한다.

$$C_N(p) - L_X(p) = \frac{t}{1-t}[L_X(p) - C_T(p)]$$

   여기에서 집중곡선 $C_N(p)$는 p%의 하위 소득집단이 차지하는 세후소득(N)의 비중으
   로서 세후소득으로 측정된 로렌츠곡선 $L_N(p)$와는 다르다. 자세한 내용은 아브드 엘 크
   림(Abdelkrim, 2006)을 참조한다.

<表 5-8> 일반정부의 기능별 재정지출(2011년)

(단위: %)

	일반 행정	국방	공공 질서	경제 사업	환경 보호	주택	보건	오락 문화	교육	사회 보호
스칸디나비아형	12.8	2.9	2.4	8.1	0.8	1.1	14.7	2.5	12.8	41.8
앵글로색슨형	11.8	5.9	4.8	10.4	1.3	1.8	17.8	1.6	13.3	31.3
서유럽형	12.9	2.3	3.4	9.6	1.8	1.5	15.5	2.4	10.9	39.7
남유럽형	17.9	3.2	4.0	8.3	1.5	1.1	13.5	2.0	9.9	38.6
동아시아형 (한국)	13.1 (15.1)	5.4 (8.6)	3.6 (4.2)	14.9 (20.1)	2.7 (2.4)	2.5 (3.3)	16.3 (15.2)	1.5 (2.2)	12.1 (15.8)	27.9 (13.1)
OECD 평균	13.6	3.5	3.8	10.4	1.6	1.5	14.4	2.7	12.4	36.0

자료: www.oecd.org/statistics

<표 5-9> 공공사회복지 지출의 복지국가 유형별 특성(2009년)

(단위: %)

	소득대체형 지출	사고대응적 지출			노동시장 지출		
		합계	빈곤완화 보건	사회 서비스	합계	적극적 노동시장 정책	실업 급여
스칸디나비아형	43.6	48.1	36.1	12.0	8.3	3.6	4.7
앵글로색슨형	36.0	57.5	53.2	4.3	6.5	1.8	4.7
서유럽형	46.4	43.2	39.0	4.2	10.5	3.9	6.6
남유럽형	56.2	35.6	33.2	2.4	8.2	2.2	6.0
동아시아형 (한국)	40.1 (29.6)	52.3 (60.1)	43.7 (51.4)	8.6 (8.7)	7.7 (10.3)	4.1 (6.3)	3.6 (4.0)
OECD 평균	45.3	47.8	42.6	5.2	6.9	2.3	4.6

주: 소득대체형 지출은 노인 현금급여, 유족급여, 무능력 관련 급여로 구성되며, 빈곤완화 및 보
건지출은 보건, 가족 현금급여, 주거 및 기타지출로 구성된다. 사회서비스는 노인서비스와
가족서비스로 구성된다.
자료: www.oecd.org/statistics

및 주택 관련 재정지출은 2배가 넘는다.

공공사회복지 지출의 구성은 복지국가의 차이를 더 뚜렷이 드러내고 있

다. <표 5-9>에서 보듯이 서유럽형과 남유럽형 복지국가의 경우 소득대체형 사회복지 지출의 비중이 크지만, 스칸디나비아형과 앵글로색슨형 복지국가의 경우 사고대응적 사회복지 지출의 비중이 크다. 다만, 스칸디나비아형 복지국가의 경우 사회서비스의 비중이 크고, 앵글로색슨형 복지국가에서는 빈곤 완화와 보건에 사회복지 지출이 편중되어 있다. 또한 스칸디나비아형과 서유럽형 복지국가의 경우 적극적 노동시장정책 프로그램의 비중이 크지만 앵글로색슨형의 경우에는 OECD 회원국 평균을 밑돌고 있다. 한국은 소득대체형 지출 비중이 낮은 반면, 사고대응적 지출 비중이 높다는 점에서 앵글로색슨형 복지국가에 가깝지만, 사회서비스와 적극적 노동시장정책 프로그램의 비중이 높다는 점에서는 차별성을 나타내고 있다.

스칸디나비아형 복지국가는 높은 수준의 복지급여와 사회보장 지출을 기반으로 보편주의 복지국가의 특징을 보이며, 특히 사회서비스를 매개로 고용친화적인 사회정책을 주도하고 있다. 반면에 앵글로색슨형 복지국가는 낮은 수준의 사회복지 지출을 사후적인 빈곤 완화에 집중해 잔여적(residual) 성격의 복지체제를 대표하고 있다. 서유럽형 복지국가는 사회보장을 통한 소득보전의 목표를 달성하고 있지만 수혜 범주별로 급여율에 차이를 두지 않기 때문에 노동시장의 경직성을 초래하는 것으로 평가된다. 남유럽형 복지국가의 경우 전반적인 복지급부율은 낮지만 고령층에 대한 연금급여는 상당히 관대한 지출 구조를 가지고 있다.[25]

한국의 재정지출은 토건 및 경제 사업에 과도하게 집중되고 사회 분야의 투자가 부진해 전반적으로 공공자원의 배분효율성이 크게 낮아졌다. 도로, 철도, 항만, 공항, 지역개발사업 등으로 구성되는 사회간접자본은 대다수 지

---

25) 사회보장지출 구조의 복지국가 유형별 특성은 1980~1998년의 시기를 대상으로 분석한 캐슬(Castles, 2004)의 연구에서도 동일하게 확인되었다.

역에서 과도할 뿐만 아니라 이 분야에 대한 재정지출의 효율성도 OECD 회원국 중 최하위인 것으로 평가된다.[26] 더욱이 분단체제로 인한 국방비의 높은 지출이 타 부문의 재정지출 여력을 잠식해 복지국가의 발전을 더디게 하고 있으며, 세계 4위에 달하는 막대한 규모의 R&D지출 또한 그 효율성은 크지 않은 것으로 평가되고 있다.

이러한 재정지출 구조의 불균형으로 인해 공공부조와 사회보험의 사각지대가 크고, 가족 및 아동에 대한 정부 지원은 미흡한 수준이다. 한국의 대표적인 공공부조인 국민기초생활보장제도는 재원부족으로 비수급 빈곤층을 충분히 보호하지 못하고 있으며, 2010년 현재 기초보장의 사각지대는 66만 가구(117만 명)로 추정된다.[27] 또한 기초생활보장제도의 사각지대와 함께 우리 사회에 광범위하게 존재하는 사회보험의 사각지대는 내수기반을 위축시키고 지속가능한 경제성장을 위협하는 요인으로 작용하고 있다.

또한 2010년 8월 임금근로자의 공적연금, 건강보험, 고용보험 미가입률은 각각 28.3%, 2.7%, 33.9%에 달하며, 현재까지도 크게 개선되지 않고 있다. 특히 사회보험의 사각지대는 영세규모 사업장, 저임금 근로자, 비정규직에게서 크게 나타나고 있다. 10인 미만 사업장, 저임금 근로자의 사회보험가입률은 임금근로자의 평균 수준에 비해 크게 낮고, 정규직이라 하더라도 영세사업장에 종사하는 취약 근로자인 임시직·일용직의 사회보험가입률은 비정규직의 평균 수준에도 미치지 못하고 있다. 저임금계층의 고용보험 미가입률은 무려 52.5%에 달한다.[28] 더욱이 저출산·고령화시대에서 미래세대에 대한 투자는 지속가능한 복지재정의 확보를 위해 대단히 중요한 일인데도 가족 및

---

26) 자세한 내용은 박형수·류덕현(2009)을 참조한다.
27) 국민기초생활보장제도의 사각지대에 대한 추정결과는 이태진 외(2011)를 참조한다.
28) 자세한 내용은 이병희(2011)를 참조한다.

〈표 5-10〉 가족 및 아동에 대한 재정지출(2009년)

(단위: GDP 대비 %)

합계	가족급여			보육 및 유치원		초중등 교육
	현금	서비스	조세감면	보육	유치원	
한국	5.31	0.04	0.77	0.20	0.6	0.1	3.6
일본	4.59	0.51	0.45	0.53	0.3	0.1	2.7
미국	5.52	0.11	0.59	0.52	0.1	0.3	3.9
영국	9.92	2.46	1.38	0.38	0.5	0.7	4.5
스웨덴	9.65	1.58	2.17	0.00	0.9	0.5	4.5
덴마크	10.40	1.63	2.27	0.00	0.7	0.7	5.1
독일	6.76	1.16	0.89	1.01	0.1	0.4	3.2
프랑스	8.98	1.44	1.76	0.78	0.4	0.7	3.9
그리스	1.52	1.02	0.40	-	0.1	0.0	-
이탈리아	5.58	0.78	0.80	0.00	0.2	0.5	3.3
OECD 평균	7.13	1.41	0.94	0.28	0.3	0.4	3.8

자료: www.oecd.org/els/family/oecdfamilydatabase.htm

아동에 대한 재정지출은 여전히 낮은 수준이다. <표 5-10>에서 보듯이 2009년 기준 한국의 보육 및 초·중등교육에 대한 재정지출은 OECD 회원국 평균을 넘어서고 있지만 유치원과 가족급여는 평균 이하를 기록하고 있다.

4) 사회경제적 성과

재정구조의 국제 비교에서 밝혀진 바와 같이 스칸디나비아형과 서유럽형 복지국가는 보편주의적 복지제도와 사회보험제도를 근간으로 하면서 시장경제에 대한 개입주의적 특성을 공유하는 반면, 앵글로색슨형 복지국가는 잔여적 복지제도를 특징으로 하는 자유방임적 자유주의를 이념적 특성으로 하

〈표 5-11〉 조세·이전지출의 재분배 및 빈곤율 감소 효과(2010년)

(단위: %)

	빈곤율			지니계수		
	시장소득	가처분소득	감소 비율	시장소득	가처분소득	감소 비율
스칸디나비아형	27.5	7.5	72.7	0.443	0.258	41.8
앵글로색슨형	30.4	12.2	57.8	0.497	0.337	31.7
서유럽형	30.9	8.4	72.6	0.476	0.281	40.7
남유럽형	32.2	13.5	58.1	0.514	0.335	34.9
동아시아형 (한국)	24.7 (17.3)	15.5 (14.9)	31.9 (13.9)	0.415 (0.341)	0.323 (0.310)	20.1 (9.1)
OECD 평균	28.5	10.9	60.0	0.470	0.307	34.4

주: 1) 빈곤율은 중위소득 50% 기준이다.
  2) 칠레, 아일랜드, 일본, 뉴질랜드, 스위스는 2009년 자료이며, 헝가리, 멕시코, 터키는 자료 부재로 제외했다.
자료: www.oecd.org/statistics

고 있다. 물론 시장경제에 대한 복지국가의 개입은 단선적이지 않고 영역에 따라 그 정도가 다르게 나타나지만, 전반적으로 노동력의 탈상품화 정도는 개입주의와 자유방임주의를 구분하는 중요한 기준이다.

자본주의 시장경제에서 개인 또는 가족이 시장에서의 참여와 관계없이 사회적으로 수용할 만한 수준의 생활을 보장받기 위해서는 1차적으로 시장에서의 소득분배가 공평하게 이루어져야 하며, 2차적으로 국가가 시장소득의 불공평한 분배를 완화할 수 있어야 한다. <표 5-11>에서 보듯이 조세 및 이전지출을 통한 빈곤율 감소 및 소득불평등 완화 효과는 앵글로색슨형과 남유럽형 복지국가보다는 스칸디나비아형과 서유럽형 복지국가에서 더 크게 나타난다. 한국의 빈곤율 감소 및 소득불평등 완화 효과는 각각 13.9%와 9.1%로 OECD 회원국 평균은 물론 앵글로색슨형 복지국가에 비해서도 크게 낮다. 2010년 한국의 조세 및 이전지출의 빈곤율 감소 효과는 OECD 회원국

<표 5-12> 복지국가 유형별 경제성과 비교

(단위: USD PPP, %)

	경제지표				사회지표		
	1인당 GDP	고용률	빈곤율	지니계수	출산율	자살률	행복지수
스칸디나비아형	36,625	72.8 (70.6)	7.5	0.258	1.92	12.48	54.4
앵글로색슨형	34,974	68.7 (64.1)	12.2	0.337	1.95	10.70	54.2
서유럽형	34,218	69.1 (64.1)	8.4	0.281	1.70	13.60	51.4
남유럽형	24,434	58.6 (51.0)	13.5	0.335	1.42	6.13	40.9
동아시아형 [한국]	29,157 [27,554]	67.5 (57.1) [63.8 (53.1)]	15.5 [14.9]	0.323 [0.310]	1.31 [1.23]	27.35 [33.50]	48.8 [45.4]
OECD 평균	30,564	64.8 (56.8)	10.9	0.314	1.74	12.70	47.0

주: 1) 1인당 실질GDP는 구매력지수로 환산한 2005년 불변가격 미국 달러이다.
 2) 고용률은 15세 이상 65세 미만의 인구를 대상으로 하고, 괄호 안 수치는 여성고용률이다.
 3) 지니계수는 가처분소득 기준이다.
 4) 빈곤율은 중위 가처분소득 50% 이하인 가구의 비중이며, 칠레, 헝가리, 아일랜드, 일본, 뉴질랜드, 스위스, 터키의 빈곤율과 지니계수는 2009년 수치이다.
 5) 캐나다와 칠레의 합계출산율(15~49세)은 2009년 수치이다.
 6) 자살률은 인구 10만 명당 자살자 수이며, 벨기에, 캐나다, 칠레, 프랑스, 아이슬란드, 뉴질랜드는 2009년 수치이다.
 7) 행복지수는 OECD의 Better Life Index 11개 범주 24개 요소값의 원자료를 정규화해 구한 평균값이다.
 8) 1인당 GDP와 고용률은 2011년, 행복지수는 2013년, 나머지는 2010년 자료를 기준으로 한다.
자료: www.oecd.org/statistics www.oecdbetterlifeindex.org

중 최하위이며, 소득불평등 완화 효과는 칠레에 이어 두 번째로 낮은 수준이다. 따라서 한국 노동력의 탈상품화지수는 매우 낮다고 볼 수 있다.

한편, 재정정책은 금융정책, 노동시장정책, 복지정책, 교육정책, 산업정책, 거시경제정책 등과 함께 사회경제적 성과의 차이를 초래하는 요인이다.

<표 5-12>에서 보듯이 주요 사회경제지표에서 스칸디나비아형 복지국가는 뛰어난 성과를 나타낸다. 1인당 소득수준이 가장 높지만 빈곤율과 소득불평등도는 가장 낮고, 고용률과 출산율도 높아 현재는 물론 미래 복지의 지속가능성도 높은 것으로 보인다. 그 결과 전반적으로 행복지수도 높은 수준을 유지하고 있다. 반면에 앵글로색슨형 복지국가의 경우 1인당 소득수준은 높지만 빈곤율과 소득불평등도 또한 매우 높다. 출산율과 행복지수는 스칸디나비아형 복지국가와 비슷한 수준이다. 한국의 1인당 소득수준은 OECD 회원국의 평균보다 낮으며, 빈곤율이 높고 소득불평등 또한 스칸디나비아형과 서유럽형 복지국가에 비해 높다. 고용률과 출산율은 매우 낮은 수준이어서 복지재정의 지속가능성이 위협을 받고 있으며, 행복지수는 OECD 회원국 평균보다 다소 낮은 수준이다.

결국 스칸디나비아형 복지국가는 높은 수준의 조세부담률과 촘촘한 사회안전망을 기반으로 거시경제의 안정적 성장은 물론, 공평한 소득분배와 재정의 지속가능성을 성취하고 있으며, 실질적인 재정분권을 통해 공공자원 또한 효율적으로 배분하고 있다. 반면 노동력의 탈상품화 정도가 낮은 앵글로색슨형 복지국가의 경우, 소득수준이 높고 재정건전성도 비교적 양호하지만 소득불평등도와 빈곤율이 높아 복지국가의 지속가능성을 위협하고 있다.

4. 복지국가의 미래와 대안적 재정체계

1) 복지국가 발전의 사회경제적 배경

최근 한국경제는 성장잠재력이 둔화되면서 소위 '고용 없는 성장'에 이어

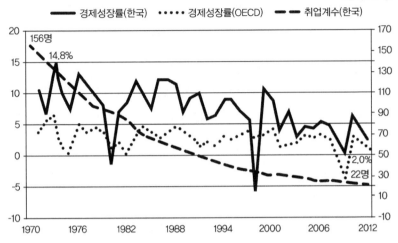

〈그림 5-3〉 경제성장률과 취업계수 추이

(단위: %, 명)

─── 경제성장률(한국) ····· 경제성장률(OECD) ─ ─ 취업계수(한국)

주: 취업계수=취업자 수/실질GDP(10억 원)
자료: 통계청, 「국가통계포털」; OECD, Economic Outlook.

'임금 없는 성장'이 나타나고 있으며, 이는 저출산·고령화 현상과 함께 미래
복지국가의 발전을 제약하는 요인이 되고 있다. <그림 5-3>에서 보듯이 한
국의 경제성장률은 하락 추세이며, 향후 잠재성장률 또한 계속 하락할 것으
로 전망된다. 1971~1979년의 시기에 연평균 경제성장률은 10.3%를 기록
했지만, 2008~2013년의 시기에는 2.9%로 떨어졌다. 한국개발연구원(KDI)
은 한국의 잠재성장률이 2011~2020년 사이 연평균 3.8%에서 2021~2030
년에는 2.9%, 2031~2040년에는 1.9%로 떨어질 것으로 예측하고 있다.[29]

　　더욱이 내수기반이 취약한 수출주도형 경제로 인해 거시경제의 변동성이
매우 크고, 이는 장기적으로 성장과 분배의 선순환을 저해하는 요인이다.[30]

---

29) 민간연구기관들도 한국의 잠재성장률이 하락할 것으로 분석하고 있다. 자세한 내용은 기
　　획재정부(2013)를 참조한다.
30) 거시경제의 변동성이 성장과 분배에 미치는 부정적 영향에 대해서는 래이미와 래이미

왜냐하면 거시경제의 불안정성은 경제주체의 합리적인 예측과 투자 행위를 저해하기 때문이다. 예를 들면, 취업과 실업이 반복될 경우 근로자는 일을 통한 인적자본 향상의 기회를 상실할 뿐만 아니라, 새로운 인적자본에 대한 투자 유인을 상실하게 되고, 중단된 설비를 다시 가동하는 과정에서도 경제적 손실이 발생한다. 또한 부가가치 생산액 10억 원당 취업자 수는 1970년 156명에서 2012년 22명으로 꾸준히 하락하고 있으며, 최근에는 실질임금 증가율이 마이너스를 기록해 생산성 증가율은 물론 물가상승률조차 따라가지 못하고 있다. 2007~2012년 시기에 노동생산성은 9.8% 증가했지만, 실질임금은 마이너스 2.3%의 성장을 기록했다.[31] OECD 회원국 중 가장 높은 비중을 차지하는 저임금계층 문제도 복지국가의 발전을 제약하고 있다.[32]

실질임금의 감소는 노동소득분배율을 낮추고 가계소득을 위축시키고 있으며, 증가된 기업소득은 생산적인 투자로 이어지지 못하고, 내수부족, 고용정체, 자영업 침체, 근로소득 감소, 소득불평등 및 양극화의 심화를 초래하고 있다. <그림 5-4>에서 보듯이 1970년대 이후 노동소득분배율이 지속적으로 하락하는 가운데 국내총소득(GNI)에서 가계소득이 차지하는 비중도 하락하고 있다. 조정 노동소득분배율이 1975년 79.1%에서 2011년 62.7%로 하락하면서 가계소득의 비중 또한 같은 시기에 79.2%에서 62.0%로 낮아졌다. 내수 비중도 1975년 80.5%에서 2011년 63.6%로 떨어졌다. 노동소득분배

(Ramey and Ramey, 1995), 하우스만과 개빈(Hausman and Gavin, 1996), 바딩거(Badinger, 2010) 등을 참조한다.

31) 실질임금의 하락에 따른 '임금 없는 성장'이 경제에 미치는 역효과에 대해서는 박종규(2013)를 참조한다.

32) 저임금계층 비중은 전체 근로자에서 중위임금 3분의 2 미만의 근로자가 차지하는 비중인데, 2011년 우리나라의 저임금계층 비중은 25.1%로 OECD 회원국 평균 16.1%에 비해 상당히 높은 수치를 나타낸다. 자세한 내용은 김유선(2014)을 참조한다.

〈그림 5-4〉 노동소득분배율·가계소득 비중·내수비중 추이

(단위: %)

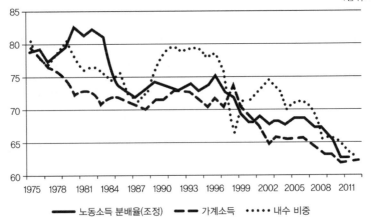

주: 1) 조정 노동소득분배율은 임금근로자의 평균 임금소득만큼을 자영업자의 임금소득으로 귀
     속시켜 산출.
   2) 내수비중은 국민계정의 소비·투자·수출의 합에서 소비와 투자가 차지하는 비중.
자료: 한국은행 경제통계; 이병희(2013).

〈그림 5-5〉 임금 및 가구소득 불평등 추이

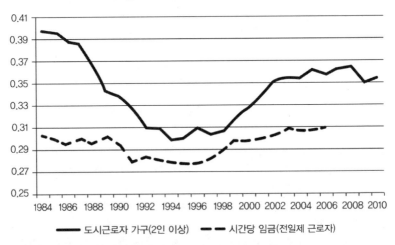

주: 도시근로자 가구 지니계수는 경상소득으로 측정.
자료: Cheon et al.(2012); Kang and Yun(2008).

율의 하락과 소득불평등도의 증가는 내수기반을 취약하게 만드는 요인이다. 왜냐하면 실질임금의 하락과 높은 저임금계층의 비중은 수출기업의 가격경쟁력을 강화해 내수보다는 수출의존도를 더욱 높이게 되고, 소비 성향이 큰 저소득계층의 소득 비중이 낮아짐에 따라 국내 소비는 줄어들기 때문이다.

한편, 1990년대 중반을 기점으로 임금불평등이 상승세로 전환되면서 가구소득의 불평등 또한 심화되었다. <그림 5-5>에서 보듯이 1987년 노동운동 이후 큰 폭으로 하락했던 임금불평등은 1990년대 중반 이후 가파르게 상승했다. 여기서 한 가지 주목할 사실은 1997년 외환위기 직후 소득불평등이 저소득계층의 소득감소와 고소득계층의 소득증가에 기인한 것이었다면, 2010년대 중반 이후에는 저소득계층의 소득감소가 불평등 확대의 주원인으로 작용하고 있다는 것이다. 이는 앞에서 지적한 바와 같이 2007년 이후 나타난 실질임금의 하락 및 저임금계층의 높은 비중과 무관하지 않다.

자산의 불평등한 분배와 경제력 집중의 심화도 복지국가 발전을 제약하는 요인이다. <표 5-13>에서 보듯이 2012년 상위 1% 가구의 총자산액 평균은 43억 4932만 원으로 전체 총자산의 11.0%를 차지했고, 총자산의 5분위 배율과 지니계수는 각각 65배와 0.607을 기록해 소득보다 높은 불평등도를 보이고 있다. 또한 한국의 소득 대비 부(wealth)의 비율은 매우 높은 수준인 것으로 평가되는데, 이는 자본소득분배율을 높여 불평등을 확대시키는 요인이 되고 있다.[33] 이처럼 자산의 불평등한 분배는 소득분배를 더욱 불평등하

---

33) 주상영(2014)에 따르면 2012년에 한국의 국부 기준 부/소득 비율은 9.5배로 선진국과 비교할 때 상당히 높은 수준이며, 이는 국민소득에서 토지자산이 차지하는 비중이 선진국보다 높기 때문인 것으로 평가된다. 피케티(Piketty, 2014)는 '자본수익률>경제성장률'이라는 자본주의의 구조적 모순을 극복하고 21세기에도 세계화된 세습자본주의를 통제하려면 매우 높은 수준의 국제적 금융투명성과 결부된 누진적인 글로벌 자본세가 필요하다고 주장한다. 재산에 비해 과세대상 소득이 지나치게 적은 개인들에게 소득세뿐만 아니라 자본세를 부과해야 한다는 것이 글로벌 자본세 도입의 주된 이유이며, 오늘날 전 세계적으

<표 5-13> 자산분배의 불평등 지표(2012년)

(단위: 만 원, %)

		가구당 평균금액	구성비
총자산	상위 1%	434,932	11.0
	상위 20%(a)	98,085	63.2
	하위 20%(b)	1,498	0.9
	5분위 배율(a/b)	65배	
	지니계수	0.607	
순자산	상위 1%	380,030	11.3
	상위 20%(a)	83,328	64.0
	하위 20%(b)	261	0.2
	5분위 배율(a/b)	319배	
	지니계수	0.625	

주: 모든 수치는 가중치를 적용해 산출한다: 5분위 배율은 최상위 20%의 평균 자산을 최하위
20%의 평균 자산으로 나눈 값이다.
자료: 통계청, 「가계금융·복지조사」(2012).

게 만들고, 계층이동을 제약해 세대 간 불평등구조를 심화시키며, 장기적으
로는 자원의 효율적 배분을 저해한다. 더욱이 <표 5-14>에서 보듯이 2007
년 이후 4대 재벌집단으로의 경제력 집중이 심화되고 있으며, 이는 국민경제
의 균형발전을 저해해 양극화와 불평등구조를 확대시키는 요인이 되고 있다.
특히 대기업과 중소기업 간 불공정 거래관행은 중소기업의 임금 지급 여력을
약화시켜 소득불평등을 확대시킨다.

로 최상위 부유층의 실제 세금 부담률이 매우 낮다는 사실은 이러한 주장의 근거가 된다.

<표 5-14> 재벌 대기업의 매출액 비중

(단위: GDP 대비 %)

	2002년	2007년	2012년
4대 재벌집단	37.3	34.6	54.0
상위1% 기업	54.8	55.3	58.8

주: 4대 재벌집단(삼성, 현대자동차, SK, LG)의 경우 국내총생산 대비 매출액 비중이고, 상위1% 기업의 경우는 제조업 외감기업 전체 매출액에서 차지하는 비중
자료: 한국신용평가(주), Kis-value.

2) 미래 복지국가의 좌표

미래 복지국가의 발전을 위해서는 다양한 분야에서의 정책적 노력이 요구되지만, 무엇보다도 노동소득분배율을 높이고 소득불평등을 개선하는 데 초점을 맞춰야 한다. 이러한 맥락에서 재정정책은 경제의 성장잠재력을 확충하면서 성장의 결실이 사회구성원들에게 골고루 배분될 수 있도록 기능해야 한다.[34] 성장과 분배에 대해서는 전문가들 사이에 상반된 주장이 존재하지만, 불평등한 분배구조가 교육 기회를 제약해 인적자본의 효율적 배분을 저해하고, 세대 간 계층유동성을 제약하며, 사회적 갈등을 초래해 궁극적으로 경제성장에 부정적인 영향을 준다는 사실에 대해서는 많은 논자들이 동의하고 있다.[35] 특히 경제의 대외의존도가 높은 한국의 경우 공평한 분배구조는 내수

---

34) 이러한 정책은 최근 OECD에서 주목하고 있는 포용적 성장(inclusive growth)의 주된 내용이기도 하다. OECD(2013)에 따르면 포용적 성장이란 모든 계층에게 기회와 성장의 결실을 공정하게 분배하는 것을 의미하며, GDP를 포함해 교육·건강·환경·안전 등 삶의 질에 대한 다차원적 고려, 공평한 기회 및 분배, 실천적인 정책 대안의 제시 등을 주요 내용으로 하고 있다.

35) 뮈르달(Myrdal, 1968)은 불평등이 생산성에 부정적인 영향을 미처 경제발전을 저해한다고 주장했고, 아기옹과 호윗(Aghion and Howitt, 1998)은 자본시장이 불완전할 경우 재분배정책은 저소득층의 인적자본에 대한 투자기회를 확대해 경제성장에 기여할 수 있다

기반의 확충과 자원의 효율적 배분을 가져오기 때문에 고용 증대는 물론 경제의 안정적 성장과 재정건전성의 유지를 위한 전제조건이 된다.

일찍이 아이버슨과 렌(Iversen and Wren, 1998)은 경제에서 서비스부문의 비중이 커지면서 재정건전성, 공평한 소득분배, 고용 증대는 동시에 달성하기 어려운 트릴레마(trilemma)의 상황이 되고 있다고 주장했다. 즉, 생산성이 낮은 서비스부문의 고용 증대는 불가피하게 임금불평등을 초래하기 때문에 정부가 불평등한 임금구조를 개선하기 위해서는 상대적으로 임금 수준이 높은 공공서비스 부문의 고용을 증대시키는 것 외에 다른 대안이 존재하지 않고, 그 결과 재정건전성이 악화될 수 있다는 것이다. 이러한 트릴레마에 직면해 개별 국가가 어떤 조합을 선택할 것인가는 해당 국가의 정치연합, 제도, 정치적·경제적 제약조건 등에 따라 달라진다. 그들에 따르면 신자유주의 국가는 재정건전성과 고용 증대의 조합을 선택한 결과 소득불평등 구조를 심화시키고, 조합주의 국가는 재정건전성과 분배를 중요시하기 때문에 일자리 창출 동력을 약화시킨다. 반면 사민주의 국가는 연대임금과 공공부문에서의 사회적 일자리를 통해 고용과 평등을 추구하지만, 재정건전성의 문제가 심각해질 경우 신자유주의 또는 조합주의 방식을 선택해야 하는 딜레마에 빠질 수 있다.[36]

그러나 복지국가의 발전과정을 돌이켜볼 때 서비스 경제에 대한 이러한 진단과 처방은 현실의 변화를 올바르게 반영한다고 할 수 없다. 복지국가의 유형별 비교에서 확인했듯이, 사민주의 복지국가는 소득수준과 고용률이 가

고 주장했다. 또한 블랭크(Blank, 2002)는 저소득 여성, 노인, 장애인, 아동 등을 대상으로 하는 복지정책의 경우 효율성 비용은 크지 않고, 오히려 사회자본의 형성을 통해 경제성장을 촉진시킬 수 있는 여지가 큰 것으로 평가한다. 조윤제·박창귀·강종구(2012)는 소득불평등이 높을수록 경제성장률이 낮아진다는 것을 실증적으로 제시했다.

36) 자세한 내용은 아이버슨과 렌(Iversen and Wren, 1998)을 참조한다.

장 높지만, 국가 채무와 소득불평등도는 가장 낮은 수준을 기록하고 있다. 보편주의 복지를 통한 빈곤과 소득불평등의 감소, 인적자본에 대한 투자는 사회 전체의 생산성 향상과 고용 증대를 가져오고, 이는 다시 세수 기반을 확충해 국가의 재정건전성에 기여할 수 있다.[37] 다만, 자본주의의 다양성론에서 주장하듯이 개별 국가들은 고유의 문화와 제도, 역사적 전통을 갖고 있기 때문에 복지국가 발전의 보편성을 뛰어넘는 개별 국가에 적합한 복지국가 모형과 그에 조응하는 재정체계를 모색해야 한다.[38]

3) 대안적 재정체계

보수주의적 재정정책이 감세정책과 작은 정부를 지향하며 낙수효과에 의존한다면, 대안적 재정정책은 공평과세의 실현과 촘촘한 사회안전망의 구축을 통해 분배와 성장의 선순환 체계를 모색한다. 이러한 대안적 재정정책은 기존의 이윤주도형 성장전략을 소득주도형 성장전략으로 바꾸는 성장 패러다임의 대전환에 조응하는 것이며, 이러한 성장전략은 소득주도형 성장체제의 성격을 가지는 한국경제에 더 적합한 성장전략이다.[39] 특히 거시경제의

---

37) 복지, 고용, 재정건전성의 선순환 관계에 대해서는 후버와 스티븐스(Huber and Stephens, 2002), 오빙거 외(Obinger et al., 2010) 등을 참조한다.

38) 자본주의의 다양성론에 대해서는 홀과 서스키스(Hall and Soskice)를 참조한다.

39) 홍장표(2014)에 따르면 한국은 외환위기 이후 총수요의 임금주도성이 강화되어 소득주도형 성장체제의 특징을 보이고 있다. 소득주도형 성장체제와 전략에 대해서는 라부아와 스톡햄머(Lavoie and Stockhammer, 2013)를 참조한다. 이들에 따르면 소득주도형 성장체제 아래서 자본친화적인 분배정책을 취할 경우 경제는 침체 또는 불안정한 상태에 놓인다. 소득주도형 성장전략을 뒷받침할 구체적 정책에는 최저임금의 인상과 사회보장제도의 강화, 노조입법의 개선과 단체협약의 적용범위 확대, 국제적 투기자본의 관리와 금융거래세의 도입을 통한 금융부문의 재정적 기여 확대 등이 있다.

수출의존도가 높고 가계부채가 급격히 증가하는 한국의 경우, 소득주도형 성장전략으로의 전환이 신자유주의적 정책 실패를 극복할 수 있는 대안일 수 있다. 소득주도형 성장전략은 금융부문에 대한 적절한 규제와 함께 노동친화적 분배정책을 기조로 하는 사회정책과 노동시장정책, 재정정책을 주된 내용으로 한다.

그동안 이윤주도형 성장전략을 기초로 한 한국의 재정정책은 자본형성과 저임금·장시간 노동에 유리한 방식으로 추진되었다. 금융 및 산업자본에 관대한 세제혜택, 외국인 투자자본과 근로소득에 대한 우대 세제, 재벌기업의 편법 증여와 일감 몰아주기에 대한 관대한 처벌과 미약한 조세 부과, 임금근로자의 저임금을 각종 소득공제를 통해 보전하는 조세감면정책, 고용주의 낮은 사회보장기여금 부담과 광범위한 사회보험 사각지대 등 그 사례는 재정체계 전반에 만연해 있다. 그 결과 세율이 지속적으로 낮아지면서도 세수 기반은 확충되지 않아 조세수입이 재정지출을 감당하기 어려운 지경에 이르렀다. 이러한 개발연대의 재정체계는 복지국가시대에 더 이상 적합하지 않은 방식이다.

개발연대의 재정체계가 선택과 집중의 논리를 바탕으로 한다면, 복지국가시대의 재정체계는 연대와 공존의 원리를 바탕으로 하며, 그것은 곧 우리 사회에서 조세정의를 실현하고 보편적 복지제도를 확충하는 것이다. 이러한 의미에서 재정의 자동안정화장치를 강화하는 것이 복지국가시대에 조응하는 재정체계를 구축하는 길이다. 재정의 자동안정화장치란 경기변동에 따라 재정수지가 자동으로 변동되면서 경기를 조절하는 기능으로 누진적인 조세체계와 촘촘한 사회안전망이 특징이다. 자동안정화장치의 기능은 재량적 재정정책과 달리 경기변동에 대한 인식과 정책집행 과정에서 나타나는 시차 문제에서 자유로울 수 있으며, 조세 및 재정지출의 변화가 승수에 미치는 효과를 통해 총소득의 변화를 완화하는 방향으로 작용한다. 특히 경기변동성의 완화가 장기적으로 경제성장과 공평한 소득분배 및 빈곤 해소에 긍정적인 영향을 미친다는 사실에 근거할 때, 내수기반이 취약하고 해외경기에 민감한 한국의 경우 복지, 고용, 재정건전성의 선순환구조는 재정의 자동안정화장치의 강화를 통해 달성될 수 있다.[40]

재정의 자동안정화장치를 강화하기 위해서는 무엇보다도 소득세와 법인세의 실효세율을 높이고 상장주식과 파생상품의 양도차익에 대해서도 과세하여 조세체계의 누진성을 높여야 한다.[41] 2012년 세법 개정으로 적용 기준금액이 2000만 원으로 낮아졌지만 금융소득에 대해서는 여전히 개인별로 14%의 낮은 세율을 적용하고 있다. 더욱이 현행 소득세법상 유가증권의 양도차익에 대한 과세는 대주주와 유가증권시장에서의 거래에 기반하지 않고 양도하는 경우에만 적용하고 있으며, 파생상품에 대해서는 양도소득세는 물론 거래세마저 부과하지 않고 있다.

또한 부동산에 대한 거래세를 보유세로 대체해 지방정부의 세원을 안정적으로 확보하고 불요불급한 조세감면제도를 정비해야 한다. 과거 개발연대의 저금리정책으로 인해 금융투자보다는 토지에 대한 투자가 선호되었고, 그 과정에서 소수에게 토지 소유가 집중되었지만 부동산에 대한 보유세율은 매우 낮은 수준이었다. 2006년 도입된 종합부동산세는 일정 규모 이상의 부동산에 대해 누진세를 적용함으로써 보유세의 비중을 높이는 데 기여했지만, 이

---

40) 재정의 자동안정화장치가 우리 경제에 주는 시사점에 대해서는 강병구(2011)를 참조한다.
41) 피케티 외(Piketty et al., 2014)에 따르면 선진국의 경우 최적의 근로소득세 최고세율은 80% 이상으로 추정되었다. 또한 피케티(Piketty, 2014)는 50만 달러 또는 100만 달러 이상의 연소득에 대해 약 80%의 소득세를 부과하더라도 미국의 경제성장은 위축되지 않고, 오히려 경제적으로 유익하지 않은 행위를 합리적으로 제한하면서 성장의 결실을 더 고르게 분배할 것으로 보았다.

명박 정부의 감세정책으로 인해 보유세가 크게 감소했다. 또한 기업에게 제공되는 세제혜택은 시장실패로 인한 투자 부진이 불가피한 분야로 제한하고 일몰 규정을 도입해 다양한 특례 조항을 폐지해야 한다. 특히 고소득자, 고액 자산가, 재벌 대기업에 제공되는 세제상의 혜택을 축소해 과세 기반을 확충할 필요가 있다. 나아가 탈세에 대한 처벌을 강화하고 성실 신고에 대한 유인체계를 구축해 시민들의 납세순응도를 높여야 한다.

한편, 복지국가의 발전을 위해서는 세제개편과 함께 재정지출의 균형을 회복하고, 재정지출의 사회투자 기능과 소득재분배기능을 강화해야 한다. 한국의 사회보호 관련 재정지출은 OECD 회원국 평균을 크게 밑돌고 있지만, 국방과 경제 및 주택 관련 재정지출은 OECD 평균의 2배를 넘는다. 이와 같이 특정 부문에 편중된 재정지출은 분단국가의 현실과 개발연대의 구조적 특징이기도 하다. 미래 복지국가의 발전을 위해서는 평화와 공존의 기치 아래 국방비의 지출요인을 최소화하고 사회투자의 비중을 높여나가야 한다. 특히 급속히 진행되는 한국사회의 저출산·고령화 추이를 고려할 때 사회투자의 중요성은 더욱 커진다. 예를 들면, 아동에 대한 투자는 그 자체로 가계부문의 가처분소득과 여성의 경제활동 참가를 증진시키며, 보육과 교육의 기회를 공평하게 제공해 미래세대의 생산성 향상에 기여한다.

5. 맺음말

1960년대 이후 개발연대를 거치면서 재벌 대기업은 각종 금융 및 세제상의 특혜를 받아 성장했지만, 성장의 결실은 사회구성원들에게 공정하게 배분되지 못했다. 특히 1990년대 이후 세계화가 진행되면서 우리 사회의 분배구조는 악화되고 있으며, 소득 및 부의 양극화 현상이 심화되고 있다. 더욱이 '고용 없는 성장'에 이어 '임금 없는 성장'의 시대로 접어들면서 우리 사회의 일자리 창출 동력은 약화되고 일자리의 질 또한 열악해지고 있다.

그럼에도 다수의 서민층은 사회적 위험으로부터 합당한 수준의 보호를 받지 못하고 있다. 낮은 수준의 최저임금과 비정규직의 고용불안 및 저임금, 취약한 내수 기반과 자영업자의 과잉 경쟁 등으로 근로빈곤층이 증가하고 소득 불평등은 확대되고 있다. 반면에 이들은 사회보험 및 공공부조의 사각지대에 놓여 있을 뿐만 아니라 세계화, 저출산·고령화, 양극화의 새로운 사회적 위험에도 적극적으로 대응하지 못한다. 재벌 대기업과 상위 소득집단에 집중된 감세혜택과 낮은 세율로 인해 과세공평성은 취약하며, 복지국가의 발전에 필요한 소요 재원을 충분히 확보하지 못한 상태다. 부족한 세수로 인해 국가채무는 가파르게 증가하고 있으며, 이로 인해 취약해진 재정건전성은 복지국가의 발전을 제약할 수 있다.

보수주의적 재정정책이 낙수효과에 기대어 감세정책과 작은 정부를 지향한다면, 대안적 재정정책은 공평과세의 실현과 촘촘한 사회안전망의 구축을 통해 분배와 성장의 선순환 체계를 모색한다. 그것은 곧 기존의 이윤주도형 성장전략을 소득주도형 성장전략으로 바꾸는 성장패러다임의 전환에 조응하는 것이며, 재정의 자동안정화장치를 강화하는 것이다. 이를 위해서는 가장 먼저 소득세와 법인세의 실효세율을 높이고 상장주식과 파생상품의 양도차익에 대해서도 과세해 조세체계의 누진성을 높여야 한다. 특히 고소득자, 고액자산가, 재벌 대기업에게 제공되는 세제상 혜택을 축소시켜 과세 기반을 확충하고, 탈세에 대한 처벌을 강화해 시민들의 납세순응도를 높여야 한다. 또한 부문 간 재정지출의 균형을 이루고 사회투자 지출을 강화해 사회 전체의 효율성을 높여야 한다.

시장경제는 경제주체의 자유로운 선택을 근간으로 하며, 개인의 선택이 자유롭기 위해서는 자유의지를 실현시킬 수 있는 기본적인 물적 조건이 충족되고 기회의 공평이 보장되어야 한다. 또한 불평등한 분배구조는 내수 위축과 사회 갈등을 초래해 궁극적으로 경제성장을 저해하기 때문에 지속가능한 성장을 위해서도 경제적 기회와 소득 그리고 부의 공평한 분배를 실현할 수 있는 재정체계의 구축이 요구된다. 이는 곧 과거 개발연대로부터 이어져 온 선택과 집중의 재정체계에서 복지국가시대에 조응하는 연대와 공존의 재정체계로 전환하는 것을 의미한다.

참고문헌

강병구. 2010. 「국가 재정건전성: 공짜는 없다」. 참여사회연구소. ≪시민과 세계≫, 제17호.

_____. 2011. 「사회지출의 자동안정화기능에 대한 연구」. 한국경제발전학회. ≪경제발전연구≫, 제17권 제1호.

_____. 2013. 「공평과세를 위한 소득세제 및 법인세제 개편 방안」. 경실련 토론회 자료집.

_____. 2014. 「재벌의 세제혜택과 개혁과제」. 한국사회경제학회. ≪사회경제평론≫, 제44호.

강병구·성효용. 2008. 「법인세의 경제적 효과분석」. 한국재정정책학회. ≪재정정책논집≫. 제10권 제3호.

고경환 외. 2012. 『복지정책의 지속가능성을 위한 재정정책: 스웨덴, 프랑스, 영국을 중심으로』. 한국보건사회연구원.

기획재정부. 2013. 『대한민국 중장기 정책과제』.

김연명. 2011. 「동아시아 사회복지의 예외성?」. ≪아세아연구≫, 제54권 제1호.

김용철. 2010. 『삼성을 생각한다』, 사회평론.

김유선. 2014. 「최저임금 결정기준」. ≪KLSI 이슈페이퍼≫, 2014-14. 한국노동사회연구소.

김유찬·김진수. 2004. "법인세 감면과 경기활성화." ≪세무와 회계저널≫, 제5권 제2호

김재연 의원실. 2013. 「비과세 감면, 제로베이스 재설계」. ≪상임위 정책보고서≫, 제2013-3호.

박원석 의원실. 2013. 「조세지출의 현황과 문제점, 개선방안」. ≪조세개혁리포트≫, 제2013-15호.

박종규. 2013. 『한국경제의 구조적 과제: 임금 없는 성장과 기업저축의 역설』. 한국금융연구원.

박형수·류덕현. 2009. 『정부지출의 효율성 측정에 관한 연구』. 한국조세연구원.

스티글리츠, 조지프(Joseph Stiglitz). 2013. 『불평등의 대가』. 이순희 옮김. 열린책들.

우명동. 2012. 「재정분권의 현상과 본질: 한국과 네덜란드의 정부 간 재정 관계 조정 메커니즘을 중심으로」. 한국지방재정학회. ≪한국지방재정논집≫, 제17권 제3호.

우명동·강병구. 2007. 「우리나라 조세재정정책의 평가와 개혁방향 모색」. 한국재정 정책학회. ≪재정정책논집≫, 제9권 제2호.

윤영선. 2010. 「임시투자세액공제 제도가 설비투자에 미치는 영향에 관한 연구」. 경원대학교 박사학위 논문.

이병희. 2011. 「사회보험료 지원을 통한 공식고용 촉진 방안」. ≪노동리뷰≫, 통권 80호.

이은정. 2013. 「법인세 실효세율 추이 및 감세·공제감면세액의 귀착효과」. 경제개혁 연구소. ≪경제개혁리포트≫, 2013-9호.

이지수·채이배. 2012. 「회사기회유용 및 일감 몰아주기 규제강화 방안」. 경제개혁연 구소. ≪경제개혁리포트≫, 2012-9호.

이태진 외 2011. 『빈곤정책 선진화를 위한 실태조사 연구』. 한국보건사회연구원.

조영무. 2013. 「최근의 국제적인 재정통계 지침으로 본 우리나라의 공공부문 채무 수준」. ≪LG Business Insight≫, 5/15.

조윤제·박창귀·강종구. 2012. 『한국의 경제성장과 사회지표의 변화』. 한국은행.

주상영. 2014. 「한국경제의 피케티 비율과 주용 쟁점」. 서울사회경제연구소 2014년 9월 월례토론회 발표자료.

주상영·전수민. 2014. 「노동소득분배율의 측정: 한국에 적합한 대안의 모색」. ≪사회 경제평론≫, 43호.

한국조세연구원 세법연구센터. 2012. 「주요국의 조세동향」, 2012년 제1호.

홍장표. 2014. 「한국의 노동소득분배율 변동이 총수요에 미치는 영향: 임금주도 성 장모델의 적용 가능성」. ≪사회경제평론≫, 43호.

홍종학 의원실. 2012. 「개인소득세 및 법인세 공제감면액 100분위 자료」. 국세청.

Abdelkrim, A. and Jean-Yves Duclos. 2006. *Poverty and Equity: Measurement, Policy and Estimation with DAD*. New York: Springer.

Aghion, Philippe & Peter Howitt. 1998. *Endogenous Growth Theory*. Cambridge MA: The MIT Press.

Badinger, Harald. 2010. "Output Volatility and Economic Growth." *Economic Letters 106*.

Blank, Rebecca M. 2002. "Can Equity and Efficiency Complement Each Other?" *NBER Working Paper 8820*.

Boyer, R. 2000. "The French Welfare: An Institutional and Historical Analysis in European Perspective." *CEPREMAP Working Paper,* No. 2000~2007.

Burger, P. 2003. "Sustainable Fiscal Policy and Economic Stability: Theory and Practice.

Cheltenham: Edward Elgar."

Cheon, B. et al. 2013. "Growing Inequality and its Impacts in Korea." *GINI Inequalities' Impacts: Country Report.*

Esping-Andersen, G. 1990. *The Three Worlds of Welfare Capitalism.* Princeton, N.J. Princeton University Press.

Hausman, R. and M. Gavin. 1996. "Security Stability and Growth in a Shock Prone Region: The Policy Challenge for Latin America." *Inter-American Development Bank Working Paper,* Vol. 315. Washington, D.C.

Hemming, R. and K. Miranda. 1991. "Interest Payments." in Ke-young Chu and R. Hemming. *Public Expenditure Handbook.* Washington, D.C.: International Monetary Fund.

Hoeller, P. et al. 2012. "Less Income Inequality and More Growth: Are They Compatible? Part 1. Mapping Income Inequality Across the OECD." *OECD Economics Department Working Papers,* No. 924. OECD Publishing.

Huber, E. & J. D. Stephens. 2002. "Globalisation, Competitiveness and the Social Democratic Model." *Social Policy and Society*, Vol. 1, No. 1.

IFC and The World Bank. 2013. "Doing Business Database."

Institute for Fiscal Studies. 2011. "Tax By Design: The Mirrlees Review." Oxford: Oxford University Press.

Iversen, T. and A. Wren. 1998. "Equality, Employment and Budgetary Restraint: The Trilemma of the Service Economy." World Politics, Vol. 50.

Smith, A. 1776. *An Inquiry Into The Nature and Causes of the Wealth of Nations.* University of Chicago Press.

Stiglitz, Joseph. E. 2010. *Freefall: American Free Markets and the Sinking of the World Economy.* New York: W.W. Norton & Company, Inc.

Kang, B. G. and M. S. Yun. "Changes in Korean Wage Inequality, 1980~2005." *IZA Discussion Paper*, No. 3780.

KPMG. 2012, "KPMG's Individual Income Tax and Social Security Rate Survey 2012."

Lavoie, M. & E. Stockhammer. 2013. "Wage-led Growth: Concept, Theories and Policies." Lavoie, M. & E. Stockhammer(eds.). *Wage-Led Growth: An Equitable Strategy for Economic Recovery.* Palgrave Macmillan.

Mankiw, N. G. 2000. *Macroeconomics.* New York: Worth Publishers.

Myrdal, G. 1968. *Asian Drama: An Inquiry into the Poverty of Nations.* New York: Twentieth

Century Fund.

Musgrave, R. A. and P. B. Musgrave. 1989. *Public Finance in Theory and Practice,* 5th ed. New York: McGraw-Hill Book Company.

Obinger, H. et al. 2010. *Transformations of the Welfare State: Small States, Big Lessons.* Oxford University Press.

OECD. 2012a. "Revenue Statistics 1965~2011."

_____. 2012b, "Economic Policy Reforms: Going for Growth."

_____. 2013. "OECD Workshop on Inclusive Growth." *Session Notes.*

Piketty, Thomas. 2014. *Capital in the Twenty-First Century.* London: The Belknap Press of Harvard University Press.

Piketty, Thomas, Emmanuel Saez & Stefaine Stantcheva. 2014, "Optimal Taxation of Top Labor Incomes: A Tale of Three Elasticities." *American Economic Journal: Economic Policy,* Vol. 6, No. 1.

Ramey, G. and V. A. Ramey. 1995. "Cross-country Evidence on the Link between Volatility and Growth." *American Economic Review,* Vol. 85, No. 5.

Roux, A. 1993. "The Public Debt: A Medium-term Perspective." *The South African Journal of Economics,* Vol. 61, No. 4.

www.oecdbetterlifeindex.org
www.oecd.org/ctp/federalism/oecdfiscaldecentralisationdatabase.htm
www.oecd.org/els/family/oecdfamilydatabase.htm
www.oecd.org/statistics
www.oecd.org/tax/tax-policy/tax-database.htm

제6장

박근혜 정부의 기초연금과 노령기본소득

강남훈 | 한신대학교 경제학과 교수

1. 머리말

박근혜 후보는 2012년 대선 때 65세 이상의 모든 노인들에게 소득과 자산에 관계없이 1인당 매월 20만 원씩 기초연금을 지급하겠다고 공약했고, 문재인 후보와 3.5% 차이로 당선되었다. 기초연금 공약이 선거 당시 다른 요인들 외에 얼마만큼의 추가적인 득표 효과가 있었는지 정확하게 알 길은 없지만, 박빙의 선거에서 노인층의 투표를 결집시키는 데 상당한 역할을 했을 것이라는 것은 예상할 수 있다. 그러나 박근혜 정부는 당선 이후 보편기초연금 공약을 파기하고, 하위 70%의 노인들만을 선별해 차등적으로 기초연금을 지급하고 있다. 하위 70% 대상자는 소득인정액을 기준으로 선별하고, 선별된 대상자들에 대해서는 국민연금 가입기간을 기준으로 기초연금액수를 차등해서 지급하고 있다.

기본소득(basic income)은 모든 사람들에게 개별적으로(개별성), 노동조건이나 자격심사 없이(무조건성), 소득이나 자산과 관계없이 동일하게 지급되는 소득을 의미한다(동일성).[1] 단, 노인이나 아동과 같이 특정 연령을 대상으로 하는 기본소득은 위의 세 가지 조건을 충족하는 것으로 보고, 기본소득의 범주에 포함시키는 것이 일반적이다. 박근혜 후보의 기초연금 공약은 개별성, 무조건성, 동일성이라는 기본소득의 세 가지 조건을 모두 충족시킨다. 따라서 이는 노령기본소득이라고 할 수 있다. 박근혜는 노령기본소득을 공약하고 당선된 우리나라 최초의 대통령이라고 할 수 있다.[2]

이 글의 주된 목적은 박근혜 정부에서 실시하고 있는 기초연금의 문제점을 살펴보고 그 대안으로서 노령기본소득을 주장하는 것이다. 2절에서는 기초연금이 실시되기까지의 논쟁을 간단히 살펴본다. 3절에서는 차등(선별)소득보장과 기본소득 사이의 일반적 관계를 살펴본다. 4절에서는 현행 기초연금의 문제점을 살펴본다. 특히 국민연금과 연계해서 액수를 차등지급하는 것에 대해 중점적으로 살펴볼 것이다. 5절에서는 현행 기초연금과 노령기본소득의 가구별 수혜와 부담을 분석한다.

2. 기초연금 논쟁

2012년 대선 국면에서 기초노령연금 인상안을 먼저 발표한 것은 문재인 후보였다. 문재인 후보는 2012년 10월 31일 기초노령연금 2배 인상안을 발표했다. 그 후 박근혜 후보는 2012년 11월 5일 대한노인회를 방문해 기초노

---

1) http://www.basicincome.org/bien/aboutbasicincome.html
2) 보편적 무상보육 공약은 기본소득의 조건에 부분적으로만 부합된다. 소득과 관계없이 일정한 금액을 지급한다는 점에서는 기본소득과 같지만, 개별적으로 지급되는 것이 아니라 시설에 지급하고, 시설에 보내는지 여부에 따라서 금액이 달라진다는 점에서 기본소득과 다르다.

<표 6-1> 이명박 정부와 박근혜 후보의 기초연금 공약 비교

구 분		이명박 정부	박근혜 당선인
연금 체계		국민연금과 기초노령연금 통합	동일
		기초노령연금 → 기초연금	동일
기초노령연금	대상	2009년부터 소득하위 80%까지 확대	전체 노인으로 확대
	급여	2028년까지 20만 원으로 확대	2014년부터 20만 원으로 확대
국민연금		완전소득비례연금으로 변경	-

자료: 민주노총(2013).

령연금을 기초연금으로 바꾸면서 대상을 모든 노인으로 확대하고 금액도 20만 원으로 올리겠다고 발표했다. 5년 전, 이명박 후보가 대선을 불과 열흘 앞두고 같은 기관을 방문해서 기초노령연금을 20만 원까지 지급하기로 약속했던 것과 똑같은 방식이었다. 이명박 대통령은 당선 이후 이 공약을 폐기했다. 문재인 후보는 박근혜 후보의 파격적인 공약에 대응하기 위해 80%의 노인들에게 20만 원씩 지급하겠다고 자신의 공약을 수정했지만, 노인인구 밀집지역에 플래카드를 붙이면서 기초연금 공약을 적극적으로 홍보한 박근혜 후보와 달리, 이 노인복지 공약을 적극적으로 홍보하지 않았다.

그러나 모든 노인에게 20만 원을 지급해 '보편기초연금'을 도입하겠다는 대선공약은 대통령직인수위 시절부터 뒷걸음질 쳤다. 인수위는 2월 모든 노인에게 기초연금을 주되, 국민연금의 가입 유무·기간과 연계해 4만 원~20만 원으로 차등지급하겠다는 안으로 한걸음 물러났다. 공약 후퇴라는 비판이 나오자 정부는 각계 대표로 구성된 국민행복연금위원회의 합의안을 바탕으로 정부안을 내겠다고 했으나 혼란만 부추겼다. 3월 꾸려진 위원회는 애초에 인수위안의 문제점을 보완하기 위해 시작했으나, 전문가들이 국민연금 가입자 소득균등분(A값) 연계안, 최저생계비 150% 미만 정액지급안 등을 제안하면서 오히려 인수위안보다 크게 후퇴했다. 정부가 배후에 있다고 본 민주노총·한국노총 등은 위원회를 탈퇴했다.

위원회는 소득 하위 70%에게 소득인정액에 따라 월 20만 원까지 차등지급(1안, 2017년까지 필요 재정 34조 2000억 원), 소득 하위 70%에게 국민연금과 연계하여 월 20만 원까지 차등지급(2안, 36조 1000억 원), 소득 하위 70%에게 월 20만 원 정액지급(3안, 42조 9000억 원)을 최종안으로 발표했다. 3안이 포함되기는 했지만 이는 '구색 갖추기'였을 뿐이고, 앞으로 발표될 정부의 기초연금 도입안은 앞으로 지급대상이 점점 줄어들 1안 혹은 2안 중 하나가 될 것으로 전망된다. 1안과 2안은 인수위안(40조 5000억 원)보다 예산을 절감할 수 있지만 당초의 대선공약에서는 더욱 멀어졌다.[3]

이러한 공약 후퇴에 대해 시민단체는 원래의 공약을 지키라고 요구하면서 강하게 반발했다. "기초노령연금 인상은 단지 몇만 원 더 받는 문제를 넘어, 약속과 신뢰의 문제이자 노후문제에 대한 국가 철학의 문제이다. 지난 대선에서 공약으로 국민에게 약속해 당선됐으면서 말 바꾸기 하는 것은 국민을 무시하고, 우롱하는 것이다. 공약의 핵심내용과 취지를 벗어나거나 왜곡하는 어떤 방안도 사회적으로 수용되기 어려울 것이며, 끝까지 국민과의 약속을 무시한다면 이에 상응하는 정치적 책임을 각오해야 할 것이다."[4]

윤석명(2013)은 보편기초연금에 반대하는 입장을 대변했다. 조세에 기초한 보편기초연금은 재정부담으로 인해 제도의 지속가능성이 없다고 보았다. 건강보험제도의 경우 대부분의 재원을 가입자가 부담하는 보험료로 조달하

---

3) "'모든 노인에 연금 20만 원' 인수위 때부터 후퇴 …… 결국 하위 70%만 차등지급", ≪한국일보≫, 2013년 8월 20일 자.

4) 국민연금 바로세우기 국민행동 기자회견(2013. 6. 18).

고 부족한 재원 일부를 재정으로 충당하고 있는데도, 재정당국은 부족한 재원 마련에 골머리를 앓고 있는 상황에서, 2070년 지출액이 GDP 대비 4.5%로 예측되는 보편기초연금제도의 지속가능성은 매우 낮을 것으로 판단된다는 것이다. 또한 보편기초연금제는 성실하게 국민연금을 납부하지 않은 사람도 혜택을 본다는 점, 가난한 노인과 부자 노인 사이의 격차가 유지된다는 점, 기초연금 도입에 따라 국민연금이 소득비례연금으로 전환되면 국민연금의 소득재분배기능이 약화된다는 점 등의 문제가 있다고 주장했다.

김연명(2013)은 조세에 기초한 보편기초연금을 주장했다. 노인빈곤율이 45%로 OECD 국가 중 가장 높고, 2050년 국민연금 수급자가 63.8%에 지나지 않아 전체 노인 1800만 명 중 약 3분의 1이 생활보장이 되지 않으며, 국민연금 급여 수준이 낮은 현실을 감안할 때, 기초연금을 합쳐서 50%의 소득대체율을 확보할 필요가 있다는 것이다. 재정 부담에서도 전체 노인에게 기초연금을 지급하더라도 국민연금과 기초연금을 합한 지출액은 2050년 GDP의 9.84%로 예상되어, 같은 해 OECD 평균 11.5%에 비해서도 작다는 것이다 (2050년 노인인구 비율은 우리나라가 38%, OECD 평균은 26%로 추정). 이 글의 주제와는 다른 쟁점이지만, 김연명(2013)은 국민연금 재원으로 기초연금을 지급해도 무방하다고 주장했다.

주은우(2011)는 박근혜 정부 이전부터 보편기초연금을 주장했다. 그는 다음과 같은 근거를 제시했다. 선별적 기초노령연금은 국민연금의 기반을 침식할 수 있다. 빈곤노인층에 집중한다고 해도 기초노령연금 급여액은 여전히 낮을 수밖에 없다. 빈곤노인에 대한 현물 공공부조 확충 비용도 똑같이 많이 든다. 소득과 자산조사는 다양한 사회적 비용을 수반한다. 부유층 노인까지 기초연금을 지급하는 것이 문제가 되면 환급형 체제(claw-back system) 도입을 검토할 수도 있다. 캐나다 등의 국가에서 기초연금으로 도입하고 있는 이 제도는 보편기초연금을 지급한 다음, 몇몇 고소득층 노인에게 지급된 연금액의 일부를 소득액에 비례하여 환수하는 것이다.[5]

한편, 박근혜 정부는 2013년 9월 25일 기초연금안을 발표했다. 그 내용은 다음과 같다.

소득 하위 70%에 속하면서 국민연금에 한 번도 가입한 적이 없거나 국민 연금 가입기간이 11년 이하인 이는 20만 원을 모두 받는다. 이때부터 기간이 1년 늘수록 1만 원씩 줄어든다. 20년이 넘어가면 월 수령액은 하한선인 10만 원에 그친다. 2028년 이후 국민연금에 가입하는 이들의 경우, 가입기간이 15 년 이하라면 20만 원을 모두 받지만, 16년부터는 1년마다 월 수령액이 약 6700원씩 줄어드는 구조이다. 이처럼 국민연금 연계 기준이 크게 두 가지로 나뉜 이유에 대해 복지부는 "2028년에는 국민연금 가입자의 소득대체율(국 민연금 가입자의 평균소득 대비 연금지급액)이 40%로 떨어지도록 설계되었기 때문에 이렇게 이중구조가 될 수밖에 없다"라고 설명했다.[6]

야당은 "현재 기초연금 수급액은 월 10만 원 수준인데, '기초노령연금법' 에 따르면 2028년 수급액을 20만 원까지 인상하도록 되어 있다. 그런데 정부 안대로 개정되면 앞으로 국민연금 가입기간이 20년 이상으로 예상되는 30~50대는 기초연금 수급액이 삭감된다. 오히려 공약 전보다 후퇴하는 것 이다"라고 비판했다. 이에 대해 정부는 '기초노령연금법'은 지킬 수 없는 법

---

5) 캐나다의 OAS(노령연금, Old Age Security)는 2013년 현재 매달 546.07달러를 지급한다. 다음 해에 소득을 조사해서 작년 소득이 70954달러가 넘으면 환수(clawback)가 시작된다. 1달러 수입마다 15센트씩 환수하고, 114640달러가 되면 완전히 환수한다. 환수는 다음 해에 받을 OAS에서 환수금을 12로 나눈 값만큼을 매월 줄여서 받는 방식으로 이루어진 다. 환수당하는 노인은 전체 노인의 5%이며, 전액 환수당하는 노인은 2%이다(www. servicecanada.gc.ca).

6) "국민연금 가입 1년 늘 때마다 기초연금 1만 원씩 줄어들어", ≪한겨레신문≫, 2013년 9 월 26일 자.

이라고 주장하면서, 현재 지급되고 있는 금액을 기준으로 하면, "국민연금 가입자는 기존 연금을 다 받고 소득하위 70%에 대해 추가로 10만~20만 원을 받는 것"이라고 말했다. 이 쟁점은 비교 기준이 무엇이 되느냐에 따라 달라지는 문제이다. 기초노령연금 20만 원을 기준으로 하면 국민연금 가입자가 손해지만, 기초노령연금 10만 원을 기준으로 하면 국민연금 가입자가 이득이라는 것이 여당의 주장이다.

또 다른 쟁점 중 하나는 박근혜 정부의 기초연금안에 따를 경우 국민연금 가입기간이 길수록 불리한지 여부다. 박 대통령은 기초연금 공약을 둘러싼 논란에 대해 "일부에서 국민연금 가입기간이 길수록 손해라는 주장은 사실과 다르다"라며 "가입기간이 길수록 가입자가 받는 총급여액은 늘어나 더 이익이 된다. 어떤 경우에도 연금에 가입한 분들이 지금보다 더 많이 받게 되도록 되어 있고, 연금에 가입해서 손해 보는 분은 없다"라고 주장했다.[7]

좀 더 구체적으로 "정부는 2028년 이후 1년 증가할 때마다 기초연금액은 월 6700원 감소하고 국민연금은 1만 원 증가하도록 설계했다. 결과적으로 국민연금을 오래 가입하면 월 3300원 이득이다. 그러나 인센티브는 그리 크지 않다는 평가다. 김연명 중앙대 사회복지학과 교수는 "월 3300원은 장기가입 유인효과가 떨어진다"라며 "국민들은 복잡한 연금 구조를 이해하지 못하기 때문에 오래 가입할수록 기초연금액이 줄어든다는 것만 인지해 장기가입을 꺼리게 될 것'이라고 지적했다"[8]라고 설명하고 있다.

여기서 국민연금 가입기간이 1년 늘 때마다 월 연금액이 1만 원 증가한다

---

7) "박근혜 대통령, 기초연금 모두 지급 못 해 죄송 ⋯⋯ 공약 포기는 아냐", 《민중의 소리》, 2013년 9월 26일 자.

8) "국민연금 가입 30, 40대 대부분 10만 원만 받아 '세대 갈등'", 《한국일보》, 2013년 9월 26일 자.

는 주장은 어떻게 추정했는지 그 근거가 보도되지 않았다. 그리고 이 문제에 대해 다른 각도에서 2013년 9월 29일 청와대 복지수석이 직접 상세한 해명을 했는데 이에 대해서는 4절에서 비판할 것이다.

2014년 5월 국민연금 개정안에 대한 여야 합의가 이루어졌다. 합의안의 요지는, 4절에서 다시 언급하겠지만, 국민연금액과 기초연금액을 합산한 금액이 월 50만 원 이하인 가입자들에 대해 합산한 금액이 50만 원이 되도록 기초연금액을 조정하는 것이다. 전체 노인의 70%를 소득인정액을 기준으로 선별하고, 선별된 대상자들에 대해서는 국민연금 가입기간을 기준으로 기초연금액수를 차등해서 지급하는 것은 마찬가지이다. 2014년 7월부터 이와 같은 방식으로 기초연금이 지급되고 있다.

3. 차등소득보장과 기본소득 사이의 일반적 관계

보통 사람들은 보편소득보장(기본소득)과 차등소득보장을 아주 다른 제도로 인식하고 있지만, 경제학적으로 보면 두 제도의 차이가 그렇게 큰 것은 아니다. 여기서는 모든 재원을 증세를 통해서 마련하는 경우를 전제로 두 제도 사이의 공통점과 차이점을 살펴볼 것이다.[9]

1) 마찰이 없는 경우

마찰이 없는 경우란 국가가 사람들의 소득과 자산 등에 대해 완전한 정보

---

[9] 이 절은 강남훈(2013a)의 글에서 주장한 것을 이 글의 목적에 맞게 수정·요약한 것이다.

를 가지고 있고, 사람들은 완전하게 합리적으로 행동하는 것을 말한다. 이 경우, 차등소득보장과 기본소득이 동일한 결과를 낳도록 설계할 수 있다. 조세와 급부를 결합시키면 밀턴 프리드먼(Milton Friedman)의 음소득세(negatvie income tax)와 기본소득이 같은 정책 효과를 가질 수 있다. 다음의 몇 가지 명제를 살펴보자.

(1) 정태적 관계

명제 ①: 기본소득을 차등소득보장과 동일한 재분배효과를 가지도록 설계할 수 있다. <표 6-2>에서 기본소득은 차등소득보장과 비교할 때 모든 계층에서의 순수혜액도 동일하고 재분배 규모도 동일하다. 일반적으로 이 명제의 역도 성립한다. 즉, 차등소득보장을 기본소득과 동일한 재분배효과를 갖도록 설계하는 것도 가능하다는 것이다. 이 글에서 재분배 규모란 순수혜금액의 합계 또는 순부담금액의 합계를 의미한다.

〈표 6-2〉 동일한 효과

	계층	1	2	3	4	5	계
차등소득보장	시장소득	0	100	150	250	500	1,000
	보조금	50	25	12.5	0	0	87.5
	조세	0	0	0	12.5	75	87.5
	순수혜	+50	+25	+12.5	-12.5	-75	재분배 규모 87.5
기본소득	계층	1	2	3	4	5	계
	시장소득	0	100	150	250	500	1,000
	보조금	50	50	50	50	50	250
	조세	0	25	37.5	62.5	125	250
	순수혜	+50	+25	+12.5	-12.5	-75	재분배 규모 87.5

<표 6-3> 1인당 보조금이 일정할 때 수혜대상의 확대

	계층	1	2	3	4	5	계
차등소득보장	시장소득	0	100	150	250	500	1,000
	보조금	50	0	0	0	0	50
	조세	0	5	7.5	12.5	25	50
	순수혜	+50	-5	-7.5	-12.5	-25	재분배 규모 50
기본소득	계층	1	2	3	4	5	계
	시장소득	0	100	150	250	500	1,000
	보조금	50	50	50	50	50	250
	조세	0	25	37.5	62.5	125	250
	순수혜	+50	+25	+12.5	-12.5	-75	재분배 규모 87.5

명제 ②: 동일한 재분배효과를 가지는 경우, 기본소득이 차등소득보장보다 조세와 보조금의 명목금액이 더 크다. <표 6-2>를 보면 재분배 규모는 동일하지만 기본소득의 경우, 조세와 보조금의 금액은 250으로 훨씬 크다.

명제 ③: 무상급식, 무상보육과 같이 1인당(계층, 가구 등) 보조금이 일정하게 책정되는 정책이 있다. 이러한 정책에서는 기본소득의 경우 수혜 계층이 늘어나고, 부자들의 순부담이 증가하며, 재분배 규모가 더 커진다. <표 6-3>을 보면 기본소득의 경우에는 3계층까지가 순수혜 계층이 되고, 최상위 계층의 순부담은(-75) 차등소득보장의 경우(-25)의 3배가 된다. 1인당 보조금이 동일한 소득보장 정책의 경우 이러한 관계를 염두에 둘 필요가 있다. 부자들이 보편적 무상급식에 반대하는 것은 본인들의 부담이 커지는 것과 관련이 있다.

명제 ④: 일반적으로 시장소득이 양극화될수록 기본소득으로 인한 수혜

〈표 6-4〉 시장소득이 양극화될 때

	계층	1	2	3	4	5	계
기본소득 I	시장소득	0	100	150	250	500	1,000
	보조금	50	50	50	50	50	250
	조세	0	25	37.5	62.5	125	250
	순수혜	+50	+25	+12.5	-12.5	-75	재분배 규모 87.5
기본소득 II	계층	1	2	3	4	5	계
	시장소득	0	100	150	250	1,500	2,000
	보조금	50	50	50	50	50	250
	조세	0	12.5	18.75	31.25	187.5	250
	순수혜	+50	+37.5	+31.25	+18.75	-137.5	재분배 규모 137.5

계층은 더 늘어나고, 최상위 계층의 부담은 더 커져, 그 결과 재분배 규모가 더 커지는 경향이 있다(<표 6-4>).

(2) 동태적 관계

명제 ①: 현재 상태가 무복지(시장소득) 상태일 때 차등소득보장보다 기본소득에 대한 찬성이 늘어나도록 설계하는 것이 가능하다.[10] 예를 들어 70% 차등소득보장보다 80% 차등소득보장에서 이득을 보는 사람이 많아지도록 설계할 수 있다. 추가적인 10%의 사람들에게 보조하는 데 필요한 조세를 80% 이상의 사람들에게 부과하면 된다. 그런데 명제 (1) - ①에 의해 80% 차등소득보장과 동일한 재분배효과를 갖는 기본소득이 존재한다. 따라서 70% 차등소득보장보다 이득을 보는 계층이 많아지도록 기본소득을 설계할 수 있다. 일반적으로 이 명제의 역도 성립한다. 2012년 대선에서 박근혜 후보는

---

10) 이 절에서는 합리성을 전제로 순수혜자는 찬성하고 순부담자는 반대한다고 가정한다.

	계층	1	2	3	4	5	계
현재 상태 기본소득	시장소득	0	100	150	250	1,500	2,000
	보조금	50	50	50	50	50	250
	조세	0	12.5	18.75	31.25	187.5	250
	순수혜(A)	50	37.5	31.25	18.75	-137.5	137.5
기본소득 증가	계층	1	2	3	4	5	계
	시장소득	0	100	150	250	1,500	2,000
	보조금	60	60	60	60	60	300
	조세	0	15	22.5	37.5	225	300
	순수혜(B)	60	45	37.5	22.5	-165	165
	추가 효과(B-A)	10	7.5	6.25	3.75	-27.5	
기본소득 감소	계층	1	2	3	4	5	계
	소득	0	100	150	250	1,500	2,000
	보조금	40	40	40	40	40	200
	조세	0	10	15	25	150	200
	순수혜(D)	40	30	25	15	-110	110
	추가 효과(D-A)	-10	-7.5	-6.25	-3.75	27.5	

문재인 후보의 기초노령연금보다 찬성자가 더 많은 기초연금을 선택했다.[11]

　　명제 ②: 현재 상태가 기본소득일 때, 보조금과 조세의 인상에 대해 과반수가 찬성하게 만들 수 있다. 그러나 보조금과 조세의 인하에 대해 과반수가 찬성하게 만드는 것은 현실적으로 거의 불가능하다(<표 6-5>).

---

11) 반대로 대학 등록금의 경우 박근혜 후보는 문재인 후보의 보편적 등록금 지원보다 찬성자가 더 많은 선별적 등록금 지원(국가장학금)을 선택했다.

〈표 6-6〉 현재 상태가 차등소득보장일 때 보조금 인하

	계층	1	2	3	4	5	계
현재 상태 차등소득 보장	시장소득	0	100	150	250	1,500	2,000
	보조금	50	0	0	0	0	50
	조세	0	2.5	3.75	6.25	37.5	50
	순수혜(A)	50	-2.5	-3.75	-6.25	-37.5	50
	계층	1	2	3	4	5	계
금액 감소	소득	0	100	150	250	1,500	2,000
	보조금	40	0	0	0	0	40
	조세	0	2	3	5	30	40
	순수혜(C)	40	-2	-3	-5	-30	40
	추가 효과(C-A)	-10	0.5	0.75	1.25	7.5	

명제 ③: 현재 상태가 50% 이하의 차등소득보장(예를 들어 하위 20%까지의 소득보장)일 때 보조금 인상에 대해 과반수가 찬성하도록 만들 수 없다. 반대로 보조금 인하에 대해서는 과반수가 찬성하게 된다(<표 6-6>).

명제 ④:현재 상태가 50% 이하(예를 들어 하위 20%까지의 소득보장)의 차등소득보장일 때, 보조금 대상을 50% 이하의 범위에서 늘리는 것(예를 들어 하위 30%까지의 소득보장)에 대해서는 과반수가 반대하게 된다. 반대로 보조금 대상을 축소하는 것(예를 들어 하위 10%까지의 소득보장)에 대해서는 과반수가 찬성하게 된다(<표 6-7>).

이상의 분석으로부터 정태적으로는 차등소득보장과 기본소득이 동일한 정책이 될 수 있지만, 동태적으로는 매우 다른 효과를 가져올 수 있다는 것을 알 수 있다. 명제 (2) - ②, ③, ④에서 확인할 수 있듯이, 차등소득보장은 재분

<표 6-7> 현재 상태가 차등소득보장일 때 수혜대상 증가

	계층	1	2	3	4	5	계
현재 상태 차등소득 보장	시장소득	0	100	150	250	1,500	2,000
	보조금	50	0	0	0	0	50
	조세	0	2.5	3.75	6.25	37.5	50
	순수혜(A)	50	-2.5	-3.75	-6.25	-37.5	50
대상 증가	계층	1	2	3	4	5	계
	시장소득	0	100	150	250	1,500	2,000
	보조금	50	25	0	0	0	75
	조세	0	3.75	5.625	9.375	56.25	250
	순수혜(B)	50	21.25	-5.625	-9.375	-56.25	71.25
	추가 효과(B-A)	0	23.75	-1.875	-3.125	-18.75	

배를 축소하는 경향이 있고, 기본소득은 재분배를 확대하는 경향이 있다.

2) 마찰이 있는 경우

(1) 행정비용

차등소득보장과 기본소득은 마찰이 없을 때는 동일한 분배효과를 가질 수 있지만, 마찰이 있으면 여러 측면에서 큰 차이가 생긴다. 행정비용이 존재하는 경우에는 차등소득보장보다 기본소득이 효율적이라고 할 수 있다. 조세를 징수하는 행정비용은 차등소득보장과 마찬가지이나, 보조금을 지급하는 행정비용이 들지 않기 때문이다.

차등소득보장을 10~20% 정도의 하위 계층에 한정해서 지급하면, 보조금 지급대상을 선별하는 데 큰 행정비용이 들지 않는다. 예를 들어 의료보험료만 조사해보더라도 소득이나 재산을 거의 파악할 수 있다. 그러나 보조금 지급 대상이 70~80% 정도로 늘어나면 소득의 원천이 노동소득, 부동산소득, 금융소득 등으로 다양화되기 때문에 행정비용이 급격하게 늘어난다. 이 경우 행정비용을 적게 들이면 불공정한 결과가 초래된다.

행정비용의 크기는 처리기간을 보면 짐작할 수 있다. 2013년 9월 현재 기초노령연금의 처리기간은 30일이다.[12] 이렇게 처리기간이 길다는 것은 소득인정액을 계산하기 위해 조사해야 하는 사항들이 매우 많고 그에 따르는 운용비용이 매우 크다는 것을 의미한다.[13] 1인당 처리비용뿐만 아니라 대상 이외의 사람들이 신청할 때의 처리비용도 문제가 된다. 예를 들어 80%의 사람들에게 선별적으로 기초연금을 지급하기로 한다면, 일단 90% 정도의 사람들까지도 기초연금을 신청할 것이므로 그만큼 행정비용은 증가한다. 신청하지 않고 상담만 하는 사람들에 대한 상담비용도 적지 않다. 정부나 금융기관의 행정비용뿐만 아니라, 신청자가 서류를 떼고 제출하는 과정에서의 행정비용도 상당할 수 있다.

(2) 사각지대

기본소득의 경우에는 그렇지 않지만, 차등소득보장의 경우 광범위한 사각지대가 발생하는 문제가 있다. 행정비용을 아무리 많이 들여 확인하더라도

---

12) "1. 보장구분별 처리기한은 기초생활보장 14일, 한부모가족 14일, 영유아 보육·유아 학비 30일, 기초노령연금 30일, 장애인 활동지원 30일, 장애인연금 30일, 특별청소년 30일, 사회복지서비스 20일, 초·중·고 학생 교육비 지원 60일 이내입니다[사회복지서비스 및 급여 제공(변경) 신청서 2012. 12. 21일 개정]."

13) 금융자산을 조사할 때는, 가족 구성원 전체의 금융정보제공 동의서를 받아 금융기관별로 공문을 보낸 후 회신을 기다려야 한다. 시청이나 구청의 공무원뿐만 아니라 은행·보험·증권회사별로 복지부로부터 공문 요청이 있을 때, 해당되는 사람들의 금융자산에 대한 정보를 조사해서 제공하는 업무를 담당하는 직원들이 필요하다. 금융정보를 부동산등기부처럼 한곳으로 모으면 처리비용을 획기적으로 줄일 수 있겠지만, 금융자산 소유자들의 반발이 극심할 것이다.

구체적인 사정을 낱낱이 파악하기 어렵다. 소득 변동이 생겼을 때 그것을 처리하는 동안은 미수급상태가 된다.

(3) 도덕적 해이

차등소득보장의 경우 사람들이 자신의 소득과 자산을 속이는 잘못된 행동을 유발할 수 있다. 소득이나 자산을 속이면 수백만 원의 이득이 생긴다고 할 때 유혹에 빠져들지 않을 사람이 얼마나 될까? 현재도 사람들은 복지급여를 신청할 때 금융자산을 친인척 명의로 옮겨놓고 나서 서류를 제출하는 행동을 하고 있다. 경우에 따라서는 자식과 별거하는 등 가족 관계에도 영향을 끼칠 수 있다.

(4) 소득역전

차등소득보장의 경우 선별된 집단의 최상층이 선별에서 배제된 집단의 최하층보다 사후 소득이 많아지는 소득역전 현상이 발생할 수 있다. 이것을 문턱효과(threshold effect)라고 한다. 소득역전 현상은 보조금과 조세의 액수나 비율이 달라지는 구간마다 발생할 수 있다. 그래서 EITC(근로장려세제, Earned Income Tax Credit)처럼 일정한 범위에서는 구간을 잘게 나누고 보조금 지급을 소득세처럼 정교하게 줄여나가는 것으로 소득역전 현상이 발생을 막을 수 있다. 그러나 그렇게 하면 행정비용이 추가되거나 공평성이 훼손되는 문제가 생긴다.

(5) 경제활동 전환 및 노동유인 감소

정책에 의해 사람들이 더 유리한 위치로 자신의 경제활동을 전환하게 되는 효과를 전환효과라고 부를 수 있다. 전환효과는 경제 상태에 따라서 시장에서의 왜곡을 정정하는 좋은 방향일 수도 있고, 왜곡을 일으키는 나쁜 방향일 수도 있다. 차등소득보장의 문제 중 하나는 노동유인의 감소이다. 소득 역전 현상이 있다면 당연히 노동유인이 감소할 것이다. 소득역전 현상이 없더라도 노동에서의 소득증가액이 노동에 따르는 (주관적)비용을 능가하지 않는다면, 노동을 할 이유가 없다. 복지함정은 차등소득보장 정책으로 인해 노동유인이 0이 되는 경우이다. 기초연금과 관련해서는 아파트 경비원이 기초연금을 못 받게 되는 문제가 사회적인 논란이 되었다.

(6) 낙인효과

일반적으로 차등소득보장의 경우에는 낙인효과가 있지만 기본소득의 경우에는 낙인효과가 없다. 그러나 전체 노인의 70%에게 지급하는 기초연금의 경우에는 낙인효과가 크지 않을 것이다. 과반수가 넘고, 사회 통념상 일을 해서 돈을 벌어야 하는 나이를 넘은 사람들이기 때문이다.

4. 박근혜 정부의 기초연금에 대한 비판

1) 일반적인 비판

(1) 공약 파기

박근혜 대통령은 당선 직후 기초연금 공약을 파기했다. 2014년 7월부터 전체 노인이 아니라 70%의 노인을 대상으로 기초연금을 지급하고 있다. 이러한 중대한 공약 파기를 했음에도 상당한 기간 높은 지지율을 유지한 것은 상당히 이례적인 일이라고 할 수 있다.

박근혜 정부는 상위 30%의 노인뿐만 아니라 기초생활수급자 노인들에 대해서도 공약을 파기한 셈이다. 기초생활수급자들에게 기초연금을 지급하는 대신, 그만큼 기초생활수급액을 줄여버렸기 때문이다. 정부는 보충급여[14] 원리 때문에 불가피한 일이라고 하지만, 박근혜 대통령의 공약을 믿고 생활 향상을 기대했던 40만 명의 기초생활수급자들은 신뢰를 상실했고, 커다란 절망을 느꼈다(오건호, 2014).

(2) 재정 위기

박근혜 대통령은 소위 '증세 없는 복지'를 공약했고, 현재까지 이 공약은 충실히 지켜지고 있다. 그러나 기초연금, 무상보육 같은 예산의 상당 부분을 지방정부에 떠넘겨 버리는 편법을 썼다. 이로 인해 지방정부는 재정적으로 큰 타격을 받고 있고, 정상적인 재정운영이 불가능한 상태이다. 전국 226개 지자체장들은 2014년 9월 3일 집단적으로 복지 디폴트(지급 불능) 선언을 예고했다.[15] 재정 위기가 닥치자 정부는 담뱃값 인상, 주민세, 자동차세 인상, 소득공제 축소 등을 추진했다. 그러나 이러한 방안은 강력한 반대 여론에 직면해 주춤하고 있는 상태이다. 지금이라도 증세 없는 복지 공약에 대해 사과하고, 우회적으로 서민 증세를 추진하는 것이 아니라, 소득세와 법인세를 보편적, 누진적으로 인상하는 것이 재정위기를 해결하는 최선의 방법이라고 판단된다.

---

14) 기초생활 생계급여는 최저생계비와 수급자 소득인정액의 차액을 보충하는 급여이므로 늘어난 소득인정액만큼 생계급여를 낮춰야한다는 주장(오건호, 2014)을 의미한다.

15) "226곳 기초단체 '정부 추가지원 않으면 복지 디폴트 선언'", ≪한겨레신문≫, 2014년 9월23일 자.

(3) 사각지대

사각지대도 문제가 될 수 있다. 소득인정액을 정밀하게 조사하면 사각지대를 줄일 수 있지만, 조사하는 데 무한정 비용을 들일 수는 없다. 가구 자산이나 소득이 변할 때마다 소득인정액을 조사하는 것은 특별한 경우가 아니라면 어려울 것이다. 따라서 일단 대상자가 아니라는 판정을 받은 뒤 자산이나 소득이 줄어든 가구의 경우에는 다음번 심사까지 상당 기간 기초연금을 받지 못할 가능성이 있다.

(4) 도덕적 해이

사각지대가 자격이 있는 사람이 기초연금을 못 받게 되는 문제를 의미한다면, 반대로 도덕적 해이란 자격이 없는 부자가 기회주의적 행동을 함으로써 기초연금을 받게 되는 문제를 말한다. 2013년 가을 국정감사자료에 따르면 도곡동 타워팰리스 거주자 56명이 기초노령연금을 받고 있었다. 이들 중 29명은 소득인정액이 0원이어서 기초연금이 도입되더라도 20만 원을 그대로 받게 되어 있었다. 정부는 2013년 겨울, 이러한 도덕적 해이를 막기 위해 자녀 명의의 고가 재산에 대해서도 소득인정액 평가에 고려하기로 했다.[16] 그러나 자녀에게 상속한 고액 금융자산에 대해서는 규정이 없고, 부동산의 경우에도 2촌 이상의 친척 집과 맞바꿔 산다면 그것은 재산의 범위에 들어가지 않으므로 도덕적 해이를 완전히 막을 수는 없다.

---

[16] "본인 및 배우자가 1촌 이내의 직계비속이 소유하는 주택(주택가격이 보건복지부장관이 정해 고시하는 금액 이상인 경우에 한정한다)에 거주하는 경우에는 보건복지부령으로 정하는 방법에 따라 산정된 금액은 소득으로 보아 제1항에 따른 소득의 범위에 포함한다." (기초연금법 시행령, 제2조 제2항), "제1호 각 목 및 제2호 각 목에 해당하는 재산 중 2011년 7월 1일 이후 다른 사람에게 증여한 재산 또는 처분한 재산(재산을 처분한 금액으로 다른 재산의 구입, 부채의 상환, 의료비의 지급 등 본인 및 배우자를 위해 소비한 사실이 입증된 경우는 제외한다)"[기초연금법 시행령, 제3조(재산의 범위) 제1항 제3호].

〈표 6-8〉 국민연금 가입기간별 총연금액(20년 수급 가정)

가입기간	낸 돈 (보험료 납부액)	받는 돈			이익 (받는 돈 - 낸 돈)
		국민연금	기초연금	합계	
0년	0	0	48,000,000 (200,000원× 12개월×20년)	48,000,000 (200,000원× 12개월×20년)	48,000,000
11년	11,880,800 (90,000원× 12개월×11년)	44,011,200 (183,380원× 12개월×20년)	48,000,000 (200,000원× 12개월×20년)	92,011,200 (383,380원× 12개월×20년)	80,131,200
20년	21,600,000 (90,000원× 12개월×20년)	76,651,200 (319,380원× 12개월×20년)	37,950,400 (158,127원× 12개월×20년)	114,601,600 (477,507원× 12개월×20년)	93,011,600
30년	32,400,000 (90,000원× 12개월×30년)	112,615,200 (469,230원× 12개월×20년)	24,000,000 (100,000원× 12개월×20년)	136,615,200 (569,230원× 12개월×20년)	104,215,200

자료: 청와대 홈페이지(2013. 9. 20).

2) 국민연금과의 연계에 대한 비판

만약 정부가 발표한 국민연금 가입기간 기준 중 차등연금안을 적용했을 경우, 국민연금 가입기간이 늘어날수록 가입자가 불리해진다면 국민연금제도의 근간은 흔들릴 것이다. 이는 새로 도입되는 정책이 기존의 정책을 붕괴시키는 것이므로 매우 심각한 문제이다. 국민연금 가입기간이 길수록 불리해진다는 주장이 나오자, 청와대는 2013년 9월 29일 고용복지수석이 다음과 같은 표(〈표 6-8〉)를 제시하면서 국민연금의 가입기간이 길수록 이득이 된다고 주장했다.

"위의 표(〈표 6-8〉)를 기초로 다시 한 번 정리해서 말씀드리면 이분의 경우, 11년보다도 20년, 20년보다도 30년을 장기가입하면 할수록 받게 되는 국민연금과 기초연금을 합한 총연금액도 늘어나고, 본인이 낸 보험료를 뺀

<표 6-9> 11년 가입자의 시간별 납부와 수급의 흐름.

나이(세)	53	54	55	56	57	58	59	60	61	62	63	64	65	66	...	84
납부/수급 여부	납부	납부	납부	납부	납부	납부	납부	납부	납부	납부	납부	기준	수급	수급	...	수급

순 총연금액도 커집니다. 그러므로 국민연금에 장기가입해서 보험료를 성실히 납부하면 할수록, 장기가입하면 할수록 이득이 되는 구조로 공적 노후보험체계가 설계되어 있다는 것을 말씀드립니다. 이 점을 다시 한 번 정확하게 이해해 주시기를 바라면서 장기가입자들이 손해라는 것은 결코 사실이 아니라는 말을 드립니다."[17]

그러나 이 주장은 할인율(이자율)을 고려하지 않았기 때문에 신뢰성이 없다. 시간에 따른 현금 흐름은 할인율을 고려해서 현재가치(또는 미래가치)로 환산해 일관되게 비교해야 한다는 것은 경제학의 상식에 속하는데, 청와대는 상식에 어긋나는 비정상적인 해명을 한 것이다.

다음의 가정하에서 <표 6-8>에 나오는 11년, 20년, 30년 가입자의 순수령액(국민연금 수령액+기초연금 수령액 - 국민연금 납부액)의 현재가치를 비교하기로 한다. 각 가입자는 63세가 될 때까지 그 직전 11년, 20년, 30년 동안 연금을 납부한다고 해보자. 예를 들어 11년 가입자의 나이별 납부와 수급의 흐름은 <표 6-9>와 같다고 가정한다.

노령연금은 미래 수명 연장을 고려하여 65세부터 20년 동안 수급한다고 가정한다. 그리고 64세가 되는 시점에서의 현재가치를 기준으로 비교한다. 계산을 간단히 하기 위해 할인율은 연 단위로 적용한다. 할인율을 r, 할인인자를 $d(=1/1+r)$라고 표기한다. 일단 할인율 r을 3%라고 가정하면, 다음과 같은 결과를 얻는다.

---

17) 기초연금 관련 고용복지수석 브리핑(2013. 9. 29).

(1) 11년 가입자

11년 가입자의 64세 시점에서 납부액의 현재가치는(연간 1,080,000원씩 납부 시),

$1,080,000원 \times (1+r)^{11} + 1,080,000원 \times (1+r)^{10} + \cdots + 1,080,000원 \times (1+r)^1 = 14,247,392원$ (1)

국민연금 수급액의 현재가치는(연간 2,200,560원씩 수령 시),[18]

$2,200,560원 \times d^1 + 2,200,560원 \times d^2 + \cdots + 2,200,560원 \times d^{20} = 32,738,776원$ (2)

기초연금의 현재가치는(연간 2,400,000원씩 수령 시),

$2,400,000원 \times d^1 + 2,400,000 \times d^2 + \cdots + 2,400,000 \times d^{20} = 35,705,940$ (3)

즉, 순수령액의 현재가치는, (2)+(3) - (1) = 54,197,324이다.

(2) 20년 가입자

20년 가입자의 64세 시점에서 납부액의 현재가치는(연간 1,080,000원씩 납부 시),

$1,080,000원 \times (1+r)^{20} + 1,080,000원 \times (1+r)^{19} + \cdots + 1,080,000원 \times (1+r)^1 = 29,890,605원$ (1)

---

18) 연간 국민연금과 기초연금 수급액은 위의 청와대 표를 그대로 활용한 것이다.

국민연금 수급액의 현재가치(연간 3,832,560원씩 수령 시),

$3,832,560$원 $\times d^1 + 3,832,560$원 $\times d^2 + \cdots + 3,832,560$원 $\times d^{20}$

$= 57,018,815$원 (2)

기초연금의 현재가치(연간 1,897,524원씩 수령 시),

$1,897,524$원 $\times d^1 + 1,897,524$원 $\times d^2 + \cdots + 1,897,524$원 $\times d^{20}$

$= 28,230,366$원 (3)

즉, 순수령액의 현재가치는, (2)+(3) - (1) = 55,358,576원이다.

(3) 30년 가입자

30년 가입자의 64세 시점에서 납부액의 현재가치는(연간 1,080,000원씩 납부 시),

$1,080,000$원 $\times (1+r)^{30} + 1,080,000$원 $\times (1+r)^{29} + \cdots + 1,080,000$원 $\times$ $(1+r)^1 = 52,922,892$원 (1)

국민연금 수령액의 현재가치(연간 5,630,760원씩 수령 시),

$5,630,760$원 $\times d^1 + 5,630,760$원 $\times d^2 + \cdots + 5,630,760$원 $\times d^{20}$

$= 83,771,490$원 (2)

기초연금의 현재가치(연간 1,200,000원씩 수령 시)

$1,200,000$원 $\times d^1 + 1,200,000$원 $\times d^2 + \cdots + 1,200,000$원 $\times d^{20}$

$= 17,852,970$원 (3)

<표 6-10> 순수령액의 현재가치(할인율이 3%일 때)

(단위: 원)

가입 기간	납부금	국민연금	기초연금	순수령액	순수령액 (기초연금 제외)
11년	14,247,392	32,738,776	35,705,940	54,197,324	18,491,384
20년	29,890,605	57,018,815	28,230,366	55,358,576	27,128,210
30년	52,922,892	83,771,490	17,852,970	48,701,568	30,848,598

즉, 순수령액의 현재가치는, (2)+(3) - (1) = 48,701,568원이다.

30년 가입자는 20년 가입자와 비교했을 때, 불리해진다. 이상의 계산결과를 표로 만들면 <표 6-10>과 같다. <표 6-10>에서 확인할 수 있듯이, 순수령액의 현재가치는 20년 가입자의 경우가 가장 크다. 30년 가입자는 20년 가입자보다 줄어든다. 마지막 열은 기초연금이 없을 때의 순수령액(국민연금 수령액의 현재가치 - 납부액의 현재가치)의 현재가치를 보여준다. 기초연금이 없었다면 가입기간이 길수록 현재가치가 커진다. 그러나 기초연금이 도입되면서 30년 가입자가 더 불리해지는 것이다.

이상의 계산 결과는 할인율의 크기에 따라 민감하게 달라진다. <표 6-11>은 할인율이 2.0%, 2.1%, 3.3%, 3.4%일 때 순수령액의 현재가치를 각각 표시한 것이다.

<표 6-11>를 살펴보면, 할인율이 2.0% 이하일 때는 국민연금을 오래 가입할수록 이익이 된다. 할인율이 2.1%부터 3.3%일 때는 가입기간 20년이 가장 유리해진다. 할인율이 3.4% 이상이 되면 가입기간 11년이 가장 유리해진다. 요약하면 2.1% 이상의 이자율에서부터 장기가입자가 불리해지는 현상이 나타난다. 마지막 열을 보면 기초연금이 없을 경우 <표 6-11>의 표에 나오는 모든 이자율에서 국민연금 가입기간이 길수록 유리하다는 것을 확인

〈표 6-11〉 순수령액의 현재가치(할인율이 2.0%, 2.1%, 3.3%, 3.4%일 때)

(단위: 원)

할인율	가입기간	납부금	국민연금	기초연금	순수령액	순수령액(기초연금 제외)
2%	11년	13,405,057	35,982,310	39,243,440	61,820,693	22,577,253
	20년	26,765,983	62,667,849	31,027,237	66,929,104	35,901,867
	30년	44,689,796	92,070,997	19,621,720	67,002,921	47,381,201
2.1%	11년	13,486,783	35,637,474	38,867,351	61,018,041	22,150,691
	20년	27,060,638	62,067,272	30,729,888	65,736,522	35,006,634
	30년	45,440,983	91,188,635	19,433,675	65,181,327	45,747,652
3.3%	11년	14,511,253	31,848,875	34,735,385	52,073,007	17,337,622
	20년	30,909,458	55,468,937	27,463,011	52,022,490	24,559,479
	30년	55,733,282	81,494,424	17,367,693	43,128,834	25,761,141
3.4%	11년	14,600,387	31,560,139	34,420,481	51,380,232	16,959,751
	20년	31,257,969	54,966,065	27,214,037	50,922,133	23,708,096
	30년	56,708,583	80,755,610	17,210,240	41,257,268	24,047,027

할 수 있다. 국민연금에는 소득세가 부과되고 기초연금에는 소득세가 부과되지 않는다는 점을 추가적으로 고려하면, 2.1%보다 낮은 이자율에서부터 장기가입자가 불리해지는 현상이 나타날 것이다.

2014년 5월 여야 합의 과정에서 국민연금액과 기초연금을 합쳐 50만 원 이하인 경우에는 50만 원이 되도록 기초연금을 보정하기로 합의했기 때문에, 국민연금액이 40만 원 이하인 경우 이 절에서의 분석과 현재가치의 크기에서 다소 차이가 난다(<표 6-12> 참조).

그러나 두 가지 점을 주목해야 한다. 첫째, 국민연금을 40만 원 이상 받는 경우에는 아무런 변화가 없으므로, 국민연금 장기가입이 불리해진다는 이 절의 결론에는 변함이 없다. 참고로 2012년, 20년 이상 가입자의 99.8%가 노

<표 6-12> 국민연금액별 기초연금액

국민연금액	가입기간 15년(2013년까지 가입 기준)	
	당초 정부안	여야 합의안
30만 원	16만 원(총 46만 원)	20만 원(총 50만 원)
33만 원	16만 원(총 49만 원)	17만 원(총 50만 원)
37만 원	16만 원(총 53만 원)	16만 원(총 53만 원)
40만 원	16만 원(총 56만 원)	16만 원(총 56만 원)

자료: 보건복지부 보도자료(2014. 5. 2).

<표 6-13> 가입기간에 따른 국민연금(노령연금) 월수급액별 수급자 수

(단위: 명)

수급액 (천 원)	100 미만	100~ 200	200~ 300	300~ 400	400~ 500	500~ 600	600~ 700	700~ 800	800~ 900	900~ 1000	1000 이상	계
가입 기간 20년 이상	3	4	6	212	3,247	14,300	20,630	22,861	19,141	14,652	30,574	125,630
가입 기간 10~20 년	10	15,571	235,406	188,222	104,949	66,345	42,916	26,613	17,117	11,729	10,065	718,943

자료: 국민연금(2014)에서 작성.

령연금 월급여액이 40만 원을 넘었다.

둘째, 장기가입자가 불리한 현상은 오히려 강화되었을 것이다. <표 6-12>에서 확인할 수 있듯이, 합의 과정에서 수급액이 작을수록 기초연금을 더 많이 받게 되어 있다. 그런데 <표 6-13>을 보면 일반적으로 가입기간이 짧을수록 수급액이 적어진다는 것을 알 수 있다. 따라서 가입기간이 길수록 불리해지는 경향은 더욱 강화되었을 것이다.[19)]

---

19) 좀 더 완벽한 분석을 위해서는 국민연금 가입기간별 국민연금 및 기초연금 수급액이 공표되어야 할 것이다.

5. 가구별 수혜와 부담 시뮬레이션

이 절에서는 복지패널 7차 자료를 이용해 기초연금과 노령기본소득의 가구별 재분배 효과를 비교해보려고 한다. 노령기본소득은 박근혜 후보의 공약이었기 때문에, 이러한 분석을 통해 공약파기로 인해 수혜 가구가 얼마나 줄었는지를 알 수 있을 것이다. 복지패널 7차 자료에는 기초연금 지급액은 나와 있지 않으므로 다음과 같은 적절한 가정 아래 두 정책의 소득재분배 효과를 비교해보려고 한다.

1) 기본 가정

수혜와 부담의 시뮬레이션은 보건복지부의「2012 한국복지패널」자료를 이용한다. 이 자료는 시장소득, 이전소득, 금융자산과 부채, 부동산자산 등에 대한 수치가 제시되어 있어 가구별 소득재분배 효과를 분석하기에 적합하다. 이것은 2011년도의 상태를 조사한 것이다.

2011년 1월 1일을 기준으로 복지패널이 추정한 65세 이상의 노인은 약 611만 명이다. 복지패널 자료를 이용할 때 일반가중치(모수추정)를 이용해서 추정한 전체인구 수나 노인인구 수 등이 전수조사 결과와 일치하지 않는다는 점에 주의해야 한다. 이는 기본적으로 패널 표본조사의 한계 때문이다. 따라서 이 자료를 실제 재정규모 등을 추정할 목적으로 사용하는 것은 바람직하지 않다.

증세 없는 기초연금도 결국은 누군가의 부담이 되므로, 기초연금에 필요한 재원은 모두 증세로 충당된다고 가정한다. 증세 방법은 전체 가구의 소득인정액을 과세표준으로 해서 기초연금 지급에 필요한 만큼의 사회복지세를

<표 6-14> 수급자 유형별 기초연금 급여액 분포

수급자 유형	기초연금 급여액		
	20(16)만 원	10(8)~20(16)	2~10(8)
무연금자 [2,962천 명 70.5%]	2,863천 명 (96.6%)	0천 명 (2.4%)	29천 명 (1.0%)
국민연금 수급권자 [1,242천 명 29.5%]	1,021천 명 (82.2%)	187천 명 (15.1%)	34천 명 (2.7%)
합계 [4,204천 명]	3,884천 명 (92.4%)	257천 명 (6.1%)	63천 명 (1.5%)

주: 괄호 안 수치는 부부 2인 수급 가구의 경우.
자료: 보건복지부 보도자료(2014. 8. 21).

정율로 부과한다고 가정했다.

2014년 8월 기초연금 지급액 통계가 <표 6-14>에 제시되어 있다. 이와 같은 지급 상황을 고려해서, 65% 이하는 월 20만 원을 받고, 65%에서 70% 사이는 월 15만 원의 기초연금을 받는다고 가정한다.[20]

기초노령연금에서 사용되는 소득인정액은 다음의 공식으로 계산한다.

소득인정액 = 월소득 평가액 + 재산의 월소득 환산액

재산의 월소득 환산액 = {(일반재산 - 기본재산액) + (금융재산 - 2000만 원)

- 부채}× 재산의 소득환원율(5%) ÷ 12월

기본재산액: 대도시 108백만 원, 중소도시 68백만 원, 농어촌 58백만 원

대도시: 특별시, 광역시의 '구'(도농복합군 포함)

---

20) 7차 복지패널에서는 국민연금 가입기간 자료가 누락되어 있어 기초연금 지급액을 공식으로 정확하게 추정하는 것이 불가능하다. 2015년의 상황을 조사한 복지패널 자료가 발표되면, 실제로 지급된 가구별 기초연금을 파악할 수 있다.

중소도시: 도의 '시'

농어촌: 도의 '군'

복지패널에서 소득은 가구원별로 조사되어 있지만, 금융재산과 일반재산
은 가구별로 조사되어 있다. 따라서 노인의 소득인정액을 계산하는 것이 불
가능하다. 이 글에서는 노인이 가구주인 경우에만 가구의 소득과 재산을 노
인의 재산인 것으로 가정했다. 가구원 중 노인이 2명 이상인 경우에는 가구
의 소득인정액을 노인들이 균등하게 나누어 가졌다고 가정했다. 소득평가액
은 복지패널의 경상소득에서 민간이전소득을 뺀 것으로 간주했다. 사업순소
득 때문에 경상소득이 음수로 된 것은 0으로 간주했다. 금융재산은 금융기관
재산만 포함시켰고, 부채는 금융기관 부채와 전세보증금 수령액만을 포함시
켰다. 일반재산에는 부동산 보유액과 전세보증금 지급액 및 자동차 가격을
포함시켰다. 미응답자의 재산과 부채는 모두 0으로 처리했다.[21] 재산이 음수
인 경우는 소득환산액을 0으로 처리했다.

2) 기초연금의 재분배 효과

위와 같은 가정하에서 노인이 있는 가구의 노인 1인당 소득인정액(연간)의
분포는 <표 6-15>와 같다[이 표에서 %행 다음 행의 값은 해당하는 백분위값
(percentile)을 의미하고, 단위는 연간 만 원이다]. 이 표로부터 노인가구의 70%에
해당되는 가구의 소득인정액은 1449.2만 원이라는 것을 확인할 수 있다.

가구별로 사회복지세를 납부하며, 가구 내 해당되는 노인이 있을 때 차등

---

21) 금융재산 중에 A, B, C 질문에는 응답을 했지만, D에는 응답하지 않은 경우, 이 가구의 응
답 전체가 결측치로 처리되는 것을 방지하기 위해서이다.

<표 6-15> 노인 1인당 소득인정액의 분포

(단위: 만 원/연)

0%	1%	2%	3%	4%	5%	6%	7%	8%
0.0	0.0	0.0	0.0	0.0	0.0	0.0	0.0	0.0
9%	10%	11%	12%	13%	14%	15%	16%	17%
0.0	0.0	0.0	0.0	0.0	0.0	0.0	0.0	0.0
18%	19%	20%	21%	22%	23%	24%	25%	26%
0.0	0.0	0.0	0.0	0.0	90.5	111.0	111.0	112.0
				...				
54%	55%	56%	57%	58%	59%	60%	61%	62%
672.0	700.0	732.0	770.0	803.0	865.6	915.0	958.0	995.0
63%	64%	65%	66%	67%	68%	69%	70%	71%
1055.8	1116.0	1165.5	1205.0	1248.5	1290.5	1337.8	1449.2	1548.0
				...				
90%	91%	92%	93%	94%	95%	96%	97%	98%
4713.3	5219.5	5711.0	6155.5	6808.5	7647.0	8347.5	9491.0	10512.0
99%	100%							
13529.4	37141.5							

기초연금을 받을 경우, 가구별 순부담의 분포는 <표 6-16>에 나타나 있다. 이 표에서 음수값은 순수혜 가구를 의미하고, 양수값은 순부담 가구를 의미한다.

노인인구가 전체 인구의 12%이고, 노인의 70%가 수혜자이지만, 순수혜 가구의 비율은 8.4%(=70%×0.12)를 훨씬 넘는다. <표 6-16>에서 순수혜 가구는 전체 가구의 18%가 된다. 노인을 모시고 있는 가구가 대부분 순수혜 가구가 되기 때문이다. 실제로 가구에 기초연금이 지급되면 가구원 전체의 소득을 증가시킬 수 있는 방법이 생긴다. 예를 들어, 할아버지와 할머니에게 지급되는 40만 원의 기초연금을 아이들 용돈으로 쓸 수 있는 방법이 생기는 것이다. 이처럼 잠재적 의미에서 순수혜 가구의 모든 구성원이 순수혜 인구

<표 6-16> 기초연금의 가구별 순부담

(단위: 만 원/연)

0%	1%	2%	3%	4%	5%	6%	7%	8%	9%
-692.3	-474.7	-469.9	-464.3	-457.1	-333.4	-238.8	-238.4	-237.7	-236.4
10%	11%	12%	13%	14%	15%	16%	17%	18%	19%
-234.8	-233.5	-231.5	-228.0	-213.1	-196.9	-182.9	-166.3	-135.8	0.0
20%	21%	22%	23%	24%	25%	26%	27%	28%	29%
5.5	7.7	10.4	12.5	14.6	16.6	18.2	19.2	20.3	21.3
30%	31%	32%	33%	34%	35%	36%	37%	38%	39%
22.8	23.7	24.7	25.7	26.6	27.8	29.0	29.9	31.1	32.1
40%	41%	42%	43%	44%	45%	46%	47%	48%	49%
33.2	34.2	35.2	35.7	36.7	37.6	39.1	39.8	40.3	41.7

...

90%	91%	92%	93%	94%	95%	96%	97%	98%	99%
113.3	117.2	124.5	130.8	137.7	148.3	158.4	171.8	193.1	252.1
100%									
486.8									

라고 가정하면, 순수혜 인구의 비율은 전체 인구의 15.5%가 된다.

그런데 잠재적 순수혜자들은 더 존재한다. 비동거 부모들에게 용돈을 드리는 가구의 경우 기초연금으로 인해서 잠재적 순수혜 가구가 된다. 부모가 기초연금을 받기 때문에 부모에게 드리던 용돈을 줄일 가능성이 생긴다. 복지패널에 의하면, 비동거 부모에게 월평균 5만 원 이상 송금하는 가구가 전체 가구의 37%나 된다(인구 기준 43.2%). 이러한 가구들이 추가적인 잠재적 순수혜 가구가 될 수 있다.[22]

다음과 같은 가정하에서 잠재적 순수혜 가구를 추정해보자.[23] 기초연금을

---

22) 부모-자식 가구 간에 잠재적으로 파레토 우월한 연합을 결성할 수 있다. 잠재적 수혜가구는 칼도어-힉스(Kaldor-Hicks)기준에 의해서 파레토 우월한 상태가 된다고 말할 수 있다.
23) 잠재가구별 순부담은 노인가구와 송금 가구 사이의 분배 방식에 관한 가정에 따라서 상당

〈표 6-17〉 기초연금의 가구별 잠재적 순부담(사적이전 고려)

(단위: 만 원/연)

0%	1%	2%	3%	4%	5%	6%	7%	8%	9%
-569.4	-238.2	-235.0	-232.5	-229.5	-224.8	-219.3	-208.5	-188.8	-153.2
10%	11%	12%	13%	14%	15%	16%	17%	18%	19%
-118.8	-118.6	-117.8	-116.8	-115.2	-113.3	-109.6	-87.1	-68.0	-32.3
20%	21%	22%	23%	24%	25%	26%	27%	28%	29%
-25.0	-22.7	-20.1	-17.8	-15.4	-13.7	-11.4	-9.0	-7.5	-5.9
30%	31%	32%	33%	34%	35%	36%	37%	38%	39%
-3.7	-2.8	-0.4	0.7	2.3	3.4	4.9	5.9	7.1	8.0
40%	41%	42%	43%	44%	45%	46%	47%	48%	49%
9.0	10.2	11.3	11.9	12.8	13.8	15.1	16.0	17.2	18.2

...

90%	91%	92%	93%	94%	95%	96%	97%	98%	99%
86.8	90.9	95.1	101.5	109.1	117.9	128.1	139.4	170.1	226.0
100%									
443.1									

받을 경우, 이제까지 용돈을 받던 부모는 기초연금의 절반만큼을 자식들로부터 용돈을 안 받거나 자식들에게 되돌려준다고 가정한다. 그리고 되돌려준 금액은 부모에게 용돈을 드리던 모든 가구에 골고루 분배된다고 가정한다.[24] 이 가정하에서 기초연금의 가구별 잠재 순부담 분포는 <표 6-17>과 같다. 표에서 확인할 수 있듯이, 전체 가구의 32%가 잠재 순수혜자가 된다.

히 큰 차이가 날 것이다. 여기서 추정한 잠재 순수담의 분포는 대표적인 사례가 아니라 단지 하나의 사례로 간주되어야 할 것이다.

[24] 복지패널에는 비동거 부모 송금액이 어느 가구로 가는지는 조사되어 있지 않으므로, 용돈을 드리는 모든 가구에 균등하게 재분배된다고 가정한 것이다.

246 제2부 · 소득불평등 해소를 위한 정책 방향

<표 6-18> 노령기본소득의 가구별 순부담

(단위: 만 원/연)

0%	1%	2%	3%	4%	5%	6%	7%	8%	9%
-679.5	-472.4	-465.3	-457.3	-446.7	-435.2	-413.8	-375.5	-238.2	-237.9
10%	11%	12%	13%	14%	15%	16%	17%	18%	19%
-236.8	-235.3	-233.1	-231.1	-228.7	-224.3	-219.6	-213.3	-205.3	-197.9
20%	21%	22%	23%	24%	25%	26%	27%	28%	29%
-190.2	-177.1	-167.8	-154.0	-133.4	-103.8	-61.9	5.4	9.2	12.5
30%	31%	32%	33%	34%	35%	36%	37%	38%	39%
16.2	18.9	22.1	25.2	27.7	29.5	31.2	33.7	35.0	36.7
40%	41%	42%	43%	44%	45%	46%	47%	48%	49%
38.4	40.2	42.3	43.8	45.9	47.9	49.5	51.0	52.1	53.7

...

90%	91%	92%	93%	94%	95%	96%	97%	98%	99%
156.8	166.0	173.6	186.0	194.2	205.8	225.4	245.0	278.0	356.0
100%									
711.9									

3) 노령기본소득의 재분배 효과

노령기본소득하에서 시뮬레이션의 결과는 <표 6-18>과 같다. 순수혜 가구의 비율은 26%로서 기초연금 때의 18%보다 훨씬 늘어난다.

노령기본소득하에서 비동거 부모-자식 가구 사이의 사적이전을 고려한 가구별 잠재적 순부담의 분포는 <표 6-19>와 같다. 전체 가구의 40%가 잠재적 순수혜 가구가 되어 기초연금의 32%보다 훨씬 늘어난다. 박근혜 대통령의 공약 파기로 인해서 전체 가구의 8%가 순수혜 가구가 될 수 있었던 기회를 놓치게 된 셈이다.

<표 6-19> 노령기본소득의 가구별 잠재적 순부담 (사적이전 고려)

(단위: 만 원/연)

0%	1%	2%	3%	4%	5%	6%	7%	8%	9%
-613.9	-278.6	-233.6	-229.7	-225.7	-220.0	-212.7	-203.5	-193.6	-181.1
10%	11%	12%	13%	14%	15%	16%	17%	18%	19%
-167.7	-151.9	-128.8	-118.2	-117.6	-116.3	-114.7	-112.3	-109.2	-102.5
20%	21%	22%	23%	24%	25%	26%	27%	28%	29%
-97.0	-87.5	-78.3	-67.7	-56.8	-46.2	-39.6	-36.2	-32.9	-29.7
30%	31%	32%	33%	34%	35%	36%	37%	38%	39%
-26.4	-23.9	-21.0	-17.5	-15.6	-13.1	-9.6	-8.5	-5.7	-3.4
40%	41%	42%	43%	44%	45%	46%	47%	48%	49%
-0.9	0.7	3.3	5.3	7.3	8.7	10.2	11.5	13.0	14.1

...

90%	91%	92%	93%	94%	95%	96%	97%	98%	99%
117.8	123.5	130.6	137.8	148.0	159.1	177.6	194.9	223.9	321.1
100%									
644.2									

6. 맺음말

박근혜 정부에서 지급하기 시작한 기초연금은 기존의 공약을 파기한 것이고, 심각한 재정위기를 가져왔다. 사각지대가 존재하고, 도덕적 해이 또한 완전히 막을 수 없다. 하지만 기초연금은 이러한 문제점이 존재함에도 전체 노인인구의 70%, 전체 가구의 18%를 순수혜 가구로 만들어, 노인 빈곤을 완화하고 소득분배를 개선시키는 데 큰 역할을 했다.

기초연금에 대해 노인세대를 젊은 세대가 부담하는 대립관계로 보는 것은 잘못이다. 기초연금은 젊은 세대가 사적으로 부담하고 있던 노인층에 대한 부담액을 돌리는 것과 마찬가지이다. 노인을 부양하고 있거나 노인에게 용돈을 드리고 있던 젊은 세대도 잠재적 수혜자가 될 수 있다. 기초연금하에서는 잠재적 순수혜 가구까지 포함하면 전체 가구의 32%가 이득을 보게 된다. 만약 원래의 공약이었던 노령기본소득을 실시했다면, 전체 가구의 40%가 잠재적 순수혜 가구가 되었을 것이다.

노령기본소득은 기초연금에 비해 현실적, 잠재적 순수혜 가구가 늘어난다는 장점 이외에도 사적이나 공적 행정비용이 거의 없고, 사각지대가 없으며, 도덕적 해이가 없으므로 저소득층의 노동유인이 감소 효과가 없다는 등의 장점이 있다.

박근혜 정부의 기초연금에서 앞으로 가장 심각해질 것으로 예상되는 문제는 국민연금 가입기간이 길수록 불리해지는 현상이다. 정부는 국민연금 가입기간이 길수록 유리하다고 주장하고 있지만, 앞으로 국민연금 가입기간에 따른 기초연금 수급액에 관한 정확한 통계가 발표되면 이 주장이 틀렸다는 것이 드러날 것이다. 민간연금회사들이 소득별로 국민연금에 몇 년 가입하는 것이 가장 유리한지를 계산한 뒤, "당신은 국민연금에 몇 년 가입한 뒤에는 더 이상 국민연금을 납부하지 말고 민간연금에 가입하여 납부하는 것이 유리합니다"라는 식의 홍보를 하기 시작하면 국민연금의 안정성은 단번에 무너질 수 있다.

이러한 현상이 나타나는 시점에서는 현재의 국민연금과 연계된 기초연금 정책은 수정될 수밖에 없다. 이때가 되면 원래의 공약이었던 노령기본소득이 다시 논의될 것이다. 이 경우에는 노령기본소득 이외에 아동기본소득(0~5세까지의 무상보육)까지 연령을 확대해서 실시하는 것이 50% 이상의 가구를 순수혜 가구로 만드는 방법이 될 것이다.

참고문헌

강남훈. 2013. 「불안정노동자와 기본소득」. ≪마르크스주의 연구≫, 제8권 제3호.

국민연금. 2014. 「2013 국민연금 통계연보」

김연명. 2013, 「기초연금 도입의 쟁점과 개혁 방향」. 김용익 주최 토론회(2013년 1월 22일).

김원섭. 2013, 「박근혜 정부의 기초노령연금 개편 공약, 어떻게 할 것인가?: 선별적 부조제도 vs. 보편기초연금」. 박완주, 양승조 주최 토론회(2013년 8월 20일).

민주노총. 2013, 「정책보고서」. 2013-02.

보건복지부. 2012. 「2012 한국복지패널」.

양재진. 2013, 「박근혜 정부 복지정책의 평가와 과제: 보육, 기초연금, 의료분야를 중심으로」. ≪민주사회와 정책연구≫, 제24호.

오건호. 2012, 「박근혜, 문재인 대선후보 복지·재정공약 평가」. ≪내가 만드는 복지 국가 이슈페이퍼≫, 2012-4

오건호. 2014.8.26. "이명박근혜 정부는 어떻게 기초연금을 줬다 뺏었나?". ≪프레시 안≫.

윤석명. 2013, 「국민연금과 기초노령연금의 재구조화 관련 주요 쟁점과 전망」. 김용 익 주최 토론회(2013년 1월 22일).

주은선. 2013, 「기초노령연금 개혁: 보편적 수당과 공공부조의 기로에서」. 박은수의 원실 조승수의원실 참여연대 주관 토론회(2011년 12월 20일).

김소연·정태우. 2014.9.23. "226곳 기초단체 '정부 추가지원 않으면 복지 디폴트 선 언'". ≪한겨레신문≫.

제7장

가계 금융부채의 보유 및 상환불능 위험*

배영목 | 충북대학교 경제학과 교수

1. 머리말

우리나라 가계부채는 2005년부터 연 5% 이상 높은 증가세를 기록하고 있을 뿐 아니라 2013년에는 1000조 원을 넘어서 처분가능소득의 1.6배에 달한 것으로 추정된다(한국은행, 2014). 가계부채 급격한 증가가 한국경제의 성장, 안정, 분배 등과 악순환 관계에 있다는 인식은 있지만, 이 문제를 해결하기 위한 실천적이고 실증적 연구는 여전히 미흡한 실정이다. 이러한 가계부채의 증가는 거시적으로 가계의 상환부담을 높이며 소비를 위축시키는 것은 물론, 가계부채의 부실이 확대되면 금융위기까지 초래될 수 있다는 가능성도 거론되고 있다. 하지만 거시적 충격에 관한 연구는 물론이고 미시적 기초에 관한 연구도 많지 않다. 그러나 2007년에 발생한 미국발 세계 금융위기 이후 가계부채 문제가 표면화되었고, 이에 따라 국내에서도 이와 관련된 연구가 진행

---

* 이 글은 ≪무역연구≫, 제10권 제3호(2014년 6월호)에 게재된 논문을 수정·보완한 것이다.

되었다.

김우영·김현정·김기호(2009)는 한국노동패널 자료를 이용해 가계의 부채보유 확률, 부채 규모, 소득 대비 부채비율 등을 결정하는 요인을 분석한 결과, 연령, 소득, 부동산의 가격변화가 통계적으로 의미 있는 변수라는 점을 제시했다. 유경원(2009)은 소득분위별 분석을 통해 상환위험가구는 고소득층과 저소득층에 함께 존재하고 있으며, 부채 규모가 큰 가구들은 자산이 많지만 유동성이 제약되어 있다는 점을 지적하고 있다. 함준호(2010)는 개인신용 전수자료를 근거로 차주별 특성과 금융업별 부채상환능력을 비교하고, 총부채상환비율(DSR)에 의거해 거시경제적 충격에 따른 부실대출의 변화 및 차환위험을 분석했는데, 저소득 근로자 및 고소득 자영업자들의 부채상환능력에 문제가 있음을 지적하고 있다. 배영목(2010)은 한국노동패널 자료를 이용해 가계부채의 유형별 분포를 제시한 후, 최저소득층뿐 아니라 최고소득층의 상환부담이 크게 증가했기 때문에, 거시경제적 충격이 있을 경우 최저소득층은 물론 최고소득층의 부채상환에도 문제가 있을 수 있다고 지적하고 있다. 김경아(2010)도 한국노동패널 자료를 이용해 가계부채의 증가 추세와 그 결정요인을 분석하고 있다.

외국 또한 우리나라의 기존 연구와 마찬가지로 부채수요 결정요인과 가계부채의 거시경제적 영향에 관한 연구가 주를 이룬다(Crooks, 2001; Cox, 2001; Cava & Simon. 2005; Barba & Pivetti, 2009). 한국을 대상으로 하는 카라슐라(Karasulu, 2008)의 연구는 한국노동패널 자료를 이용해 가계부채의 상환부담을 분석하고 스트레스 테스트를 시도했다. 김현정 외(Kim et al., 2014)는 2010년 이전의 부채증가의 주요 요인을 한국노동패널 자료를 이용해 분석했는데, 그 주요 요인으로 부동산가격 상승과 방만한 대출을 제시하고 있다.

우리나라 가계부채에 관한 기존 연구는 전승훈·임병인(2012)의 연구를 제외하면 모두 금융정보가 부족한 한국노동패널 자료를 이용하고 있기 때문에, 가계부채의 부실요인 분석이 상환부담에 한정되어 있다. 2010~2011년 「가계금융조사」를 이용한 전승훈·임병인(2012)의 연구도 부채상환 위험지표를 새로 제시하고 부채의 상환가능성 요인을 분석했으나, 위험지표와 상환가능성 간의 관계는 밝히지 못하고, 대신 고령자, 여성, 자영업 가구주가 상환가능성이 낮은 가구임을 밝히는 데 그쳤다. 따라서 가계부채의 부실 문제를 본격적으로 다루고자 한다면, 금융 관련 정보가 많이 포함된 「가계금융조사」를 최대한 이용해 가계의 상환부담을 포함한 가계부채의 금융부채 상환불능 요인들을 종합적으로 고려한 후, 가계부채의 채무불이행 위험의 미시적 근거를 분석할 필요가 있다.

이 글에서 분석할 자료는 2010년, 2011년 「가계금융조사」 DB와 2012년과 2013년의 「가계금융·복지조사」 DB이다. 이 두 DB는 가구별로 연결되지 않아 두 시기로 나누어야 하기 때문에 현재로서는 패널분석이 적절하지 않다. 대신에 4년 동안의 가계부채 보유와 상환불능 요인을 각각 분석하고 비교한다면, 모형의 적합성과 분석 결과의 안정성을 점검할 수 있다. 임대보증금처럼 상환불능에서 거의 문제가 되지 않는 부분은 제외하고 직접 관련되는 금융부채에 한정해 가계부채의 요인을 분석하고자 한다. 또한 기존의 연구는 DSR, DTI 등 상환부담 지표에만 의존해 채무불이행 위험을 측정하고 있으나, 본 연구는 가구주의 금융부채 상환 여부에 영향을 미칠 수 있는 여러 유형의 정보를 이용해 그 요인을 분석할 것이다.

이 글은 가계의 상환불능 위험의 결정요인을 분석하기에 앞서 가계부채의 보유, 상환부담, 상환불능 상태부터 점검하고 이 분석을 바탕으로 가계부채의 보유와 상환불능 위험에 어떤 요인이 작용하고 있는가를 통계분석을 통해 다음과 같이 밝히고자 한다. 첫 번째, 어떤 가계가 부채를 가지게 되는가를 밝히고자 가계부채의 보유 상태와 결정요인을 분석한다. 두 번째, 가계의 금융부채 상환불능 상태와 상환부담을 검토한 다음 가계의 금융부채 상환불능 판단에 영향을 줄 수 있는 결정요인을 분석한다. 세 번째, 가계의 금융부채 상환불능에 가계의 자금용도가 영향을 미치는가를 밝히기 위해 자금용도가 추가된 상환불능 결정요인 분석을 진행한다.

2. 가계의 금융부채 보유 상태와 결정요인

가계부채란 각 가구가 다른 경제주체에 지고 있는 채무를 의미하며 임대보증금과 금융부채로 구분된다. 임대보증금은 가계가 부동산임대로 인해 보유하게 된 부채이다. 금융부채는 가계가 차입함으로써 보유하게 된 부채인데 「가계금융조사」에서는 담보대출, 신용대출, 신용카드 관련 대출, 외상, 곗돈 미불입금 등과 기타부채 등을 포함한다. 상환부담이나 상환불능에서 현실적으로 문제가 되고 있는 것은 금융부채이기 때문에 본 연구에서는 가계부채 중에서 임대보증금을 제외한 금융부채만을 대상으로 한다.

「가계금융조사」 대상 가구 중에서 금융부채를 보유 가구의 비율과 금융부채 미보유 가구의 평균값이 <표 7-1>에 제시되어 있다. <표 7-1>에 의하면, 금융부채 보유 가구의 비율은 2010년 53.6%에서 증가하기 시작해 2012년 59.5%까지 증가하는 추이를 보였으나 그 이후에는 더 이상 증가하지 않고 있다. 금융부채 가구의 금융부채 평균값은 대략 6000만 원~7000만 원 정도인데 어떤 추세가 있는 것으로는 보이지 않는다. 그리고 금융부채를 보유 가구와 미보유 가구의 경상소득, 실물자산, 금융자산으로 비교해보면, 금융부채 보유 가구가 미보유 가구보다 더 많은 경상소득과 실물자산을 보유하

〈표 7-1〉 금융부채 보유 가구와 미보유 가구 실태

(단위: %, 만 원)

	부채 가구 비율(%)	금융부채 평균값	금융부채 보유 가구 평균값			금융부채 미보유 가구 평균값		
			경상소득	실물자산	금융자산	경상소득	실물자산	금융자산
2010년	(53.6)	5,912	4,588	27,220	8,370	3,233	20,661	8,049
2011년	(56.4)	6,943	4,807	29,540	7,428	3,255	19,397	7,429
2012년	(59.5)	6,091	5,055	27,039	8,447	3,231	19,574	7,697
2013년	(59.4)	6,563	5,164	27,000	8,695	3,354	20,423	8,728

자료: 통계청, 「가계금융조사」(2010, 2011), 「가계금융·복지조사」(2012, 2013)

〈표 7-2〉 금융부채 보유 가구 중 자금용도별 해당 가구의 비율

(단위: %)

	2010년	2011년	2012년	2013년	평균
거주주택 구입	28.7	28.7	27.5	28.6	28.4
기타 부동산 구입	8.2	8.8	26.9	7.8	12.9
전월세 보증금 마련	9.8	9.7	9.9	10.2	9.9
사업자금	20.1	19.1	19.3	20.5	19.8
증권투자	1.1	1.1	1.0	0.9	1.0
부채상환	4.9	5.6	12.6	5.8	7.2
결혼비	1.5	1.6	1.0	1.4	1.3
의료비	1.8	2.0	1.5	1.6	1.7
교육비	6.7	7.1	5.7	5.8	6.3
생활비	23.2	26.7	25.9	27.9	25.9

자료: 통계청, 「가계금융조사」(2010, 2011), 「가계금융·복지조사」(2012, 2013).

고 있으나, 금융자산의 경우는 그렇지 않았다.

가계가 자금을 차입하는 동기는 자금용도를 통해 파악할 수 있다. 「가계금융조사」에서 자금용도는 거주주택 구입, 기타 부동산 구입, 전월세 보증금 마련, 사업자금, 증권투자, 부채상환, 결혼비, 의료비, 교육비, 기타 생활비로 구분되고 있다. 「가계금융조사」에서 금융부채 보유 가구 중 각 자금용도에 해당하는 가구의 비율을 제시한 것이 <표 7-2>이다. 금융부채 보유 가구의 자금용도별 4년 평균 비율을 보면, 28.4%는 거주주택 구입, 25.9%는 생활비 조달, 19.8%는 사업자금 마련, 9.9%는 전월세 보증금 마련, 8.0%는 기타 부동산 구입, 6.3%는 교육비, 7.2%는 부채상환 때문에 금융부채를 지게 되었다. 따라서 가계가 금융부채를 지는 주요 동기는 거주주택 구입, 생활비 조달, 사업자금 마련 등이라고 할 수 있다.

가계의 금융부채 보유 여부에 영향을 미치는 요인은 수없이 많다. 예를 들어, 성별, 연령, 가구원 수, 교육 정도 등은 금융부채 수요에 영향을 미칠 수 있고, 가계소득, 실물자산, 취업 여부 등은 부채의 상환능력과 관련되므로 금융부채의 공급, 즉 대출 결정에 영향을 미칠 수 있다. 금융자산은 유동성 상태를 나타내는 지표로 금융부채 수요에 영향을 주는 요인이 되므로 이것도 설명변수로 추가했다. 가계의 금융부채 보유 여부에 영향을 주는 설명변수로는 가구주의 성, 연령, 가구원 수, 교육 연수, 취업 여부, 가계의 경상소득, 실물자산, 금융자산 등을 고려했다.

$$Y_i = \alpha + \sum_j \beta_j X_{ij} + e_i$$

$Y_i = 1$: 보채 보유 가구

$Y_i = 0$: 부채 미보유 가구

X_{ij} : 설명변수

그런데 종속변수가 0, 1의 값을 가지므로 Y=1은 어떤 사건이 일어나는 경우이며, Y=0은 어떤 사건이 일어나지 않는 경우이므로 어떤 사건이 일어나는 확률을 pi라고 하면 위 모형을 로짓(logistic) 모형으로 설정할 수 있다.

<표 7-3> 설명변수의 평균값과 표준편차

변수명	변수값, 단위	2010년	2011년	2012년	2013년
가구주 성	남성=1, 여성=0	0.801 (0.399)	0.797 (0.402)	0.782 (0.413)	0.779 (0.415)
연령	만( )세	50.8 (14.5)	51.6 (14.6)	51.8 (14.5)	52.7 (14.5)
가구원 수	명	3.0 (1.3)	3.0 (1.3)	2.9 (1.3)	2.9 (1.3)
교육 연수	재학연수(연)	11.8 (4.35)	11.9 (4.35)	11.8 (4.38)	11.8 (4.35)
취업 상태	미취업=1 취업=0	0.205 (0.404)	0.208 (0.406)	0.191 (0.393)	0.203 (0.402)
경상소득	만 원	3,960 (3,908)	4,131 (4,750)	4,317 (4,965)	4,430 (4,482)
실물자산	만 원	24,179 (55,713)	25,118 (61,083)	24,0187 (49,897)	24,329 (51,235)
금융자산	만 원	8,221 (15,245)	7,428 (14,658)	8,144 (17,458)	8,708 (16,734)

주: 상단의 값은 평균값, 하단의 괄호 안 수치는 표준편차.
자료: 통계청, 「가계금융조사」(2010, 2011), 「가계금융·복지조사」(2012, 2013).

가계의 금융부채 보유 여부에 영향을 미치는 요인을 분석하기 위해 로짓 모형을 이용하여 설명변수를 분석하되, 분석모형은 다음과 같이 설정한다. 종속변수는 가구의 부채보유 여부에 따라 1과 0으로 설정하고, 설명변수로 는 가구주의 성, 연령, 연령제곱, 가구원 수, 교육 연수, 미취업 더미, 경상소 득, 실물자산, 금융자산 등을 설정한다.

표본가구의 특성과 설명변수의 특징을 보여주기 위해 각 변수의 평균값과 표준편차를 제시한 것이 <표 7-3>이다. 가구주의 성을 보면, 여성 가구주의 비율이 증가하고 있으나 20~21%에서 안정되어 있다. 가구주의 연령은 노 령화 경향을 보이고 있으나 평균연령은 50.8~52.7세이다. 평균 가구원 수는

<표 7-4> 금융부채 보유가구 결정요인 로짓분석 결과

설명변수	2010년	2011년	2012년	2013년
남성 가구주=1	1.70E01***	5.84E02	1.80E02	7.99E03
연령(년)	1.11E01***	1.17E01***	1.19E01***	1.33E01***
연령(년)^2	-1.28E03***	-1.33E03***	-1.39E03***	-1.48E03***
가구원 수(명)	2.91E01***	2.77E01***	3.00E01***	2.88E01***
교육 연수(년)	3.11E02***	2.53E02***	2.59E02***	3.47E02***
미취업 상태=1	-4.77E01***	-6.74E01***	-5.69E01***	-5.90E01***
경상소득	1.38E05***	9.26E05	1.83E05**	2.79E05**
실물자산	3.16E06***	5.88E06***	4.03E06***	3.61E06***
금융자산	-2.89E05***	-2.46E05***	-1.58E01***	-2.44E01***
상수	-3.21***	-3.04***	-2.88***	-3.35***
-2 Log likelihood	12,026.015	12,366.172	11,295.003	10,572.418
Cox & Snell R^2	.163	.176	.188	.195
Nagelkerke R^2	.218	.236	.253	.264
Hosmer & Lemeshow 검증 유의확률	.559	.342	.118	.099
관측 수	10,000	10,517	9,892	9,327

주: ***: $p < 0.01$, **: $p < 0.05$ *: $p < 0.1$

2.9~3.0명으로 거의 변화를 보이지 않고 있으며, 가구주 교육 연수는 11.8~ 11.9세로 거의 변화가 없다. 가구주가 미취업 상태에 있는 가구는 20% 전후 로 큰 변화는 없다. 경상소득은 증가 추세이나 실물자산과 금융자산의 자산 가격의 급변으로 추세가 보이지 않는다. 그리고 해당 가구의 경상소득보다 금융자산이나 실물자산은 훨씬 분산되어 있다.

가계의 금융부채 보유 여부를 종속변수로 하고 이상에서 제시된 변수를 설명변수로 하는 이분형 로짓 모형을 회귀분석을 한 결과는 <표 7-4>와 같 다. 4개년 모두 Hosmer & Lemeshow 유의 확률이 0.05보다 큰 값을 가지고 있기 때문에 금융부채 보유 여부에 영향을 미치는 변수를 분석한 모형은 모두 적합성 조건을 충족하고 있다고 할 수 있다. 이 모형에서 제시한 설명변수 중 4개년 모두 통계적으로 모두 유의한 것으로 나타난 변수는 연령(+), 연령제곱(-), 가구원 수(+), 교육 연수(+), 미취업 더미(-), 실물자산(+), 금융자산(-) 등이고, 3년간 유의한 변수는 경상소득(+)이며, 가구주의 성은 유의하지 않은 것으로 나타났다.

<표 7-4>의 분석 결과에 따르면, 금융부채 보유 가구가 될 확률은 가구주의 성(性)과는 무관하지만, 가구원이 많을수록, 가구주의 교육 정도가 높아질수록 높아지며, 미취업 상태인 경우는 낮아진다. 또한 이 확률은 연령이 많을수록 높아지지만 일정 연령 이후에는 낮아지는데, 가장 높은 시기는 2010년 43.4세, 2011년 44.0세, 2012년 42.8세, 2013년 44.9세로 나타났다. 그리고 금융부채 보유 가구가 될 확률은 소득이 많을수록, 실물자산이 많을수록 높아지지만, 금융자산은 적을수록 높아진다.

3. 가계의 금융부채 상환불능 상태와 결정요인

「가계금융조사」의 금융부채 상환에 대한 설문에서 "귀댁은 언제까지 가계부채를 상환할 수 있습니까?"에 대한 응답으로 "① 대출기한 내 상환할 수 있다, ② 대출기한이 경과하더라도 (20__)년까지 상환할 수 있다, ③ 상환불가능할 것이다" 중에서 하나를 선택하도록 되어 있기 때문에, 이 연구에서는 기한 내 상환, 연기 후 상환가능, 상환불능으로 구분해 처리한다. 가계의 금융부채에 대한 상환 여부 응답은 가계의 재무지표로 나타난 정보는 물론, 이 것만으로 파악하기 어려운 개별 가계의 금융 사정이나 부채상환 의지까지 포

<표 7-5> 금융부채 가구 중 상환가능 여부

(단위: 가구 수, %)

	기한 내 상환가능		연기 후 상환가능		상환불능		전체	
2010년	3,160	(65.8)	1,304	(27.2)	338	(7.0)	4,802	(100.0)
2011년	3,682	(62.2)	1,802	(30.4)	434	(7.3)	5,918	(100.0)
2012년	3,900	(66.2)	1,573	(26.7)	415	(7.0)	5,888	(100.0)
2013년	3,347	(60.4)	1,736	(31.3)	457	(8.2)	5,540	(100.0)

자료: 통계청, 「가계금융조사」(2010, 2011), 「가계금융·복지조사」(2012, 2013)

함된 가계의 채무불이행 가능성을 판단할 수 있는 중요한 정보로 파악된다. 따라서 이 글에서는 이 정보를 금융부채의 상환불능 여부를 판단하는 기준으로 삼고자 한다.

<표 7-5>를 보면, 상환불능이라고 답한 금융부채 가구 비율은 2010년 7.0%, 2011년 7.3%, 2012년 7.0%. 2013년 8.2%이다. 이 결과를 보면, 금융 부채 가구 중에서 상환불능이라고 판단되는 가구가 최근 크게 증가한 것을 알 수 있다.

이제까지 대부분의 가계부채 연구는 가계부채의 상환가능성을 상환부담 지표에만 의존해 설명·분석해왔다. 그러나 본 연구에서는 상환부담은 상환 가능성이나 상환불능에 영향을 주는 중요한 요인이기는 하지만, 이것만으로 는 상환불능 문제를 설명할 수 없다고 판단해 상환불능에 영향을 줄 수 있는 여러 요인을 고려할 것이다. 하지만 상환부담은 아직까지도 상환가능성과 관 련한 중요한 변수였기 때문에 우선 금융부채 상환부담부터 검토하기로 한다.

가계의 금융부채가 소득이나 자산에 비해 과도한 경우, 즉 부채의 상환부 담이 임계치를 넘어서면 상환불능에 이를 수 있다. 이러한 상환부담을 측정 하는 지표는 많이 제시되어 있으나, 가장 많이 사용되는 지표는 DTI[금융부

채/가처분소득], DSR[연 상환액(이자 포함)/가처분소득], DTA[총부채/총자산]이
다. 하지만 자료의 한계로 이 글의 분석에서는 가처분소득 대신에 경상소득
자료를 이용한다.

DTI(부채소득비율)는 상환방식과 관계없이 소득 대비 상환부담을 나타낼
수 있다는 장점이 있지만, 현재의 상환부담과 유리될 수 있다는 약점도 있다.
DSR(원리금상환 부담비율)는 해당연도 채무자의 상환능력을 측정할 수 있는
장점이 있지만, 상환방식에 따라 값이 크게 달라질 수 있다는 약점이 있다.
그리고 DTA는 자산의 측면에서 채무자의 지불불능 수준을 보여준다는 장점
이 있지만, 상환에 큰 영향을 주는 소득의 측면을 무시한다는 약점이 있다.

그런데 상환불능과 관련해 중요한 것은 상환부담 수준 자체가 아니라 상
환불능 위험으로 발전할 수 있는 임계치의 정도이다. 김우영·김현정·김기호
(2009)는 DTI는 3.0, DSR는 0.4, DTA는 0.7를 임계치라고 보았다.[1] 이 비율
에 다다를 경우 상환불능 위험에 영향을 미치고, 그 이하에는 영향을 주지 않
는다고 가정한다. 그리고 이러한 가정하에 각 지표별로 임계치를 넘어선 상
환 고부담 가구의 비율을 분석한 결과가 <표 7-6>이다.

<표 7-6>에서 두 유형의 값을 비교해보면, 상환부담이 임계치를 넘어서
는 가구의 비율은 상환불능 가구와 상환가능 가구 간에 큰 차이를 보인다는
것을 알 수 있다. 상환불능 가구 중에서 상환부담이 임계치를 넘어서는 고부
담 가구의 4년간 평균을 구해보면, 그 비율은 DTI 37.5%, DSR 23.8%,
DTA 33.6%이다. 반면, 상환가능 가구 중에서 상환부담이 임계치를 넘어서

---

1) 은행은 은행대출 시 적용하는 DSR의 임계치가 40%이고, 이를 20년 상환 은행금리 7.1%,
   비은행금융기관 금리 8.5%를 가중평균한 금리 7.5%에 적용하면 DTI는 300%에 근접한
   다. 그리고 은행은 주택담보대출 기준에서는 LTV는 60% 수준이나 비은행금융기관은 이
   보다 높은 비율로 적용하기 때문에 DTA 임계치를 70%로 가정하고 있다.

〈표 7-6〉 금융부채 가구 중 지표별 상환 고부담 가구의 비율

(단위: %)

	상환불능 가구 중 비율				상환가능 가구 중 비율			
	2010년	2011년	2012년	2013년	2010년	2011년	2012년	2013년
DTI > 3.0	34.7	40.7	35.0	39.7	9.8	11.7	9.0	9.8
DSR > 0.4	25.2	27.8	18.8	23.5	13.9	16.4	13.3	16.7
DTA > 0.7	29.4	34.3	40.5	30.0	7.3	8.0	7.0	7.3

자료: 통계청, 「가계금융조사」(2010, 2011), 「가계금융·복지조사」(2012, 2013).

는 고부담 가구의 4년간 평균 비율은 DTI 10.1%, DSR 15.1%, DTA 7.4%
로 큰 차이를 보인다. 그중에서 DTI와 DTA를 기준으로 임계치를 넘어선 고
부담 가구의 비율 차이는, DSR 기준으로 임계치를 넘어선 고부담 가구의 비
율에 비해 훨씬 큰 것으로 나타나고 있다.

금융부채의 상환불능 여부는 단순히 상환부담에 의거해서만 결정되는 것
이 아니라 가구의 인구·사회적 특성이나 가계의 부채상환능력 등 상환부담
이외의 요인에 의해 영향을 받을 수 있다. 가계의 금융부채 상환불능 여부에
영향을 미치는 요인을 분석하기 위해 일차적으로 다음과 같은 분석모형을 설
정한다. 종속변수로는 가구의 상환불능 여부에 따라 1과 0으로 설정한다. 설
명변수로는 가구의 특성을 나타내는 변수를 X, 상환능력과 관련되는 변수를
Z라 하고, 상환부담과 관련되는 고부담 가구 더미변수를 B라고 한다.

$$Y_i = \alpha + \sum_j \beta_j X_{ji} + \sum_k \gamma_k Z_{tki} + \sum_m \delta_m B_{mi} + e_i$$

$Y_i = 1$: 상환불능 가구, $Y_i = 0$: 상환가능 가구

X : 가구 특성 변수, Z : 상환 능력 변수

B : 고부담 가구 더미

<표 7-7> 로짓모형을 이용한 상환불능 위험 결정요인 분석 결과 1

설명변수	2010년	2011년	2012년	2013년
가구주 성(남성=1 여성=0)	-.131	-.137	-.156	-350**
연령(년)	.099**	.113***	.076*	.126**
연령(년)^2	-.001*	-.001**	-.001	-.001**
가구원수(명)	.156**	151***	.162***	.228***
교육 연수(연)	-.096	-.034*	.049**	.244
미취업 가구주=1	.167	.355*	.019	.244
Log10(경상소득)(만 원)	-.908***	-.383	-.497*	-.194
Log10(실물자산)(만 원)	-.166**	-.303***	-.157*	-.175**
Log10(금융자산)(만 원)	-.304***	-.576***	-.621***	-.631***
DTI 고부담 가구(DTI > 3.0)	1.164***	1.426***	1.207***	1.474***
DSR 고부담 가구(DSR > 0.4)	.213	.233	.051	-.090
DTA 고부담 가구(DTA > 0.7)	.702***	.715***	1.271***	.629***
상수	-1.627	-1.915	-.858	-3.396
-2 Log likelihood	1,728.783	2,091.011	1,961.426	2,264.399
Cox & Snell R^2	.052	.067	.072	.078
Nagelkerke R^2	.143	.182	.203	.190
Hosmer & Lemeshow 검증 유의확률	.627	.056	.871	.637
관측 수	4,380	5,360	5,381	5,124

주: ***: $p < 0.01$, **: $p < 0.05$ *: $p < 0.1$

가계의 금융부채 상환불능 판단에 영향을 미칠 수 있는 가구 특성 변수로
는 가구주의 성, 연령, 연령제곱, 가구원 수, 미취업자 더미를 설정하고, 상환
능력 변수로는 Log₁₀(경상소득), Log₁₀(실물자산), Log₁₀(금융자산) 등을 설정하
며, 상환 고부담을 나타내는 더미변수로 각 지표별로 임계치를 넘어서는 가
구는 1, 그렇지 않은 가구는 0으로 설정한다. 상환가능 여부를 설명하는 모형
으로는 이분형 회귀분석 모형이 적합하므로 이 결정요인 분석 또한 로짓모형
을 사용한다. 그리고 이 모형을 이용해 분석한 결과는 <표 7-7>과 같다.

이 모형은 4년 모두 적합성 조건을 충족하고 있다. 그리고 이 모형에서 4개년 연속 통계적으로 유의한 변수는 연령(+), 연령제곱(-), 가구원 수(+), 실물자산(-), 금융자산(-), DTI 고부담 가구(DTI>3)(+), DTA 고부담 가구(DTA>0.7)(+) 등이다. 따라서 가구의 인구사회적 특성과 관련해서는 가구원이 많을수록 상환불능 가구가 될 확률이 높아지고, 연령이 많을수록 높아지다가 일정 연령에 달하면 낮아진다. 또한 상환능력과 관련해서 보면, 상환불능 가구가 될 확률은 소득이 많거나 실물자산이 많을수록 낮아지고, 금융자산이 많을수록 낮아진다. 그리고 상환부담과 관련해서 보면, 소득에 비해 금융부채가 과도한 DTI 기준 고부담 가구일수록, 총자산에 비해 총부채가 과도한 DTA 기준 고부담 가구일수록 상환불능 가구가 될 확률이 높다고 할 수 있으나, DSR 기준 고부담 가구는 설명변수로서 통계적 유의성이 없었다.

4. 금융부채 가구의 자금운용과 상환불능

가계가 차입한 자금을 어떻게 사용하는지는 차입 동기를 파악할 때도 유용하지만, 상환불능 원인을 파악할 때 도움이 되는 정보의 비대칭성을 줄이는 데도 필요한 중요한 정보이다. 그러나 금융기관은 담보나 보증에는 큰 관심을 보이지만, 가계대출에서 자금용도에 대한 심사와 감시를 하는 경우는 많지 않다. 어쨌든 어떠한 자금용도로 금융부채를 사용하는 가구가 상환불능 위험이 가장 높은지를 알고자 한다면, 자금용도가 상환불능 확률에 과연 어떻게 영향을 미치고 있는지를 분석해야 할 것이다. <표 7-8>에서 상환불능 가구의 비율이 의료비, 부채상환, 생활비, 사업자금순으로 높은 것으로 알 수 있듯이, 자금용도는 가계의 금융부채 상환불능의 주요 결정요인 중 하나가

(단위: %)

	2010년	2011년	2012년	2013년	평균
거주주택 구입	6.2	5.6	5.2	8.6	6.4
기타 부동산 구입	6.8	5.7	5.7	3.5	5.4
전월세 상환	6.3	7.3	7.1	6.0	6.7
사업자금	4.8	10.2	13.2	12.7	10.2
증권투자	1.8	6.0	6.9	2.0	4.2
부채상환	14.0	16.4	13.7	15.2	14.8
결혼비	10.1	7.5	1.8	6.5	6.5
의료비	18.6	16.9	19.8	14.0	17.3
교육비	5.9	8.3	5.1	10.6	7.4
생활비	10.8	10.2	10.2	12.8	11.0

자료: 통계청, 「가계금융조사」(2010, 2011), 「가계금융·복지조사」(2012, 2013).

될 수 있다. 마지막으로 앞서 분석한 요인에 자금용도 요인을 추가해 금융부채 상환불능 결정요인을 분석하고자 한다.

가계 금융부채의 자금용도가 가계의 금융부채 상환불능 여부에 어떤 영향을 주는지를 분석하기 위해 다음과 같은 분석모형을 설정한다. 종속변수는 가구의 상환불능 여부에 따라 1과 0으로 설정한다. 가구 특성 변수를 X, 상환능력 변수로 나타내는 변수를 Z, 상환 고부담 가구 더미를 B, 자금용도별 해당 가구 더미를 L이라 한다.

$$Y_i = \alpha + \sum_j \beta_j X_{ji} + \sum_k \gamma_k Z_{ki} + \sum_m \delta_m B_{mi} + \sum_l \theta_l L_{li} + e_i$$

$Y_i = 1$: 상환불능 가구, $Y_i = 0$: 상환가능 가구

X : 가구 특성 변수, Z : 상환능력 변수

B : 고부담 가구 더미, $L : k$ 자금용도 이용 가구 더미

가계의 금융부채 상환불능 판단에 영향을 미칠 수 있는 설명변수로는 앞의 모형과 동일하게, 가구 특성 변수로는 가구주의 성, 연령, 연령제곱, 가구원 수, 미취업자 더미를 설정하고, 상환능력 변수로는 Log_{10}(경상소득), Log_{10}(실물자산), Log_{10}(금융자산) 등을 설정하고, 상환 고부담을 나타내는 더미변수로 각 지표별로 임계치를 넘어서는 가구는 1, 그렇지 않는 가구는 0으로 설정한다. 그리고 특정 자금용도 대출이 있는 해당 가구는 1, 그렇지 않는 가구 0으로 설정한다. 적합성을 높이기 위해 상환 고부담 지표 중 DSR 고부담 가구는 이번 분석에서는 설명변수에서 제외했다. 이상의 변수들을 설명변수로 하는 이분형 로짓 회귀분석 모형의 분석 결과는 <표 7-9>와 같다.

이 모형은 4개년 모두 적합성 조건을 충족하고 있고 앞서 제시한 모형보다 적합성이 더 높다. 이 모형에서 4개년 연속 부호가 일치하고 통계적으로 유의한 변수는 연령(+), 가구원 수(+), 실물자산(-), 금융자산(-), DTI 고부담가구(DTI>3)(+), DTA 고부담가구(DTA>0.7)(+) 등이고, 자금용도에서는 부채상환(+), 기타 생활비(+) 등이다. 3년간 부호가 일치하고 통계적으로 유의한 변수는 연령제곱(-), 경상소득(-), 사업자금(+) 등이다. 이와 같이 가구의 인구사회적 특성과 관련해서는 가구원이 많을수록 상환불능 가구가 될 확률이 높아지고 연령이 많을수록 높아지다, 일정 연령에 달한 이후 다시 낮아진다. 또한 상환능력과 관련해서, 상환불능 가구가 될 확률은 소득이 많거나 실물자산과 금융자산이 많을수록 낮아진다. 상환부담과 관련해서 보면, 소득에 비해 금융부채가 과도한 DTI 기준 고부담 가구일수록, 총자산에 비해 총부채가 과도한 DTA 기준 고부담 가구일수록 상환불능 가구가 될 확률이 높아진다는 것을 알 수 있다. 그리고 자금용도와 관련해서 보면, 자금을 부채상환이나 기타 생활비로 이용한 가구일수록 상환불능 가구가 될 확률이 높아지고, 사업자금을 이용하는 가구도 안정성은 다소 낮지만 상환불능 가구가 될

〈표 7-9〉 로짓모형을 이용한 상환불능 위험 결정요인 분석 결과 2

(단위: %)

설명변수	2010년	2011년	2012년	2013년
가구주 성(남성=1, 여성=0)	-.130	-.139	-.164	-.316**
연령(년)	.099**	1.00**	.080*	.113***
연령(년)^2	-.001*	-.001**	-.001	-.001**
가구원 수(명)	.134**	.111**	.134**	.160***
교육 연수(년)	-.012	-.037	-.038*	-.026
미취업 가구=1, 취업 가구=0	-.005	.406**	-.052	.311
Log10(경상소득)(만 원)	-.930***	-.467**	-.444*	-.093
Log10(실물자산)(만 원)	-.198**	-.271***	-.175*	-.219**
Log10(금융자산)(만 원)	-.270***	-.566***	-.694***	-.557***
상환부담 1 (DTI > 3.0)	1.125***	1.386***	1.037***	1.365***
상환부담 3 (DTA > 0.7)	.609***	.593***	1.009***	.467***
거주주택 구입	.307*	.223	.266	.496**
기타 부동산 구입	.483*	.176*	.464*	-.760**
전월세 상환	.238	.387	.238	.102
사업자금	.213	.543***	.863***	.584***
증권투자	-.403	.888	1.068***	-5.25
부채상환	.856***	.933***	.921***	.478***
결혼비	.198	.173	.555**	-.261
의료비	.739**	.571	.794**	.120
교육비	-.399	.444**	-.781**	.235
기타 생활비	.648***	.442***	.749***	.738***
상수	-1.883	-1.702	-1.623	-4.025**
-2 Log likelihood	1,694.922	2,055.550	1,881.907	2,200.594
Cox & Snell R^2	.059	.073	.086	.089
Nagelkerke R^2	.164	.199	.242	.219
Hosmer & Lemeshow 검증 유의수준	.227	.086	.255	.591
관측 수	4,380	5,360	5,381	5,124

주: ***: $p < 0.01$, **: $p < 0.05$ *: $p < 0.1$

확률이 높다고 할 수 있다.

5. 맺음말

이 연구는 금융 관련 정보가 많이 포함되어 있는 「가계금융조사」 및 「가계금융·복지조사」 DB를 이용해, 가계의 금융부채 보유 여부와 금융부채 가구의 상환불능 여부에 어떤 요인이 작용하고 있는가를 밝히고자 한 것이다. 이 연구는 구체적으로 가계부채의 보유, 보유동기, 상환부담, 상환불능 등의 상태를 먼저 분석한 다음, 이 가계부채의 보유와 금융부채의 상환불능 요인을 이분형 로짓 회귀분석에 의거해 제시했다. 기존 연구는 대부분 가계부채의 상환부담 지표에만 의존해 상환불능 위험을 분석하고 있으나, 이 연구는 상환불능 위험에 대해 「가계금융조사」 자료 중 대출금 상환 여부 설문의 응답 결과를 이용했다. 그리고 상환불능 여부를 상환불능 위험 지표로 설정하여 상환불능 위험에 영향을 미치는 요인으로 가구의 특성, 상환능력, 상환부담뿐 아니라 자금용도와의 관련성까지 새롭게 분석했다.

이를 정리해보면 첫째, 가계가 금융채무를 지게 되는 동기는 자금용도 분석 결과 주로 거주주택 구입, 생활비 조달, 사업자금 마련, 전월세 보증금 마련, 기타 부동산 구입, 교육비, 부채상환 순이었다. 또한 어떤 가구가 금융부채 가구가 되는지를 분석한 결과, 금융부채를 보유한 가구가 될 확률은 가구주의 성과 무관하지만, 가구원이 많을수록, 가구주의 교육 정도가 높아질수록 높아졌고, 미취업 상태인 경우는 낮아졌다. 또한 이 확률은 43~45세 전후까지는 높아지지만 그 이후부터는 낮아졌다. 그리고 금융부채 보유 가구가 될 확률은 소득이 많을수록, 실물자산이 많을수록 높아지지만, 금융자산은 적을수록 높아졌다. 이는 소득증가는 상환능력을 높이고, 실물자산은 담보능력을 높여 차입 필요성을 높이지만, 금융자산 증가는 유동성 증대로 차입수요를 줄여 차입 가능성을 낮추기 때문이라고 할 수 있다.

둘째, 금융부채 가구 중 상환불능 가구 비율은 높아지고 있으나, DTI(금융부채/경상소득), DSR(연 상환액/경상소득), DTA(총부채/총자산)로 측정한 상환부담은 지표에 따라 달라 추이를 확인할 수 없었다. 각 지표에 의한 상환부담이 임계치 이상을 보이는 고부담 가구의 비율은, 상환불능 가구의 경우 상환가능 가구에 비해 월등히 높았지만 특정한 추이는 확인할 수 없었다. 다만 상환불능 가구 중 고부담가구의 비율은 DTI, DTA, DSR 순으로 높았다. 전체적으로 상환불능 가구는 DSR로 측정된 지표와의 관련성이 상대적으로 낮은 것으로 나타나지만 상환불능에는 여러 요인이 작용하고 있기 때문에 결정요인을 밝히기 위해서 별도의 모형을 설정하고 회귀분석을 진행했다.

셋째, 금융부채 상환불능의 결정요인을 제시하기 위해 가구 특성, 상환능력, 상환부담 등과 관련되는 변수를 설명변수로 설정해 이분형 로짓 회귀분석을 한 결과는 다음과 같았다. 상환불능 가구가 될 확률은 가구원이 많을수록, 연령이 많을수록 높아지다 일정 연령에 달한 이후 낮아진다. 또한 상환불능 가구가 될 확률은 소득이 많거나 실물자산이 많을수록 낮아지고 금융자산이 많을수록 낮아진다. 또한 소득에 비해 금융부채가 과도한 DTI 기준 고부담 가구일수록, 총자산에 비해 총부채가 과도한 DTA 기준 고부담 가구일수록 상환불능 가구가 될 확률이 높다고 할 수 있으나, DSR 기준 고부담 가구는 통계적 유의성은 없었다. 따라서 가계의 채무불이행 위험은 가구원이 많을수록 연령이 많을수록, 상환부담이 임계치를 넘는 고부담 가구일수록 높아지지만, 소득이나 자산 등의 상환능력이 클수록 낮아진다고 할 수 있다.

넷째, 가계의 금융부채 상환불능 위험을 설명할 수 있는 가구 특성, 상환능력, 상환부담 등과 관련되는 변수 이외에 자금용도를 설명변수로 추가해 이분형 로짓 회귀분석을 한 결과, 자금용도를 제외한 다른 설명변수의 분석 결과는 앞의 모형과 다르지 않았으나 자금용도와 관련해서는 새로운 결과가 나타났는데 다음과 같다. 주로 가계가 차입하는 용도는 생활비 마련, 거주주택 구입, 사업자금 마련이었는데 생활비 마련, 부채상환, 사업자금 마련을 위해 차입한 가구는 그렇지 않은 가구보다 상환불능 위험에 빠질 가능성이 더 높은 것으로 나타났다. 따라서 가계 대출의 경우에도 자금용도에 대한 심사와 감시가 중요하다고 할 수 있다.

기존의 연구는 상환부담과 상환불능 위험을 구분하지 않고, 가계대출 정책은 상환부담을 나타내는 지표로 DSR를 주로 사용하며, 개별 자산의 담보대출에서는 LTV(대출액/담보액)를 보완적으로 활용하고 있다. DSR 지표 하나만 사용할 경우 이 지표가 금융부채 상환불능과 관련되어 있다는 어떤 실증적 증거 없이 임계치를 절대화한다는 문제가 있다. 이 연구에서는 비록 채무자의 주관적인 판단이기는 하지만 채무불이행 위험을 보여주는 상환불능 여부를 새로운 지표로 사용했고, 이를 근거로 상환부담 지표가 채무불이행에서 중요한가를 재확인한 결과, 유의성이 있는 것은 가계 수준에서 측정이 필요한 DTI, DTA 지표였다. 이 지표의 임계치에 대한 연구는 좀 더 필요하겠지만 가계대출 정책은 그 유효성이 입증되지 않은 DSR에만 의존하기보다는, DTI, DTA 지표도 적극적으로 활용할 필요가 있고 이것이 활성화되기 위해서는 DTI, DTA 임계치에 대한 연구가 더 진행되어야 할 것이다. 그리고 가구 전체의 소득이나 담보자산에 대비하여 대출액을 조절해 상환부담을 낮추는 것이 상환불능 위험을 줄이는 유효한 수단이라는 점은 이 연구에서 확인되고 있다. 채무자의 상환능력을 나타내는 가계 전체 소득과 자산은 물론, 자금용도도 상환불능 위험에 영향을 미친다는 것이 새롭게 확인되었기 때문에,

가계소득과 자산 외에도 자금용도에 대한 정보 수집과 이를 기초로 한 심사
와 감시가 앞으로 필요할 것이다.

참고문헌

김경아. 2011. 「국내가계의 부채증가 추세 및 요인에 관한 연구-미시자료에 대한 분석을 중심으로」. 한국응용경제학회. ≪응용경제≫, 제13권 제1호.

김우영·김현정·김기호. 2009. 「한국의 노동패널자료를 이용한 가계부채 분석」. 한국 은행 금융경제연구원. ≪금융경제연구≫, 제366호.

김현정·김우영. 2009. 「가계부채가 소비에 미치는 영향: 미시자료를 중심으로」. 한국 은행 금융경제연구원. ≪경제분석≫, 제15권 제3호.

_____. 2010 「가계부채의 결정요인 분석」. 한국국제경제학회. ≪국제경제연구≫, 제16권 제1호.

배영목. 2011. 「가계부채 상환부담의 분포와 추이」. ≪경제발전연구≫, 제17권 제1 호.

유경원. 2009. 「가계부채 문제에 관한 분석」. 한국은행 금융경제연구원. ≪경제분석≫, 제15권 제4호.

전승훈·임병인. 2013. 「가구의 금융부채 유형별 부채상환능력 분석」. 한국경제연구 학회. ≪한국경제연구≫, 제31권 제1호.

통계청. 2010~2011. 「가계금융조사」.

_____. 2012~2013. 「가계금융·복지조사」.

함준호·김정인·이영숙. 2010. 「개인CB 자료를 이용한 우리나라 가계의 부채상환위 험 분석」. KDI. ≪한국개발연구≫, 제32권 제4호.

홍종학. 2011. 「가계부채 문제 해결을 위한 정책과제」. 한국응용경제학회. ≪응용경 제≫, 제13권 제2호.

한국은행. 2010~2013. 「금융안정보고서」.

Barba, Aldo and Massimo Pivetti. 2009. "Rising Household Debt: Its Causes and Macroeconomic Implications: a long-period analysis." *Cambridge Journal of Economics*, Vol. 33, pp. 113~137.

Cava, Gianni La and John Simon. "Household Debt and Financial Constraints in Australia." *The Australian Economic Reviews*, Vol. 38, No. 1, pp. 40~60.

Cox, Pru, John Whitley and Peter Brierley. 2002. "Financial Pressures in the UK Household Sector: Evidence from the British Household Panel Survey." *Bank of England Quarterly Bulletin*, Winter.

Crook, Jonathan. 2001. "The Demand for Household debt in the USA: Evidence from the 1995 Survey of Consumer Finance." *Applied Financial Economics,* Vol. 11, pp. 83~91.

Karasulu, Meral. 2008. "Stress Testing Household Debt in Korea in Republic of Korea: Selected Issues." *IMF Country Report,* Vol. 296, No. 8, pp. 17~33.

Kim, Hyun Jeong et al. 2014. "Household Indebtedness in Korea: Its Causes and Sustainability." *Japan and World Economy,* Vol. 29, pp. 59~75.

제8장

마이크로크레딧의 국제적 동향과 한국 미소금융의 과제*
지속가능성과 금융접근성을 중심으로

정영석 | SC저축은행 대표이사
이기영 | 경기대학교 경제학과 교수

1. 머리말

저소득 빈곤층에 대한 대출은 소액신용에 따른 거래비용과 높은 파산확률에 대한 우려 때문에 대출금리의 인상이 불가피한 측면이 있다. 그러나 이를 반영해 대출금리를 높이는 경우에도, 신용정보의 불완전성으로 인한 역선택이나 도덕적 해이 가능성 때문에 신용공급이 제약을 받아 대출시장이 형성되지 못하거나, 상시적인 초과 수요의 상태가 발생할 가능성이 크다. 한편, 수요자인 서민 차입자의 입장에서 이러한 고금리를 과연 부담할 능력이 되는지의 문제 또한 서민금융 시장이 발전하는 데 큰 어려움이 되어왔다.

국제적으로 마이크로크레딧[1] 업계의 발전 사례가 보여주는 가장 중요한

---

* 이 글은 ≪경제발전연구≫, 제19권 제1호(2013.6)에 게재된 논문을 수정·보완한 것이다.

[1] 1970~1980년대 빈곤층의 자립을 촉진하기 위한 사회운동의 하나로 시작된 마이크로크레딧(microcredit) 사업이 최근에는 금융의 접근성 확대를 위한 지속가능한 경제적 모형으로 인정받으며 급속히 발전하고 있다. 아울러 금융서비스의 범위도 소액신용뿐만 아니라 예금, 보험 등으로 확대되면서 명칭도 좀 더 포괄적인 서비스를 의미하고 시장성을 강조

교훈은 이러한 빈곤층에 대한 신용공급을 시장기능을 통해 해결할 수 있다는 가능성을 보여주었다는 것이다.[2] 즉, 지난 1980년대 이후 국제적인 마이크로크레딧의 성과와 발전은, 빈곤층에 대한 소액신용에서도 적절한 금융거래 방식(contract design)과 지원책을 동반한다면 비교적 높은 금리일지라도 높은 상환율을 보이며, 시장경제적 입장에서도 지속가능한 사업이 될 수 있다는 것을 입증했다. 과거 정부기관을 중심으로 보조금 성격의 신용을 제공하던 것보다는 상업적 원칙을 통해 좀 더 효율적으로 금융서비스를 공급할 수 있다는 경제적 접근의 가능성을 확인하고 발전시켜온 것이다.

마이크로크레딧이 빈곤층이나 저소득층에 대해 단순히 양적인 신용 확대만을 지향하는 것은 아니다. 이것보다는 정보의 불완전성을 극복하기 위해 차입자의 내부정보를 적절히 활용하거나 차입자와 금융기관의 올바른 행동을 유도할 수 있는 인센티브 구조를 제공하는 것을 더욱 중요하게 생각하고 있다. 전통적인 금융과는 차별화된 여신승인 기준을 가지고, 경제활동의 의욕과 상환의지가 있는 차입자를 선별하며, 대출 이후에도 모니터링 과정을 통해 사업 성공률과 상환율을 높이고 있는 것이다. 즉, 시장기능을 활용해 과

하는 '마이크로파이낸스(microfinance)'라는 용어로 바뀌는 추세이다. 그리고 마이크로크레딧이 극빈층(very poor)에 대한 대출 및 이를 통한 빈곤 퇴치 등 사회적 영향을 중시하며 NGO 중심의 역할을 강조하는 반면, 마이크로파이낸스는 저소득층이 소액대출뿐 아니라 좀 더 폭넓은 금융서비스에 대한 접근성을 통해 혜택을 볼 수 있다는 것을 강조한다. 또한 관심의 대상도 극빈층 외에 차상위 저소득층(less poor)까지 포괄하며, NGO보다는 민간 금융기관을 역할의 중심으로 상정하는 경향이 있다(Armendariz and Morduch, 2010: 15~16 참조). 단, 이 글은 마이크로파이낸스의 여러 금융서비스 중 마이크로크레딧에 중점을 두고 논의를 진행하고자 한다.

2) 마이크로크레딧 기관과 고객 수에 대한 정확한 집계는 어렵지만 곤잘레스(Gonzales, 2008)에 의하면 2007년 말 현재 2420개의 마이크로크레딧 기관이 9940만 명의 고객에게 신용을 제공하고 있는 것으로 추정된다. 한편, 2007 Microcredit Summit의 보고서에 의하면 3300개의 마이크로크레딧 기관과 약 1억 3300만 명의 고객이 있는 것으로 추정된다.

거 정상적인 금융거래가 어렵다고 여겨지던 빈곤층이나 저소득층의 금융접근성(financial access) 문제를 해결한다는 데 마이크로크레딧의 본질적 가치가 있다.

이 글은 마이크로크레딧이 가지는 사회운동적 관점보다는 상업적 원칙에 기초해 그것이 저소득 빈곤층의 금융접근성을 해결해온 경험을 중심으로 금융적 관점에서 서민금융시장 발전을 위한 시사점을 찾고자 한다. 그리고 이를 토대로 한국형 마이크로크레딧의 본격적인 시도라 할 수 있는 미소금융의 발전 방향을 모색해보고자 한다.

이 글의 구성은 다음과 같다. 우선 2절에서는 마이크로크레딧의 경제학적인 의미를 고찰해보고, 사회적 역할을 중시하는 입장과 시장적 원리를 중시하는 입장을 비교한 후, 최근 이를 포용적 금융제도의 일부분으로 편입하려는 움직임에 대해서 살펴본다. 3절에서는 해외 마이크로크레딧 기관들의 운영 현황을 기관의 유형별로 비교분석해본다. 그리고 4절에서는 한국 마이크로크레딧의 발전과정을 살펴보고, 한국 미소금융의 현황을 해외기관과 비교분석해본다. 5절에서는 앞서의 논의를 기초로 한국 미소금융의 발전 방향을 모색해본다. 끝으로 6절에서는 이상의 논의를 요약하고 중요한 시사점을 제시한다.

2. 마이크로크레딧의 경제적 의미 및 패러다임의 변화

1) 마이크로크레딧에 대한 경제학적 시각

경제학적으로 소액 서민금융이 극복해야 할 가장 큰 구조적 문제는 불완전한 정보, 즉 정보의 비대칭성으로 인한 시장의 비효율성, 그리고 소액거래로 인한 높은 거래비용으로 요약할 수 있다.

우선 대출자와 차입자 간 정보의 비대칭성은 다음 세 가지 단계에서 발생하는데, 이는 대출의 파산확률을 높인다.[3] 첫 번째 단계의 정보비대칭성은 대출 실행 이전 대출 의사결정 과정에서 차입자의 신용도(credit worthiness)나 차입자가 수행하고자 하는 프로젝트의 리스크에 대하여 정확한 정보를 얻기 어렵거나 혹은 이러한 정보의 비용이 너무 높은 경우 나타나는 역선택의 문제이다. 두 번째 단계의 정보불완전성은 대출실행 이후 차입자가 대출자원을 다른 용도로 사용하거나 사업의 성공을 위해 최선의 노력을 다하지 않을 가능성이 있고, 대출자의 입장에서는 이에 대한 완전한 정보와 통제력을 갖기 어렵기 때문에 발생하는 도덕적 해이 문제이다. 세 번째 단계의 정보비대칭성은 차입자가 채무상환능력이 있음에도 이를 감추고, 채무의 상환을 유예시키고자 하는 유혹을 받게 되는 의도적 파산(strategic default)의 가능성이다. 이는 전술한 도덕적 해이와는 또 다른 형태의 도덕적 해이로서, 특히 채무에 대한 법적 책임이 유한책임(limited liability)으로 한정되는 경우에 심각하게 나타날 수 있다. 이러한 정보의 불완전성 문제는 신용정보를 공유하는 제도적 기반이 취약하거나, 차입자가 담보능력이 부족할 때 그리고 대출계약의 법적 집행력이 낮을 때 더욱 현저히 나타나 차입자의 파산확률을 높인다. 그런데 이러한 정보의 불완전성에 의한 높은 파산확률은 대출금리의 상승에 따라 더욱 증가할 수 있기 때문에 자금공급자 입장에서는 차입자의 신용리스크를 대출금리에 충분히 반영할 수 없는 상황이 생기고, 이에 따라 신용할당 혹은 신용공급 중단의 현상이 발생한다.

---

3) Armendariz and Morduch(2010: 37~38) 참조.

한편, 소액대출의 또 다른 구조적 문제는 대출금 단위당 거래비용 혹은 운영비용이 매우 높다는 점이다. 즉, 대출의 비용요소 중 자금비용이나 대손비용 등은 대출금액에 비례해 증가하는 경향이 있지만 한 건의 대출취급을 위한 운영비용은 대출금액에 상관없이 고정비용이 투입되기 때문에 일종의 레버리지 효과가 발생하고, 대출금액이 작을수록 대출금액 단위당 운영비용은 급격하게 증가하는 경향이 있다. 아울러 저소득층이나 영세사업자일수록 금융거래기록이 부족하고, 금융지식(financial literacy)이 상대적으로 낮고, 고객층이 지역적으로 광범위하게 분포되어 있으며, 소득이 불규칙해 채권회수비용이 높다는 점 등도 대출단위당 거래비용을 높이는 또 다른 요인으로 작용하고 있다.[4]

마이크로크레딧은 이러한 서민금융시장의 구조적 문제를 해결하기 위해 소득재분배보다는 신용 제공을 통해 빈곤을 줄이는 것을 목표로 다음의 노력을 하고 있다. 첫 번째는, 전통적인 금융방식에 존재하던 역선택 문제를 지역사회와의 유대에 기반한 내부적 정보를 활용해 극복함으로써 새로운 대출의사결정 모형을 제공한다. 두 번째, 차입자와 지속적 관계를 유지하고 사후 모니터링을 통해 사업의 성공가능성과 상환확률을 제고하여 전통적 금융방식에 존재하는 도덕적 해이 문제를 극복하고자 한다. 세 번째, 저소득층이 영위하는 영세기업의 생산성을 높이고, 그들의 소득수준을 증대시키기 위해 사업 시작 시점부터 컨설팅 및 교육 등의 지원사업을 통해 근본적으로 차입자의 소득창출기반을 돕고자 한다.

---

4) Mylenko(2010) 참조.

2) 사회적 목적을 중시하는 입장

일반적으로 대출금리에는 파산확률에 따른 신용 리스크 프리미엄뿐 아니라 운영비용까지 반영되어 있다. 따라서 저소득층이 부담해야 하는 대출금리는 저소득 서민층의 상대적으로 높은 파산확률뿐 아니라 소액거래로 인한 높은 거래비용을 반영하므로, 일반적으로 느끼는 파산확률의 차이보다도 현저히 높다.

그런데 저소득층을 위한 서민금융기관이 그렇게 높은 대출금리를 고객에게 부과해도 좋은지, 또한 저소득층 고객들이 그렇게 높은 대출금리를 부담할 능력이 있는지에 대한 우려가 있으며, 이에 따라 경제적으로 결정되는 대출금리를 그대로 적용하기는 어렵다는 견해가 있다.

물론 이러한 입장은 저소득층에 대한 사회적 배려에서 출발하지만, 경제적인 측면에서도 몇 가지 중요한 경제적 논거를 가질 수 있다. 첫 번째, 차입자가 과연 그렇게 높은 금리를 감당할 수 있는 사업이나 프로젝트를 찾을 만큼 사회에 투자기회가 충분히 존재하는가 하는 점은 경제발전 단계에 따라 고려해야 할 사항이다. 두 번째, 역선택이나 도덕적 해이 논의에서 보듯이 대출금리 인상이 대출 포트폴리오의 질을 저하시킬 가능성이 있기 때문에 높은 대출금리를 적용한다고 해서 대출금융기관이 항상 더 높은 수익을 보장받을 수 있는 것이 아니라는 점이다. 세 번째, 초과수요가 존재하는 신용할당 상태에서 대출기관의 비효율성으로 인한 비용을 가난한 고객들이 부담해야 하는 경우가 생기기 쉽다는 점이다.

이러한 배경에서 국가별 경제여건에 따라 정부기관이 직접 저소득계층의 신용공급에 참여한다거나, 혹은 마이크로크레딧 기관이 정부의 보조금에 크게 의존해 인위적으로 낮은 금리로 신용을 공급할 수 있다. 그리고 명시적 혹은 암묵적으로 이 부문에 대한 금리규제를 실시하는 경우도 있을 수 있다.

3) 지속성을 중시하는 입장

보조금적 지원을 통해 저소득층에 대한 대출금리를 인위적으로 낮게 유지하는 경우 많은 경제적 문제가 발생한다. 1960~1970년대 많은 개발도상국에서 농촌개발 같은 취약계층에 대규모 신용을 제공하는 정부지원 프로그램 (subsidized credit)을 실시했으나 대부분 실패로 끝났다. 이후 마이크로크레딧 (microcredit)이라는 시장적 접근이 각광을 받은 것은 바로 이러한 보조금적 신용의 문제에 따른 결과로 볼 수 있다. 금융기관의 이자수입으로는 그 비용을 감당하지 못하는 인위적인 저금리신용은 다음과 같은 사회경제적인 문제를 유발할 수 있다.[5]

첫 번째, 인위적인 저금리정책하에서는 차입자의 선정 혹은 프로젝트의 선정에서 금리가 자원배분 기능을 상실할 뿐만 아니라, 저소득층의 신용에 대한 접근성이 더욱 제약될 수 있다. 정보의 불완전성하에서 인위적으로 낮은 금리로 신용을 제공할 경우 이는 또 다른 형태의 도덕적 해이와 역선택의 문제를 발생시킬 수 있다. 정상적 시장금리에 비해 대출금리가 낮을수록 다른 금융기관에서 대출을 받을 수 있는 상대적으로 양호한 차입자들의 가수요가 증가하고, 보조금이 남용될 가능성이 커진다. 아울러 대출자 입장에서는 같은 대출금리라면 신용도를 확인할 수 있는 상대적으로 양호한 고객층을 선택함으로써 진정 지원이 필요한 저소득 고객층에 대한 신용공급은 오히려 축

---

5) 저소득층을 위한 정부지원 대출프로그램의 문제점에 대해서는 헬름스와 레유(Helms and Reille, 2004), 코노와 타카하시(Kono and Takahashi, 2010), 아멘다리즈와 모르두흐 (Armendariz and Morduch, 2010: 9~11) 등을 참조한다.

소멸 가능성이 있다.

두 번째, 인위적인 저금리는 자생적인 금융서비스 공급체계의 발전을 저해시키는 요인으로 작용할 수 있다. 정부지원에 의한 저금리정책은 다른 민간 금융기관이 지속가능한 금리를 적용하는 것을 어렵게 만들어, 경쟁구조를 구축(crowding out)하고 장기적으로 서민을 위한 금융시스템의 발전을 저해할 수 있다.

세 번째, 저소득층에 의미 있는 규모로 금융서비스를 확대할 수 있을 만큼 충분한 보조금이 제공되기 어렵다. 즉, 마이크로크레딧이 일정한 규모로 사회적 영향력을 확대하기 위해서는 상업적 원칙의 채용과 지속성 있는 운용으로 민간부문의 투자를 유치하는 것이 불가피한 대안일 수 있다. 경제적으로 지속가능한 금리를 적용하고, 경영 또한 지속성을 가져야만 자본시장 혹은 자금시장의 레버리지를 통해 사업 확대가 가능하다.

네 번째, 시장금리에 비해 현저히 낮은 금리를 적용할 경우 차입자들은 오히려 이를 상환이 필요 없는 보조금(grant)으로 인식해 상환의지가 약화되고 상환율이 감소하는 문제가 발생할 수 있다. 그리고 정부기관에 의해 크게 영향을 받는 보조금적 신용사업은 선거 등 정치적 압력에 의해 채무감면 요구를 받기 쉽고, 정상적인 채권회수 활동 또한 어렵게 함으로써 지속가능성은 더욱 낮아진다. 이는 지난 1970년대까지 세계 각국에서 정부주도로 운영되어온 유사 저금리신용프로그램이 남긴 중요한 교훈이다.

4) 패러다임의 변화

최근 마이크로크레딧의 발전과정에서 주목할 두 가지의 큰 흐름은 지속가능성의 확보와 통합적인 금융부문으로의 발전이 필요하다는 점이다.[6)]

(1) 지속가능성의 확보

2000년대 중반 멕시코의 마이크로크레딧 기관인 콤파타모(Banco Compartamos)의 주식시장 상장을 계기로 국제적으로 마이크로크레딧 기관의 상업화(commercialization)가 진전되었고, 과거 사회적 비영리기관(socially driven non-profit microfinance)에서 점차 영리기관(for-profit microfinance)으로 중심이 옮겨가고 있다. 이러한 상업화를 통해 마이크로크레딧 기관들은 과거 제한된 기부금에 의존하던 방식에서 벗어나, 자본시장에 대한 접근과 그 레버리지를 이용해 자산규모 및 활동범위를 크게 확대하는 기회를 갖게 되었다. 아울러 고객층도 과거의 사회적 빈곤층에서 신용접근에 제한을 받는 차상위계층까지 포함하는 넓은 의미의 저소득층으로 확대되었다.

이렇게 시장기능에 의한 금융접근성의 확대가 이루어졌지만, 마이크로크레딧이 완전히 상업적 목적을 가지고 빈곤층과 저소득층에 신용을 제공할 수 있는지에 대해서는 아직 논란의 여지가 있다. 물론 상당수의 저소득층이 여전히 금융접근성에 제약을 받고 있으며 이들에 대한 체계적인 금융서비스의 확대가 착취적인 사금융의 피해를 줄이고 저소득층을 지원할 수 있다는 점에는 큰 이견이 없다. 그러나 이를 반대하는 입장은 마이크로크레딧을 사회적 사명에 의해 주도되는 사업(Grameen 모형)으로 보고, 성장속도나 고객의 범위를 줄이더라도 대출금리나 이윤을 낮춰 저소득층을 지원해야 한다는 견해를 가진다. 그리고 이를 찬성하는 입장은 상업적인 경영이 좀 더 빠른 속도로 저소득층에 금융서비스를 확대하고, 금융적 선택 가능성을 넓힐 수 있으므로 바람직하다고 보는 견해(Accion 모형)[7]로서 낮은 금리보다는 금융접근성의

---

6) Hamada(2010) 등 참조.

7) 사회적 목적을 중시하는 방글라데쉬의 그라민은행(Grameen Bank)을 모델로 하는 형태를 그라민(Grameen) 모형, 라틴아메리카 지역을 중심으로 민간자본시장을 활용해 마이크로

문제를 더욱 중시하는 입장이다.

그러나 최근의 조사에 따르면 사회적 목적을 중시하는 마이크로크레
딧 기관의 경우에도 대부분 완전한 시장금리는 아니더라도 지속성을 유
지할 수 있는 금리정책을 채택해 자립적 기반을 갖춰나가고 있다.[8] 또한
빈곤층을 대상으로 상업적 마이크로크레딧을 표방하는 기관들도 아직은 대
부분 순수한 재무적 투자를 목적으로 하는 투자자들이 관심을 가질 만큼 많
은 이익을 내고 있지는 못한 것이 현실이다. 이러한 상황에서 두 가지 모형
중 하나만을 올바른 사업모델로 보는 것은 바람직하지 않다. 즉, 사회적 취약
계층을 위한 한정된 금융지원을 제외하고는 일반적으로 마이크로크레딧은
경제적으로 지속가능(financially sustainable)해야 하고 사회적 목적과 상업적
원칙 간에 어느 정도 상충관계(trade-off)가 존재할 수 있다는 점을 인정하면서
금융의 접근성을 넓히기 위해 시장의 기회를 최대한 활용하는 것이 현실적
접근이 될 것이다.[9]

(2) 포용적 금융제도(inclusive financial system)

마이크로크레딧과 관련된 사회경제계의 관심은, 과거 개별 기관이나 관련
사업을 지원하던 방식에서 2000년대 중반 이후에는 좀 더 통합적이며 포용
적인 금융제도를 만드는 방향으로 이동하고 있다. CGAP[10]은 개발도상국의

파이넌스를 혁신적으로 발전시키고자 하는 비영리 민간기관인 액션 인터내셔널(Accion
International)을 따르는 형태를 액션(Accion) 모형이라고도 한다.

8) 이 글 제3절을 참조한다.

9) Cull, Demirgic-Kunt and Morduch(2008) 참조.

10) CGAP(Consultative Group to Assist the Poor)은 세계적으로 빈곤층을 위한 금융접근성을
촉진하기 위해 설립된 독립적 정책연구기관이다. 빈곤 극복을 주요 임무로 하는 30여 개
의 국제개발기관 및 민간재단의 지원을 받고 있다.

금융시장이 견고하게 발전하기 위해서는 지속가능한 마이크로파이넌스 부문이 중요하다는 인식하에 2004년 'Key Principles of Microfinance[11]' 를 채택해, 빈곤 퇴치를 위한 마이크로파이넌스의 중요성 그리고 지속성을 중시하는 마이크로파이넌스 관련 정책을 강조하고 있다. 그리고 이를 기초로 마이크로파이넌스를 공식적 금융제도의 일부로 포함하여 포용적 금융제도로 발전시켜야 한다고 보고 있다. 한편, 정부는 시장을 왜곡할 수 있는 직접적이며 일회성의 지원보다는 민간부문의 자원이 좀 더 효율적으로 동원될 수 있도록 금융제도적 기반을 마련하고 관련 인력을 양성하는 방향으로 노력해야 할 것을 권고하고 있다.

그리고 이러한 포용적 금융제도는 마이크로 단계, 중간 단계, 매크로 단계의 세 단계로 구성된다.[12] 마이크로 단계는 저소득계층에게 금융서비스를 직접 제공하는 마이크로파이넌스 기관으로 구성되며, 중간 단계는 금융서비스의 인프라구조 및 제공되는 금융서비스의 범위를 의미한다. 그리고 매크로 단계는 적절한 입법 및 정책 등 제도적인 틀을 의미한다. 과거 전통적인 마이크로크레딧의 관심이 마이크로 단계에 집중했었다면, 현재의 마이크로크레딧은 중간 단계 및 매크로 단계, 즉 좀 더 폭넓은 금융제도적 측면에 관심을 보이며 발전하고 있다.

---

11) 2004년 6월 G8 정상회담(G8 Summit in Sea Island, Georgia, USA)은 마이크로파이넌스를 통한 금융접근성의 확대를 공동 목표로 합의하고 이에 대한 주요 원칙을 채택했다.
12) Helms(2006) 참조.

3. 해외 마이크로크레딧 기관의 현황 및 성과분석

이 장에서는 마이크로크레딧 기관의 현황을 Microfinance Information Exchange(Mix)의 Benchmark 자료[13]에 기초해 살펴본다. Mix는 마이크로파이넌스 관련 정보의 투명성과 이의 확산을 통해 금융소외의 해소와 마이크로파이넌스 부문의 발전을 촉진하기 위해 설립된 비영리기관으로서, 마이크로파이넌스와 관련한 가장 객관적이고 체계적인 정보를 제공한다. 그러나 한 가지 유의할 점은 Mix에 재무정보를 제공하는 기관들은 대체로 마이크로파이넌스의 지속가능성을 지향하고 있어, 전체 마이크로파이넌스 기관의 평균치에 비해 비교적 규모 및 재정상태가 양호한 기관만을 대표할 가능성이 있다는 것이다.

1) 고객 및 침투효과(Outreach)

우선 마이크로크레딧 기관의 법적 성격을 보면 전체 조사 대상 1019개 마이크로크레딧 기관 중 NGO와 비은행금융기관(NBFI)이 각각 36.8%, 35.3%로 대부분을 차지하며, 신용조합(credit union)과 은행이 각각 13.6%, 7.4%를 차지한다. 기관 유형별 자산규모에서는 은행이 평균 1억 8090만 달러로 가장 크고, 수적으로 가장 많은 NGO는 평균 500백만 달러로 작은 규모이다. 즉, 은행이 수적으로는 적지만 소액신용의 전체 공급에서는 가장 큰 비중을

---

13) Mix의 Benchmark 자료는 국가 간 그리고 기관 간 성과의 비교가 가능하도록 보고된 재무자료를 기초로 다음과 같은 조정이 이루어진다. ① 정상적인 자금비용보다 낮은 금리로 제공되는 보조금적 조달자금, 그해의 기부금, 그리고 재화 및 용역의 형태로 제공되는 유사 보조금(in-kind subsidy) 등을 시장가치로 평가해 비용에 반영한다. ② 각 기관마다 상이한 대손충당금 적립 기준 및 대손처리 기준을 일관된 회계원칙에 맞게 조정한다.

<표 8-1> 해외 마이크로크레딧 기관의 성과지표

(단위: %)

		전체	은행	신용조합	비은행금융기관	NGO	농촌은행
1. 기관의 수(개)		1,019	76	139	359	376	57
2. 자산규모(천 USD)		7,919	180,944	5,124	11,765	4,989	8,085
3. 침투효과 (Outreach)	기관당 차입자 수(개)	10,394	44,981	3,149	12,136	10,121	9,799
	차입자당 대출금/ 1인당 GNI	27.9	111.0	56.2	31.6	16.4	38.0
4. 재무구조	자본/자산	23.1	13.6	20.0	24.9	31.3	15.0
5. 재무적 성과	자산수익률(ROA)	1.45	0.53	1.23	1.13	2.06	1.85
	재정자립도(FSS)	107.8	103.2	109.3	105.6	107.1	116.6
	운영자립도(OSS)	109.1	105.0	109.4	107.1	109.1	116.8
	자본수익률(ROE)	7.1	5.1	5.6	5.1	8.5	14.8
6. 대출금리	자금운용수익/자산	23.3	18.2	15.9	26.4	25.4	22.1
	대출자산 명목수익률	28.0	22.4	19.9	31.2	29.6	27.8
	대출자산 실질수익률	21.8	16.1	14.7	27.3	23.2	23.6
7. 비용	자금조달비용/자산	5.0	5.2	4.0	6.0	4.5	5.1
	운영비용/자산	13.5	9.9	9.4	15.0	17.6	12.0
	대손충당금/자산	1.4	1.4	0.9	2.1	1.4	0.7
8. 대출자산의 건전성	30일 연체율	4.6	5.9	5.2	4.5	4.1	9.7
	90일 연체율	2.8	4.1	3.4	2.7	2.3	5.7
	대출손실률	0.7	0.8	0.1	1.0	0.7	0.2

주: 수치는 각 집단의 중위치(median)이다. 분포의 비대칭성이 심하고 극단적인 예외 값에 의해 평균치(mean)가 크게 영향을 받을 수 있기 때문에 중위치를 대표값으로 활용한다.
자료: Microfinance Information Exchange(Mix), 2009 Benchmark.

차지하는 것을 알 수 있다. 최근 많은 NGO 형태의 기관들이 은행이나 비은행금융기관 등 규제를 받는 영리기관 형태로 전환하고 있다. 이러한 경향은 규제를 받는 공식적인 금융기관이 되어 예금 등 좀 더 다양한 자금조달이 가능하도록 하고, 또 마이크로파이넌스를 공식적인 금융제도의 일부분으로 제

도화하려는 각국 정부의 노력에 부응하기 위한 것으로 보인다.[14]

한편, 저소득층에 대한 침투효과(outreach)를 보여주는 지표인 차입자 1인당 평균 대출금 규모에서는, 은행이 1인당 국민소득의 111.0%로 가장 컸고, 이에 반해 NGO는 1인당 국민소득의 16.4%에 지나지 않는 소액신용을 제공하는 것으로 나타났다. 1인당 평균 대출금액을 고객의 빈곤도를 측정하는 대리변수로 본다면[15] NGO가 가장 저소득 빈곤층을 대상으로 하고, 은행은 비교적 경제적으로 양호한 차상위 고객층을 대상으로 하는 것으로 보인다.

2) 비용구조

마이크로크레딧 기관의 비용은 자금조달비용, 신용리스크에 따른 대손비용, 그리고 기타 모든 행정 및 관리비용을 포함하는 운영비용[16] 등 세 가지로 나누어 볼 수 있다. 전체 마이크로크레딧 기관의 중위치를 기준으로 볼 때 자금조달비용을 나타내는 금융비용률(자금조달비용/자산)은 약 5.0%, 대손비용을 나타내는 대손충당금 비율(대손충당금/자산)은 1.4%, 그리고 운영비용률(운영비용/자산)은 13.5%이며, 전체 비용의 합계는 자산 대비 연간 약 20%로 나타났다. 여기에서는 몇 가지 주목할 점이 있다.

첫 번째, 빈곤 저소득층의 신용상태가 불확실해 대손비용률이 매우 높을

---

14) Bank for International Settlement(2010: 15) 참조.

15) 고객의 빈곤도(또는 소득수준)와 대출규모를 비교할 때, 이 두 변수 간의 상관관계가 매우 높기 때문에 마이크로파이넌스 관련 연구에서는 빈곤고객층에 대한 침투효과(outreach)를 평균 대출금액으로 보는 경우가 많다.

16) 대출금융회사의 운영비용(operating cost)은 금융기관 운영을 위한 오버헤드 비용, 여신심사 및 대출실행과 관련된 직접비용(documentation 등), 그리고 마케팅 및 서비스 비용 등을 포함한다.

것이라는 일반적인 인식과는 달리 대손충당금 비율은 1.4% 정도로 낮게 나타났다. 한편, 기관별로 보더라도 상대적으로 더 저소득층을 상대하는 NGO와 비교적 양호한 고객층을 상대하는 은행이 대손비용률에서는 유의한 차이를 보이지 않는 것으로 나타났다.[17]

두 번째, 전체 대출비용 중 대손비용이나 자금조달비용에 비해 운영비용의 비중이 가장 높고, 금리를 결정하는 가장 중요한 요인이 운영비용이라는 점이다.[18]

세 번째, 마이크로크레딧 기관의 유형별로 볼 때 자금조달비용이나 대손비용의 수준은 비교적 유사한 데 비해 운영비용의 차이는 매우 크다. 즉, 은행의 운영비용 중위치는 9.9%이지만, NGO의 운영비용은 17.6%로 그 격차가 매우 크게 나타난다. 이러한 운영비용률의 차이는, NGO의 경우 차입자 1인당 평균 대출금액과 전체 고객 수 모두 적기 때문에 나타나는 규모의 불경제(diseconomies of scale) 현상이 큰 영향을 미치는 것으로 해석된다.[19] 그러나 고객 수에서 어느 정도 규모의 경제를 확보하는 은행의 경우도 마이크로크레딧의 본질적인 과제라 할 수 있는 소액대출에 따른 규모의 불경제는 피할 수 없어 전통적 금융기관에 비해서는 매우 높은 9.9%의 운영비용률을 보이고 있다. 마이크로크레딧 기관의 운영비용은 고객 수 및 평균 대출금액 등 두 가지 경제 변수 모두의 영향을 받지만, 일반적으로는 평균 대출금액이 미치는 영향이 더 크며, 존립 목적상 대출금액을 높여 이를 회피하기 힘들다는 점이 더 큰 제약요인이 된다.

---

17) 경기변동에 따른 영향을 고려하기 위해 과거 10년간의 데이터를 관찰했을 때도 결과는 유사하다. <부표 8-1>을 참조한다.
18) 정영석·이기영(2012) 참조
19) 정영석·이기영(2012) 참조

네 번째, 전체 비용 중 가장 큰 부분을 차지하고 기관 간 비용구조의 차이를 결정하는 운영비용은 마이크로크레딧 기관의 경영혁신 노력, 경쟁 여건, 기술발전 등을 반영해 점차 줄어드는 추세를 보인다.[20]

3) 대출금리

대출자산수익률[21]을 기준으로 본 마이크로크레딧 기관 대출금리의 중위치는 명목금리 기준으로 28.0%, 실질금리 기준으로 21.8%로 나타나며, 일반적인 대출금리에 비해 매우 높은 수준이다. 이는 앞서 살펴본 대로 소규모 대출에 따른 높은 운영비용이 가장 중요한 원인이며, 또한 전통적인 은행에 비해 높은 대손비용이나 자금조달비용도 높은 금리에 영향을 미친다. 이러한 마이크로크레딧의 대출금리와 관련하여 다음의 몇 가지 주목할 만한 사실이 있다.

첫 번째, 기관 유형별로 볼 때 대부분 영리기관의 형태로 운영되고 이윤 추구가 가장 높을 것으로 보이는 은행의 대출금리에 비해, 사회적 목적성이 강한 NGO나 영리 및 비영리기관이 혼재된 비은행금융기관이 오히려 훨씬 높은 금리를 부과하고 있다는 점이다. 이는 앞서 살펴본 대로 NGO나 비은행금융기관의 평균 대출규모가 은행에 비해 소액이며 고객 수도 적기 때문에 상대적으로 운영비용이 매우 크고, 이러한 운영비용의 차이가 대출금리로 고객에게 전가되기 때문이다.

---

20) <부표 8-1>을 참조한다. 단 2009년의 Benchmark 조사에 비해 2003년의 조사 대상 기관 수가 적어 직접적인 비교에는 한계가 있을 수 있다.

21) 대출자산수익률(portfolio yield)은 '대출자산의 총수입/평균 대출자산'이며, 총수입은 수수료 수입을 포함한 대출의 실효 평균금리를 말한다.

두 번째, 마이크로크레딧 대출금리는 명목금리와 실질금리 모두 장기적인 추세로 볼 때 2000년대 이후 매년 평균 1%p 이상 감소하는 것으로 나타났다. 이는 마이크로파이넌스의 확산에 따른 금융접근성의 확대와 경쟁과 경영 혁신을 통한 비용 축소 노력 등에 기인한 현상으로 보인다.[22]

4) 신용리스크 및 대손율

마이크로크레딧 기관의 신용리스크를 측정에 주로 사용되는 지표는 연체율(portfolio at risk), 대출손실률(loan loss rate), 대손충당금 비율 등이다.[23] 우선 90일 이상 연체율은 전체 기관 중위치가 2.8%로 나타났고, 대출손실률 및 대손충당금 비율은 각각 0.7% 및 1.4%로 나타났으며, 경기에 따라 큰 변동성을 보이고 있다. 그리고 <부표 8-1>에서 과거 7년 동안의 평균 신용리스크는 일반은행의 우량신용에 비해 높은 것은 사실이지만 일반적인 인식보다는 매우 낮고, 대출금리에 충분히 반영해 관리가 가능한 수준으로 판단된다. 그러나 이러한 대표치의 이면에는 다음의 몇 가지 주목할 점이 있다.

첫 번째, 기관의 유형별로 볼 때 NGO의 연체율이나 대출손실률이 은행 혹은 비은행금융기관에 비해 오히려 낮다는 점이다. 은행에 비해 상대적으로 저소득 고객을 대상으로 소액신용을 취급하는 NGO가 비교적 양호한 고객층을 대상으로 하는 은행보다도 연체율이나 대출손실률이 낮다는 사실은, 저소득 빈곤층에 대한 소액 서민금융도 적절한 관리가 이루어진다면 시장을 통

---

22) <부표 8-1> 참조

23) 연체율(portfolio at risk) = 특정 일수 이상 연체대출원금 총액/총대출 포트폴리오
대출손실률 = (대손상각 - 수액)/대출평잔
대손충당금 비율 = 대손충당금/자산평잔

해 공급을 확대할 수 있고, 이를 위한 대출기관 및 시장을 발전시킬 수 있는 가능성을 보여주는 것이다. 아울러 차입자 간 내부정보를 활용해 정보의 불완전성을 극복하는 마이크로크레딧 특유의 심사과정이나, 사후관리 등에서 규모가 큰 은행보다는 소규모의 NGO가 더 효과적일 수 있다는 해석도 가능하다.

두 번째, 신용리스크 관련 지표의 변동성이 매우 높다는 점이다. 전체 기관을 대상으로 한 90일 연체율, 대출손실률 그리고 자산 대비 대손충당금 비율의 표준편차는 각각 9.6%, 5.9%, 3.8%로 나타났고, 그중에서도 규모가 작은 NGO나 비은행금융기관의 표준편차가 더 큰 것으로 나타났다. 전체적인 대손비용률이 일반적 인식보다 낮고, 충분히 관리가능한 수준이라 하더라도 이러한 높은 변동성은 서민금융기관의 경영이나 감독에서 상당히 유의해야 할 점으로 보인다.

5) 수익성 및 자립도

마이크로크레딧 기관의 수익성 및 자립도를 보여줄 수 있는 지표로 일반적인 자산수익률(ROA)과 이외에도 운영자립도 및 재정자립도가 활용된다.

운영자립도(OSS: operating self-sufficiency ratio)란 영업수익을 자금조달비용, 대손비용 및 운영비용 등의 총대출비용으로 나눈 것으로, 회계상의 수익과 비용을 기초로 마이크로크레딧 기관의 지속가능성을 보여주는 지표이다.

$$OSS = \frac{영업수익}{자금조달비용 + 대손비용 + 운영비용}$$

한편, 재정자립도(FSS: financial self-sufficiency ratio)는 보조금적 성격의 조달 자금과 기부금 성격의 재화와 용역 등을 시장가격으로 조정한 지속성 관련 지표이다. 보조금적 지원 없이, 시장가격으로 자금을 조달하고 재화와 용역을 구매할 경우를 가정해 경제적 측면에서의 지속성을 보여주는 지표이다.

$$FSS = \frac{영업수익}{자금조달비용 + 대손비용 + 운영비용 + 보조금조정}$$

마이크로크레딧 기관의 전체적인 ROA는 1.45%로 일반은행에 비해서도 양호한 것으로 나타났고, 운영자립도는 109.1%, 재정자립도는 107.1%로, 보조금 효과를 감안하더라도 마이크로크레딧 기관들은 평균적으로 이윤을 내고 재정적 자립을 이루고 있는 것으로 나타났다.

한편, 상대적으로 저소득층 고객을 상대하고 비영리기관으로 운영되는 NGO나 비은행금융기관의 경우도 영리기관인 은행에 비해 결코 낮지 않은 ROA를 보여주고 있으며, 보조금 효과를 제외한 재정자립도 또한 100%를 상회하고 있다. 따라서 저소득층이나 빈곤층에 신용을 제공하기 위해서는 반드시 보조금적 지원이 필요하다는 통념은 최근 마이크로크레딧 업계의 현실에서는 성립하기 어려워 보인다.

이렇게 마이크로크레딧 기관이 전반적으로 이익을 내고 있다는 점에서 이들의 사회적 기능에 대해 의문을 가지거나 과도한 이익을 내고 있다고 보는 견해도 있다. 그러나 ROA가 양호한데도 마이크로크레딧 기관의 레버리지가 낮아 자기자본이익률(ROE)은 일반금융기관에 비해 현저히 낮은 것이 사실이다. 이 정도 수준의 수익성은 순수하게 이윤만을 목적으로 하는 투자자를 유치하기에 충분하지는 않지만, 사회적 목적을 중시하는 투자자(social investor)

의 관심을 끌 수 있는 정도라고 인식되고 있다.[24]

6) 자금조달

전체 기관을 대상으로 한 마이크로크레딧 기관의 자기자본비율(capital asset ratio) 중위치는 23.1%로 나타났다. 예금을 수취하는 은행의 경우, 레버리지가 높아 수치는 상대적으로 낮고, 비은행금융기관과 NGO는 높게 나타났다. 한편, 장기적인 추세를 볼 때 2000년대 초반까지 40%대를 상회하던 자기자본비율이 최근 20% 초반까지 하락한 것은 마이크로크레딧 기관들이 급속한 성장을 뒷받침하기 위해 다양한 방식으로 외부자금조달을 확대해왔다는 것을 보여준다. 차입금이나 예금뿐만 아니라 최근 들어 마이크로크레딧 기관을 대상으로 한 영리형 투자펀드(MIV: Microfinance Investment Vehicle)가 크게 확대되고 있다. 대부분 사회적 성과(social return)와 함께 재무적 수익을 기대하는 투자펀드로서, 2010년 CGAP에 의하면 전체 펀드 규모는 총 62억 달러로 추정되며 이들 펀드의 평균 수익률은 연 7.9%로 추정된다.[25]

---

24) Cull, Demirgic-Kunt and Morduch(2008) 참조.

25) 이 중 총 59억 달러의 자금을 운용하는 73개의 펀드를 대상으로 조사 결과이다. 자세한 논의는 CGAP(2011)을 참조한다.

4. 한국 마이크로크레딧의 현황

1) 한국 마이크로크레딧의 발전과정

(1) 민간수행기관

한국에서는 2000년 신나는조합과 2002년 사회연대은행에 의해 마이크로 크레딧이 처음으로 도입되었다. 모두 비영리법인 형태로 전자는 그라민트러 스트의 지원을 받아 그라민은행의 한국지부로 시작되었고, 사업모델도 이를 따라 농어촌지역과 도시지역 공동체를 주요 대상으로 하고, 이들에 대한 공 동책임을 강조하는 그룹대출(group lending) 방식을 채택했다. 공동체는 3~5 인의 조합원으로 구성되며 조합원 상호 간의 협력을 통한 자활이 강조되고, 지역의 지도자나 성직자 등 자원봉사자가 조합원들의 교육·훈련을 이끌었 다.[26] 한편, 사회연대은행은 한국YMCA 전국연맹 등 사회기관의 공동 참여 로 약 10억 원 정도의 기금을 모아 설립되었다. 사회연대은행은 개별대출 (individual lending) 방식을 채택하고 도시 저소득층의 창업자금을 주로 지원 했는데, 경영기술지원 등 교육훈련과 창업지원 서비스를 중시했다. 그리고 사후관리전문가(RM: Relationship Manager)를 정규직원으로 두고 사후관리를 하는 등 좀 더 체계적인 경영 방식을 채택했다. 이 두 기관은 모두 초창기에 는 자체적인 민간기부금을 주요 재원으로 저소득층의 자활을 지원했으나, 2005년부터는 보건복지부의 기금이 조성되면서 정부의 위탁사업을 중점적

---

26) 신나는조합은 이후 이러한 공동체적 그룹대출 방식이 우리나라에 적합하지 않은 경우가 많아, 개별대출 방식도 병행하고 있다. 한편, 조합원을 지도하는 이들 자원봉사자를 '두레 일꾼'이라고 불렀는데 이들의 업무 부담과 전문성 부재로 2009년부터는 이를 폐지하고 전문 자원봉사자인 프로보노(pro bono)가 사후관리 업무를 맡고 있다.

으로 실시했다.[27] 신나는조합의 경우 2008년까지 157개 공동체에 30억 7000만 원을 대출하고, 사회연대은행의 경우는 2003~2009년까지 총 1165건 248억 8000만 원을 대출했다.[28] 그러나 이들 민간 마이크로크레딧 사업자들은 대출자산에 대한 건전성 분류 기준이나 대손충당금 적립 기준 등이 매우 불명확해 일관성 있는 상환율 혹은 대손율 자료를 제공하지 못한다.

이상과 같은 민간 마이크로크레딧 전업기관 이외에 아름다운재단, 열매나눔재단, 해피월드복지재단, 소상공인진흥원, 법무부보호복지공단, 한국장애인복지관협회, 광역자활센터 등의 기관은 각 기관 고유의 사업과 병행하여 저소득 빈곤층의 자활을 돕기 위한 수단의 하나로 마이크로크레딧을 활용하고 있다. 이에 따라 2009년 말 현재 민간 마이크로크레딧 수행기관 수는 총 24개로 2000~2009년 시기 중 927억 원의 재원을 조성해 이 중 3639명에게 680억 원의 대출을 실행한 것으로 조사되고 있다.[29]

(2) 정부 및 지방자치단체의 역할

한편, 2009년부터는 정부 혹은 지방자치단체도 일정 재원을 마련해 민간 수행기관에게 사업을 위탁하는 방식으로 중요한 역할을 담당하기 시작했다. 2005년부터 보건복지가족부가 매년 20억 원의 예산으로 민간 마이크로크레딧 수행기관 및 광역자활센터 등에 위탁해 진행해오던 지원사업을 2009년

---

27) 사회연대은행의 경우 2010년부터 정부 위탁자금에 의한 대출을 중단했다.

28) 박창균(2009)을 참조한다. 그리고 김규환(2010: 24)에 의하면 2004년 말 현재 신나는 조합과 사회연대은행의 상환율은 각각 92% 및 94%로 보고된다. 일반적으로 사회연대은행의 대출상환율이 신나는조합의 상환율보다 높은 것으로 조사되고 있다.

29) 2000~2009년 시기 조성된 927억 원 중 민간기부금은 263억 원, 보건복지부 재정자금이 410억 원, 지방자치단체 73억 원, 그리고 휴면예금이 171억 원을 차지한다. 김규환(2010: 22)을 참조한다.

330억 원으로 증액해 희망키움뱅크를 발족하면서, 정부도 민간 마이크로크레딧 사업을 위한 중요한 자금공급자의 역할을 맡기 시작했다. 그러나 2009년 하반기 미소금융중앙재단이 설립되고 마이크로크레딧 사업을 통합함에 따라 희망키움뱅크의 신규사업도 종료되었다. 이밖에 서울시나 강남구청 등 지방자치단체도 자체적인 예산을 배정하고 각각의 지원조건을 정해 민간 사업수행기관에 위탁하는 방식으로 마이크로크레딧 자금을 공급하고 사업을 지원하고 있다.

(3) 미소금융사업

2007년 재정된 '휴면예금관리재단의 설립 등에 관한 법률'에 따라 휴면예금의 효율적이고 공정한 관리와 서민생활의 안정 및 복지향상을 목적으로 2008년 4월 소액서민금융재단이 설립되었다. 이는 2009년 9월 미소금융중앙재단으로 명칭이 변경되면서 휴면예금뿐만 아니라 재계와 금융기관의 기부금 등으로 향후 10년간 약 2조 2000억 원의 재원을 마련한다는 계획을 세우고, 마이크로크레딧 사업을 직접 수행하거나 관련 기관을 지원하는 미소금융사업을 본격적으로 시작했다. 그리고 여기에 비록 예금 등 저축상품까지 취급할 수는 없지만, 기존의 마이크로크레딧 사업 이외에 서민을 위한 소액보험사업을 추가함으로써, 저소득층 서민을 위해 좀 더 종합적인 금융서비스를 지향하는 마이크로파이넌스 기관으로서 발전하는 계기를 마련했다.

이에 따라 미소금융중앙재단은 정책 및 사업방향의 설정, 수행기관에 대한 자금지원 등 미소금융사업을 총괄하고, 직접적인 사업은 지역재단지점, 기업 및 은행재단지점, 민간수행기관 등이 담당하는 지금의 마이크로크레딧 업계의 구조가 형성되었다. 그리고 2012년 4월 말 현재 미소금융중앙재단의 산하에 28개의 지역재단지점, 73개의 기업재단지점 그리고 51개의 은행재

<표 8-2> 미소금융 운영 현황

(단위: 억 원)

재원 조성		지원 네트워크	지원 금액		재원 잔고 [A-B]	지원 내용	
목표	기조성[A]		대출 누계	잔액[B]		금리	건당 평균 금액
4개 부문 22,000	12,580 (57.2%)	5개 지원채널 (510개 지원 네트워크)	5,761	3,725	8,408	2~8%	860만 원
① 휴면예금		① 복지사업자(15)	919	351			430만 원
7,000	4,556 (65.1%)	창업 (8)	194	125	3,559	2~8%	2,210만 원
		사회적기업 (5)	140	92			1억 100만 원
		신용회복 (2)	585	134			290만 원
		② 전통시장 상인회(343)	746	199		4.5% 이내	450만 원
② 6대 기업 10,000	3,150 (31.5%)	③ 6개 기업재단 (73개 지점)	2,402	1,829	1,321	4.5% 이내	1,410만 원
③ 5대 은행 2,000	1,800 (90.0%)	④ 5개 은행재단 (51개 지점)	1,414	1,123	677	4.5% 이내	1,500만 원
④ 부실채권 정리기금 등 3,000	3,074 (102.5%)	⑤ 24개 지역재단 (28개 지점)	280	223	2,851	4.5% 이내	930만 원

주: 1) 휴면예금 원권리자 지급액 447억 원 차감 후 금액임.
  2) 재단 운영경비는 재원잔고 이자수익으로 충당.
  3) 별도로 휴면보험금 2422억 원을 기금으로 조성해 운영 후, 재원 잔액은 2225억 원임.
자료: 금융위원회(2012.4).

단지점 등 총 152개 지점(1인 출장소 25개 포함)이 설립되었다. 그리고 휴면예금 4556억 원, 휴면보험금 2422억 원, 기업 및 은행재단으로 재교부된 기부금 4950억 원, 부실채권정리기금 등 기부금 3074억 원 등 총 1조 5002억 원의 자금이 미소금융사업을 위해 조성되었다. 이 중 소액보험사업을 위해 사용될 휴면보험금을 제외할 경우 1조 2580억 원이 소액서민대출을 위한 재원으로 마련되었다.

미소금융중앙재단은 크게 세 가지 경로를 통해 미소금융사업을 추진한다. 첫 번째, 28개 지역재단지점에 대해서는 대출재원(사업비)과 함께 연간 대출재원의 10% 이내에서 운영비를 지원하고 좀 더 직접적인 방법으로 마이크로크레딧 사업을 실행한다.[30) 두 번째, 미소금융사업을 직접 영위하고자 하는 기업 및 은행은 우선 기부금을 미소금융중앙재단에 기부하고, 이를 다시 교부받아 기업 및 은행재단을 설립하고 운용하는데 이들은 미소금융중앙재단의 기본적인 가이드라인을 따르지만 대상고객의 선정이나 지점개설 및 운영 등에서 좀 더 자율적인 경영을 하게 된다. 이들은 재교부 받는 대출재원의 10%이내에서 운영경비를 사용할 수 있다. 세 번째, 미소금융중앙재단은 일정한 자격심사기준에 따라 선정된 복지사업자에게도 대출재원을 지원하는데, 이들 복지사업자에는 창업과 관련된 기존의 민간 마이크로크레딧 기관, 사회적 기업, 그리고 신용회복지원기관 등이 포함된다. 기존 마이크로크레딧 사업자들의 경우 미소금융재단으로부터 무이자로 대출을 받아, 각 기관의 책임하에 대출을 실행한다. 그리고 복지사업자는 아니지만 별도로 중앙재단 차원에서 전통시장 상인회 등을 통해서도 소액신용을 공급한다.

미소금융은 2008년 7월 본격 사업을 시작한 이후 2012년 4월말 현재까지 기업 및 은행재단, 지역재단 등의 지점을 통해 2만 9451건 4096억 원의 대출을 실행했다. 그리고 복지사업자를 통해 3만 7714건 1665억 원을 지원해 총 6만 7164건 5761억 원의 대출을 직·간접적으로 실행했다. 그리고 현재까지

---

30) 한 지점당 표준적인 운영예산으로 사업비(대출재원) 6억 원과 운영비 6000만 원이 주어진다. 운영비는 3명 자원봉사자에 대한 실비적 성격의 급여 3600만 원과 임대료, 교통비 등을 포함하는 기타 경비로 2400만 원이 배정된다.

지점을 통한 실적을 세분하면 기업재단이 1만 7024건 2402억 원, 은행재단이 9408건 1414억 원, 그리고 지역재단지점이 3019건 280억 원으로, 중앙재단이 직접 관리하는 지역재단지점보다는 상대적으로 자율성을 갖는 기업및 은행재단지점이 좀 더 활발한 미소금융활동을 하고 있는 것을 알 수 있다.

한편, 취급 상품에서는, 공통상품으로 신용등급 7등급 이하 또는 기초수급자 및 차상위계층 등 법인세법상 소액신용대출사업의 비과세 요건을 충족하는 사람들을 대상으로 창업자금, 운영자금, 무등록 사업자금, 전통시장 자립자금 등 사업자금을 지원하고 있다. 대출기간은 통상 3~6개월의 거치기간을 포함해 총 39~60개월의 상환기간 내에서 4.5%의 금리가 적용된다.[31] 그리고 대출한도는 자금 종류별로 창업자금이 5000만 원, 운영자금이 1000만원, 무등록 사업자 지원자금이 500만 원으로, 전체적으로 500만~5000만 원범위 내에서 운영되고 있다. 한편, 각 지역재단 및 기업·은행 재단은 중앙재단의 공통상품과 더불어 지역 자영업자, 무등록 노점상, 한부모 세대주 가정등 자체 제안 사업의 특성에 맞게 자체상품을 통해 별도로 고객을 선별하고있지만 대출금리, 대출규모, 만기 등 상품 특성면에서는 거의 유사하게 운영되고 있다.

2) 한국 미소금융의 성과

(1) 고객 및 금융접근성의 확대

미소금융은 2008년 7월 본격적으로 사업을 시작한 이후 2012년 4월 말현재까지 기업 및 은행재단 그리고 지역재단 등의 지점을 통해 2만 9451건

---

31) 단, 무등록 사업자 지원자금의 경우는 2.0%이다.

4096억 원의 대출을 실행했다. 그리고 복지사업자를 통해 3만 7714건 1665억 원을 지원해 총 6만 7164건 5761억 원의 대출을 직·간접적으로 실행했다. 그리고 현재 대출 잔액은 3725억 원이다. 한국의 저소득 저신용층 인구규모[32]에 비해 이러한 고객 수나 대출 규모는 아직 크게 의미 있는 수준으로 보기는 어려우나, 3~4년의 짧은 기간에 마이크로파이넌스의 기초를 마련하고 급속한 성장을 이루고 있다는 점에서 큰 의미가 있다.

한편, 건당 평균 대출금액은 약 1억 원 정도의 비교적 큰 금액으로 지원되는 사회적 기업에 대한 대출을 제외하고는 미소금융지점 및 복지사업자 등을 모두 포함해 건당 평균 860만 원으로 나타나는데, 이는 1인당 국민소득 대비 34.5% 정도로 해외의 전체 마이크로크레딧 기관 중위치와 비슷한 수준이다. 이 중에서도 기존 마이크로크레딧 기관의 창업 관련 자금은 건당 2210만 원 정도로 비교적 큰 금액의 대출이 이루어지는 반면, 신용회복 지원을 위한 자금, 전통시장자금 등은 국제적 기준에서도 매우 소액금융으로서, 대출금액면에서 볼 때 저소득층에 대한 침투효과는 높은 것으로 보인다.[33] 한편, 차입자를 신용등급별로 보면 전체 차입자 중 78.1%가 신용등급 7~8등급 혹은 무등급 고객이며, 21.9%는 기초수급자 혹은 차상위계층으로 1~6등급의 정상적인 신용등급인 것으로 나타났다(금융위원회, 2011 참조).

미소금융재단을 하나의 기관으로 볼 때 자산규모나 고객 수에서 NGO는 물론 은행 형태의 마이크로파이넌스 기관에 비해서도 큰 규모인데, 이는 각

---

32) 정부 사회보장심의위원회의 2010년 빈곤층 실태 조사 결과에 의하면, 빈곤층으로 분류되는 기초생활수급자와 차상위계층(소득인정액이 최저생계비의 1.2배 이내)은 전체인구의 7%인 340만 명으로 보고된다. 한편, 한국크레딧뷰로(KCB)의 2012년 5월 기준 자료에 의하면 신용등급 7~10 등급의 저신용층은 662만 명으로 전체 신용등급 대상자의 16.4%로 추정된다.

33) 우리나라의 2011년 1인당 국민총소득(GNI)은 2만 4920천원 (2만 2489달러)이다.

〈표 8-3〉 미소금융의 현황 및 국제적 비교

(단위: %)

		2009년 전체 MFI[1]			2009년 NGO MFI			2011 미소금융
		25%	Median	75%	25%	Median	75%	
1. 자산규모(천 USD)		2,358	7,919	32,421	1,781	4,989	14,622	336,191
2. 침투효과 (Outreach)	기관당 차입자 수(개)	3,855	10,394	38,907	3,431	10,121	35,697	67,164
	차입자당 대출금/ 1인당 GNI	13.4	27.9	66.8	9.5	16.4	30.8	34.5
3. 재무구조	자본/자산	14.3	23.1	42.1	15.7	31.3	49.9	100.0
4. 재무적 성과	자산수익률(ROA)	-0.9	1.45	4.0	-0.9	2.06	5.4	-5.0
	재무자립도(FSS)	91.8	107.8	122.0	89.5	107.1	122.0	25.1
	운영자립도(OSS)	94.4	109.1	123.3	92.1	109.1	122.7	47.4
	자본수익률(ROE)	-1.6	7.1	17.0	-0.8	8.5	16.4	
5. 대출금리	자금운용수익/자산	17.0	23.3	31.8	19.3	25.4	34.4	
	대출의 명목수익률	21.1	28.0	39.4	22.9	29.6	43.6	4.5
	대출의 실질수익률	14.7	21.8	33.3	15.7	23.2	36.5	0.5
6. 비용	자금조달비용/자산	2.8	5.0	7.5	2.6	4.5	6.7	0.0
	운영비용/자산	9.0	13.5	22.1	10.5	17.6	26.2	4.0
	대손충당금/자산	0.5	1.4	3.2	0.5	1.4	3.1	4.1
7. 대출자산의 건전성	30일 연체율	1.8	4.6	9.7	1.4	4.1	8.0	3.1
	90일 연체율	0.9	2.8	6.2	0.6	2.3	5.1	
	대손율	-	0.7	3.0	-	0.7	3.3	

주: 1) 2009년 MFI 자료는 Mix의 2009 Benchmark를 참조한다. 25%, Median, 75%는 각각 25퍼센타일, 중위치, 75퍼센타일을 의미한다.
   2) 미소금융의 지표는 「미소금융통계」(2011), 「미소금융운영 현황」(2012.4), 휴면예금관리재단 감사보고서(2011) 등에 의한 추정치이며, 환율은 2011년 국민소득 환산환율인 달러당 1108원을 사용했다.
   3) 미소금융의 대손충당금은 기업 및 은행재단을 제외하고 감사보고서상 나타나는 지점재단 및 중앙재단의 대출금을 기준으로 한다. 연체율은 지역재단과 기업 및 은행재단 등 모든 지점 대출금을 합한 전체 대출금을 기준으로 한다.

지점재단 및 복지사업자를 총괄하는 미소금융중앙재단의 특이한 구조에 기인한다.

(2) 대출금리

미소금융의 대출포트폴리오 규모는 급격히 증가하는 추세이며, 무이자로 제공되는 복지사업자 대출 등도 포함되기 때문에 소액대출 전체에 대한 실제 대출금리를 산출하기는 어렵다. 하지만 공통상품의 대표적인 대출금리 4.5%를 명목대출금리로 가정해 미소금융의 재무적 성과를 예측하는 데는 무리가 없을 것으로 보인다. 이 경우 2011년의 인플레이션율을 감안한 실질 대출금리[34]는 0.5%이다. 국제적으로 명목 및 실질대출금리 중위치가 각각 28.0% 및 21.8%임을 감안할 때 한국 미소금융의 대출금리는 매우 낮은 수준이다.

(3) 신용리스크 및 대손율

2011년 말 현재 미소금융의 30일 이상 연체율은 3.1%로,[35] 일반적인 금융기관과 비교해서 상당히 높은 수준이다. 그러나 해외의 NGO 마이크로크레딧 기관의 중위치 4.1%와 비교해서는 아직 낮은 수준이므로 그 자체만으로 우려할 상황은 아니다. 다만 미소금융의 직접적인 통제를 받고, 대손충당금 설정 등 일관성 있는 재무자료를 얻을 수 있는 지역재단지점의 경우 연체율이 5.6%로 상대적으로 높고, 현재 대출자산이 급속히 늘어나고 있고, 특히 많은 대출자산이 거치기간 혹은 초기상환 단계이므로 현시점의 평균연체율을 향후 상환율에 대한 지표로 직접 활용하기에는 어려움이 있다는 점에 유의할 필요가 있다.

한편, 자산건전성 분류가 정확히 이루어진다는 전제하에 대손충당금 설정

---

34) 실질대출금리=(명목대출금리-인플레이션율)/(1+인플레이션율), 이때 한국의 2011 소비 자물가지수 상승률 4.0%를 인플레이션율로 사용한다.
35) 그중 지역재단지점, 기업재단지점, 은행재단지점의 연체율은 각각 5.6%, 2.8%, 3.3%이다.

비율은 연체율보다는 더욱 정확하게 경제적인 상환율 혹은 대손비용률을 예측할 수 있는 지표이다. 미소금융의 대출자산에 대한 대손충당금 설정비율은 2010년 대출 잔액의 2.7%에서 2011년에는 5.5%로 상승했다.[36) 이는 소액신용사업의 신용리스크가 갑자기 증가했다기보다는 대출자산이 급격히 증가하는 가운데 과소평가되기 쉬운 대손율을 현실화하는 과정으로 보인다. 따라서 대출자산의 증가세가 안정화되고 대출자산의 만기 구조가 성숙되기까지는 당분간 대손충당금 비율도 상승할 것으로 예상된다.

(4) 비용구조

미소금융중앙재단은 휴면예금 및 휴면보험금의 관리·운영 그리고 소액보험사업 등을 겸하고 있기 때문에 소액서민금융사업의 운영성과를 알아보기 위해서는 이 사업부문만을 분리해 살펴보는 것이 바람직하다. 따라서 이 절에서는 미소금융중앙재단의 전체 활동 안에서 가능한 소액서민금융사업만을 분리해 비용구조 및 재정자립도 등을 분석해보고자 한다.

미소금융의 비용구조를 보면 우선 모든 대출자금이 휴면예금 및 기부금으로 조달되기 때문에 회계상 자금비용이 전혀 발생하지 않는다. 다만 경제적 기회비용을 추정해 보조금에 대해 조정하면, 미소금융이 시장에서 자금을 조달할 수 있는 금리를 평균 기업대출금리로 가정할 때의 약 6% 정도의 자금비용을 추정할 수 있다.[37)

한편, 미소금융중앙재단은 지역지점이나 기업 및 은행재단에 대해 대출취급액의 10%까지 운영비용으로 사용할 수 있도록 하고 있다. 따라서 회계적

---

36) 휴면예금관리재단 감사보고서(2011) 참조
37) 한국은행 경제통계에 따르면 2006~2011년 시기 은행의 신규자금에 대한 기업의 평균 대출금리는 6.2%이다.

인 운영비용은 대출취급액의 10%라고 볼 수 있다. 그러나 미소금융지점 인력이 대부분 자원봉사 차원에서 100만 원이라는 실비에 가까운 급여를 받고 있는 점을 감안할 때, 기부금적 성격의 사무행정서비스를 시장가격으로 조정할 경우,[38] 경제적 운영비용은 대출취급액의 16% 정도로 추정된다. 단, 이러한 운영비용이 대출의 취급시점에서 발생하고 사후관리비용 또한 여기에 포함된다고 가정하면 평균 대출만기가 길어질수록 연간 운영비용은 감소한다. 즉, 대출만기를 2.5년으로 가정하면 보조금 조정이 없는 경우는 연간 4.0%, 그리고 보조금 조정이 있는 경우는 연간 6.4%의 운영비용이 발생하는 것으로 볼 수 있다. 이는 국제적인 NGO 마이크로크레딧의 운영비용 중위치가 17.6%인 것을 감안할 때 매우 낮은 수준이다. 이렇게 운영비용률이 다른 나라에 비해 낮은 것은 중앙재단의 간접적인 관리비용이 포함되지 않았으며, 대출기간이 장기이고, 자원봉사자에 대한 의존비율이 높기 때문이다.

그리고 마지막으로 2011년 말 현재 미소금융의 대손충당금 설정비율을 기준으로 할 때 연간 대손비용은 대출자산의 5.5%로 볼 수 있다.

따라서 자금비용, 운영비용, 대손비용 등을 포함하는 총대출비용은 회계상으로 연간 9.5%, 그리고 기부금 및 자원봉사 등 보조금에 대한 기회비용을 반영할 경우는 17.9% 정도로 추정된다. 미소금융중앙재단의 여유자금을 활용한 이자수입을 제외하고 순수한 미소금융사업만을 고려해 이를 4.5%의 대출금리와 비교해보면, 보조금에 대한 조정 없이 회계적으로만 보더라도 대출액 대비 연간 5.0%의 적자가 예상된다. 그리고 보조금의 경제적 기회비용을 감안한다면, 대출금리보다 연간 13.4% 더 많은 추가적인 경제적 비용이 발생한다고 볼 수 있다.

---

38) 평균적인 미소금융지점을 기준으로 1인당 인건비를 월 200만 원으로 인상하는 경우, 운영비는 대출취급액의 16%로 증가한다.

(5) 재정자립도 및 보조금 의존도

회계상의 수입과 지출에 기초하여 마이크로크레딧 기관의 지속성을 보여
주는 운영자립도(OSS)는 47.4%로 추정되었다. 한편, 보조금적 성격의 조달
자금 및 기부금 성격의 재화와 용역 등을 시장가격으로 조정한 재정자립도
(FSS)는 25.1%로 더욱 낮게 나타났다.[39] 이는 해외 마이크로크레딧 기관의
운영자립도 및 재정자립도와 비교했을 때 매우 낮은 수준이다.

한편, 미소금융사업뿐 아니라 휴면예금의 운영까지 포함하는 미소금융중
앙재단 전체 사업의 운영자립도를 볼 때는 2011년 사업수익 306억 원, 사업
비용 67억 원, 운영비용 90억 원 등으로 총 150억 원의 사업이익을 실현해
운영자립도(OSS)는 195%로 매우 양호한 수준이다.[40] 하지만 이는 2011년
말 현재 미소금융중앙재단의 전체 자산 9385억 원 중 아직 1017억 원만이
대출자산이며, 나머지 자산 대부분은 단기금융상품으로 운영되어 이자수익
이 발생하고 있는, 자금조달비용은 전혀 들지 않는 특수한 상황에 기인한다.

5. 한국 미소금융의 발전을 위한 제안

1) 경제적 마이크로크레딧과 사회적 마이크로크레딧의 구분

마이크로크레딧은 금융적 효율성과 사회적 형평성 제고라는 두 가지 측면
에서 역사적인 기여를 해왔다.[41] 현실적으로 대부분의 마이크로크레딧 기관

---

39) 4.5%의 대출금리, 5.5%의 대손충당금 비용, 6.0%의 잠재적 자금조달비용을 가정한다.

40) 휴면예금관리재단 감사보고서(2011).

41) IMF(2005) 참조.

은 이 두 가지 목적 중 어느 하나만을 추구한다거나 그중 하나를 중시한다고 사전적으로 분명히 밝히지 않고 암묵적으로 두 가지 목적을 동시에 추구하는 경향이 있다. 하지만 이 두 가지 목적은 분명히 구분하는 것이 바람직하다. 왜냐하면 목적에 따라 마이크로크레딧의 금리정책이나 재무적 목표, 심사기준, 올바른 지배구조 등이 크게 달라질 수 있기 때문이다.[42)]

경제적 마이크로크레딧이란 금융시장에 존재하는 정보의 불완전성과 이에 따른 시장의 실패를 전통적 금융기관과는 다른 접근법으로 극복해 경제적 효율성을 증대시키는 것이다. 이 경우 저금리보다는 신용에 대한 접근성 확대가 더욱 중시된다. 기존 금융기관에 의해서는 전혀 신용을 얻지 못하던 저소득계층에 금융의 접근성을 확대하는 것이다. 혹은 시장의 비효율성으로 인해 높은 금리를 지불하던 저소득층에게 좀 더 낮은 금리로 신용을 공급함으로써 실질적인 금융접근성을 확대할 수도 있다. 물론 두 경우 모두 대출금융기관으로서 재무적 지속가능성을 확보하는 것을 전제로 한다. 이때 지속가능한 대출금리와 현재 시장금리와의 차이가 경제적 마이크로크레딧이 금융적 효율성에 기여하는 부분이며, 어떻게 하면 지속가능한 방법으로 금리를 더욱 낮추고(sustainability), 더 많은 고객에게 신용을 공급할 수 있는지(scalability)가 경제적 마이크로파이넌스의 운영 목표라 할 수 있다. 저소득층을 효과적으로 서비스할 수 있는 금융시장이 발달하지 못한 경우 혹은 전반적으로 금융시장이 발달하지 못한 개발도상국가의 경우 이러한 경제적 마이크로크레딧이 기여할 수 있는 여지가 상대적으로 크다. 그리고 이러한 경제적 마이크로크레딧의 역할을 미소금융 등의 마이크로크레딧 기관뿐만 아니라 더 폭넓은 서민금융기관의 역할로 이해해야 할 것이다.

---

42) 박창균(2009: 104~106)은 '시장지향형 마이크로크레딧'과 '사회지향형 마이크로크레딧'을 구분해 별도의 역할과 정책목표를 가지는 것이 바람직하다고 제안하고 있다.

한편, 상당수 마이크로크레딧 기관들은 금융접근성의 확대를 통한 자본적 제약의 완화 이외에도 창업 및 기술교육, 심지어는 보건문제까지 저소득 빈곤층이 직면하는 인적·사회적 제약조건을 완화하고자 노력한다. 즉, 금융자금의 제공만으로는 빈곤을 극복하기 어렵고, 인적·사회적 지원을 중심으로, 시장의 효율성보다는 사회적 형평성을 지향한다는 점에서 이들을 사회적 마이크로크레딧이라 부를 수 있다. 이들 기관은 지속가능 대출금리보다 낮은 금리를 적용할 수 있는데, 이때 지속가능 대출금리와 실제 대출금리와의 차이를 소득이전효과로 볼 수 있다. 사회적 마이크로크레딧의 경우, 본질적으로 소득이전효과만큼은 외부 보조금에 의존할 수밖에 없기 때문에 재무적 자립보다는 프로그램의 지속성을 지향하는 것이 합리적인 목표라 할 수 있다.

한 가지 유의할 점은 사회적 마이크로크레딧을 통한 신용의 제공 및 사회적·경제적 지원이 다른 사회적 자활지원 프로그램에 비해 항상 최선의 수단이라고 볼 수 있는 근거는 없다는 것이다. 그러므로 사회적 마이크로크레딧의 성과는 저소득 빈곤층을 지원하는 다른 사회적 프로그램 혹은 직접적인 보조금과 비교해 효율성이 인정되어야 한다. 그리고 대출의 의사결정에서도 상환능력을 중시하는 경제적 마이크로크레딧과는 달리 잠재적 차입자의 동기, 자활능력, 여타 사회지원 프로그램과의 비교 등 좀 더 종합적인 사회적·복지적 판단이 요구된다. 그리고 이러한 소득이전의 대상을 어떻게 선정할 것인지는 기관의 설립목적이나 사회적 합의를 바탕으로 하는 투명한 의사결정 과정을 통해 결정되어야 한다.

금융시장이 발달하고 효율성이 높아질수록 경제적 마이크로크레딧의 기회는 축소되는 반면, 사회적 마이크로크레딧의 필요성은 증대되고 있다.

결론적으로, 경제적 마이크로크레딧과 사회적 마이크로크레딧은 금리정책이나 성과 측정 기준이 각각 달라야 할 뿐만 아니라, 이를 제대로 운영하기

<표 8-4> 경제적 마이크로크레딧과 사회적 마이크로크레딧의 비교

	경제적 마이크로크레딧	사회적 마이크로크레딧
목적	금융시장 효율성 제고 및 금융소외 (financial exclusion) 극복	인적·사회적 지원 및 보조금적 금융지원
경제적 의미	금융접근성 확대	형평성 제고
심사기준	상환능력은 있으나 전통적 금융기관에서 신용을 제공받기 어렵거나 높은 금리를 요구 받는 경우	금융적 지원만으로는 어렵고 교육 사회적 지원 등이 수반되면 자립 가능성이 높은 경우
재무적 목표 및 금리	· 재정자립(financial sustainability) 지향 · 시장금리보다는 낮으나 지속가능한 금리	· 소득이전효과만큼은 외부보조금 의존 불가피 · 프로그램의 지속성(Program sustainability)
운영 목표	지속가능한 저금리로 신용규모의 확대	· 자립을 위한 교육, 창업지원 등 서비스의 효율성 · 수혜자의 자립 달성도

위한 심사기준이나 지배구조에도 큰 차이가 있다. 따라서 이 두 가지 목적이 혼재하는 가운데 분명한 운영 목표 없이 함께 운영될 경우, 마이크로크레딧 기관의 책임은 물론 경제·사회적 효율성도 보장하기 어렵다. 만약 미소금융이 사회적 마이크로크레딧을 지향한다면 이에 상응하는 투명하고 사회적 합의에 기초한 운영체계를 갖춰야 한다. 한편, 경제적 마이크로크레딧을 병행하고자 한다면, 이 부분에 대해 최소한의 경제적 원칙과 지속성을 보장할 수 있는 별도의 운영원칙을 마련해야 할 것이다. 이렇게 경제적 기능과 사회적 기능의 구분은 마이크로크레딧뿐만 아니라 다른 형태의 서민금융에도 반드시 적용되는 것이 바람직하다.

2) 대출금리 정상화를 통한 재정자립도 제고

(1) 대출금리 정상화의 필요성과 제약요인

마이크로크레딧 기관이 경제적으로 지속가능한 대출금리를 부과해 자립적인 경영기반을 갖추는 것이 사회적 역할에 반한다고 보는 견해는 위험하다. 그러나 우리나라의 경우 서민금융문제에 대한 엄밀한 정의나 분석 없이 마이크로크레딧 수행기관이 복지사업자라는 인식이 강하고, 시장기능에 기초한 경영 및 성장에 대한 관심은 매우 낮다. 사회적·경제적인 인식뿐만 아니라 제도적으로도 소득세법상 소액신용대출사업이 비영리법인의 과세소득에서 제외되기 위해서는 5000만 원 이하 그리고 무담보·무보증 요건과 더불어 대부업 규정상 대출최고금리의 40%를 넘지 않아야 한다는 조건이[43] 충족되어야 한다. 이는 소액신용대출사업의 범위나 운영방식을 크게 제한하고 있다.[44]

해외 마이크로크레딧 기관의 현황에서 살펴보았듯이 최근 NGO 등 비영리기관을 포함한 대부분의 마이크로크레딧 기관은 이윤의 추구는 아니더라도 대출관련 비용을 충당할 수 있는 최소한의 지속가능한 대출금리를 적용하면서 지속적으로 금융접근성을 확대하고 있다. 사회적 목적으로 지원해야 할 특수한 계층을 제외하고는 지속가능한 금리를 부과하는 데 큰 논란이 없다. 따라서 보조금적 성격의 저금리신용은 사회적 마이크로크레딧에 한정해 운영하는 것이 바람직하다. 그리고 경제적 마이크로크레딧에서는 아직 시장

---

43) 법인세법시행규칙 제2조(소액신용대출사업의 요건) 제2항 제4호: 대출금리는 신용등급이 가장 낮은 금융소외계층에 대해 적용되는 이자율이 '대부업 등의 등록 및 금융이용자 보호에 관한 법률 시행령' 제9조 제1항에 따른 이자율의 40%를 넘지 않는 범위에서 금융위원회가 기획재정부장관과 협의해 고시하는 기준금리 이하일 것.
44) 따라서 현재 비영리법인의 소액신용대출사업의 최고금리는 사실상 16%로 제한된다.

금리에 의해 대출을 받을 여력이 없지만 장기적으로 상환능력이 있고, 교육이나 최소 필요한 규모의 비즈니스를 일으키기 위해 시간이 필요한 경우에 한하여 보조금적 저금리신용을 한시적·전략적으로 운용해야 할 것이다.

(2) 미소금융의 지속가능 대출금리

지속가능 대출금리란 대손비용 및 자금조달비용, 운영비용을 향후 규모의 경제 및 경영의 효율화 등을 통해 최소화할 수 있는 수준으로 가정하여[45] 이 것을 모두 합한 총대출비용을 감당할 수 있는 최저 금리를 의미한다.

우선 향후 대손비용률은 연간 6.0~7.0% 정도로 추정된다. 이는 현재 미소금융의 대출총액에 대한 대손충당금 비율은 5.5%이지만, 미소금융 대출이 대부분 3~6년의 장기대출이고, 현재의 대출은 대부분 취급된 지 1~3년 내외인 데다가 대출규모 또한 계속 증가하고 있는 추세이므로 앞으로 대손비용률은 상승할 것으로 예상되기 때문이다.[46] 다만 해외 사례를 볼 때 지난 6년간 은행, 비은행금융기관, NGO 등의 대손율 75퍼센타일이 4% 초반 이내에서 변동했으며, 대손율이 5%를 넘으면 심각한 문제로 인식되는 업계의 시각을 고려하면 다소 높은 수치이나 이것은 최근 한국 미소금융의 현실을 반영한 것이다.[47] 그렇지만 일반금융기관과 달리 마이크로크레딧 기관의 대손

---

45) 설립 초기에 일시적으로 높은 운영비용은 보조금으로 충당할 수 있다고 본다.

46) 과거 사회연대은행의 대출상환율을 보면 정확한 회계보고서의 부재로 인해 관련 자료에 따라 크게 다른 추정치가 제시되고 있다. 이 중 비교적 객관적인 연구로 보이는 정영순 (2008)에 의하면 초기 5년간 479개 지원 대상을 분석한 결과 2007년 7월 말 현재 85%가 정상 상환 중이며, 14.4%가 상환독려 중, 0.6%가 상환불가로 분류되었다. 상환독려중인 차입자를 어떻게 분류하는가에 따라 대손비용률은 0.6%~15.0%로 크게 달라질 수 있다. 일반금융기관 신용대출의 경우 IFRS의 경우 90일 그리고 KGAP의 경우 180일 이상 연체 대출을 전액 상각하는 회계관행에 비춰볼 때, 대손율은 전체 대출기간에 평균 15% 수준이 될 것으로 예상된다. 이를 연간 대손충당금 설정 비용 혹은 대출손실률로 환산하면 대출의 평균 만기를 2.5년이라 가정할 때 매년 대출 잔액의 6.0%가 될 것으로 추정된다.

율이 기관별·시기별로 변동성이 매우 높다는 점을 감안할 때 이러한 추정치도 결코 보수적이라고 보기는 어렵다.

한편, 대출자금은 휴면예금 출연금 및 기부금에 의해 조달되므로 자금조달비용이 직접적으로 발생하지는 않는다. 다만 시장기능을 기초로 경제적으로 지속가능한 대출금리를 산정하기 위해서는 미소금융이 기부금에서 벗어나 상업적인 자금을 조달하는 경우를 가정해야 한다. 따라서 미소금융이 상업적 차입금으로 자금을 조달하는 경우를 상정해 평균 기업대출금리 6%를 자금조달비용으로 추정한다. 그리고 미소금융지점은 당해 연도 대출액의 10%를 운영비용으로 사용하고 있다.

그러나 대출의 평균 만기를 2.5년으로 가정하고 자원봉사자의 급여를 현재 수준에서 유지할 경우 연간 4%, 그리고 자원봉사자의 사무행정 서비스를 시장가격으로 조정하는 경우는 연간 약 6.4%의 운영비용이 발생한다. 이렇게 운영비용률이 다른 나라의 경우에 비해 낮은 것은 중앙재단의 관리비용이 포함되지 않았으며, 대출기간이 장기이고, 자원봉사자에 대한 의존 비율이 높기 때문이다. 따라서 자원봉사 인력의 지속적인 이용이 가능하다고 가정해도 최소한 대출포트폴리오의 4~6% 정도의 운영비용이 발생할 것이라 예상된다.

이를 종합하면 현재의 무비용 자금과 자원봉사에 의한 서비스를 그대로 이용할 경우 연간 약 10~11%의 대출비용이 발생할 것으로 보인다. 그리고 기부금과 자원봉사 서비스를 시장가격으로 조정하는 경우에는 대손비용 6~7%, 자금비용 6%, 운영비용 6%를 감안해 최소 연간 18~19%의 대출비용이 발행할 것으로 예상된다.

---

47) Rosenberg(2002) 및 Fernando(2008) 참조.

따라서 미소금융이 현재의 재무구조나 운영 목표를 그대로 유지하려는 경우에는 최소한의 회계적 지속가능금리라 할 수 있는 10% 수준의 대출금리 인상을 고려해야 할 것이다. 한편, 차입자에게 최소한의 경제적 비용을 부담시켜 도덕적 해이를 막고, 금융시장에 교란적 요인을 발생시키지 않으면서, 미소금융사업의 확장성을 전제할 경우는 경제적인 지속가능금리라 할 수 있는 18~19% 정도의 대출금리 인상 방안을 검토해야 할 것으로 보인다. 물론 이것은 경제적인 마이크로크레딧을 전제로 하는 것이며 사회적 마이크로크레딧 사업은 지원 대상과 목적, 방법에 따라 이러한 비용요인을 고려해 지속가능금리보다 낮은 대출금리를 결정할 수 있을 것이다.[48] 다만 이러한 지속가능금리와 실제 대출금리와의 차이를 소득이전효과에 대한 추정치로 삼아 다른 사회적 지원프로그램과 효율성을 비교할 필요가 있다.

3) 지배구조 개선 및 정보의 투명성 확보

경제적 마이크로크레딧 사업과 사회적 마이크로크레딧 사업에 대해 별도의 투명한 지배구조를 갖추는 것이 필요하다. 경제적 마이크로크레딧은 해당 기관의 자체적인 사업추진과 책임으로 성과를 극대화하는 것이 가능하지만, 사회적 마이크로크레딧은 기부자 등 이해관계자의 폭넓은 사회적 합의가 필요하다. 즉, 소득이전효과가 큰 신용사업에서 수혜대상 선정 및 지원방법 등에 대한 의사결정은 대출에 대한 의사결정과는 본질적으로 다른 것이기 때문에 별도로 관리되어야 한다. 그리고 이를 둘러싼 투명한 지배구조 및 관리체계의 구축을 위해 분명한 사업목적과 함께, 각각 별도의 성과평가 기준을 만

---

48) 박창균(2009)은 미소금융의 장기적인 지속가능금리를 ① 무비용 자금조달, ② 15%의 운영비용, ③ 5%의 대손비용, ④ 2.5%의 대출 이외 투자수익을 가정해 18.6%로 추정했다.

들고 이에 대한 결과를 공개하는 것이 필요하다.

마이크로크레딧 기관이 신뢰도를 높여 자금공급원을 확대하고 지속적 성장을 하기 위해서는 경영에 관한 정보를 투명하게 공개해 자금제공자, 정책결정자, 전문가 등의 관심과 참여를 유도하고 발전 방향에 대한 사회적 합의점을 찾는 것이 무엇보다 중요하다. 투명한 경영정보의 제공 그리고 성과지표의 개발 및 공유는 장기적으로 책임 있고 효율적인 경영을 위해 반드시 필요한 부분이다. 내부경영진만으로 정보의 독점과 의사결정이 이루어질 경우 정치적인 압력에 영향을 받기 쉽고, 사업의 리스크에 대해서도 편향된 시각을 가질 우려도 있다. 따라서 신뢰할 수 있는 지배구조가 전제되어야만 기부자나 투자자 등으로부터 관심을 확보할 수 있고, 사회적으로도 의미 있게 사업을 확대할 수 있을 것이다.

4) 기존 채널의 활용

계층별로 사회적인 어려움이 다양하게 존재하므로 사회적 마이크로크레딧은 하나의 기관이 일관된 원칙을 적용해 다루기 어려운 측면이 있다. 따라서 사회적 마이크로크레딧은 여러 계층의 다양한 문제를 잘 이해하는 기존의 마이크로크레딧 사업자를 적극적으로 활용하는 것이 바람직하다. 기존의 경험과 전문성을 충분히 활용해 서민금융의 중요한 한 부분으로서 좀 더 유기적인 체계(ecosystem)을 구축하는 것이 중요하다.

그리고 기존 서민금융기관의 공급채널을 활용해 운영의 효율성을 높일 필요가 있다. 미소금융재단이 전국적 지점망을 구축하고 이를 통해 대출을 실행하는 것은 운영비용 측면에서 비효율적일 수 있다. 좀 더 지속가능한 방법으로 마이크로크레딧을 수행하기 위해서는, 기존 금융기관이나 관련 기관의 유통채널을 활용할 필요가 있다.

차입자에 대한 내부정보를 더 다양하게 가진 지역기반의 NGO나 기존 서민금융기관 등을 대리기관(agent)으로 활용하면 미소금융사업 확장을 위한 투자 및 운영비용을 줄일 수 있을 뿐만 아니라, 불완전한 정보의 문제도 극복하여 우량한 차입자를 선별하는 데도 도움이 될 것이다.[49] 한편, 대리기관을 활용할 경우 이해관계자 혹은 부적격자에 대한 대출 등 또 다른 형태의 도덕적 해이가 발생할 가능성이 있다. 따라서 대리기관에 대한 엄격한 사전심사는 물론 대출의 회수율 등 성과에 대한 목표를 명확히 하고 적정한 인센티브를 제공함으로써 도덕적 해이를 사전에 예방하는 것이 중요하다.[50]

5) 민간투자의 유치 및 마이크로파이넌스 은행의 시도

금융기관이나 대기업의 기부금만을 재원으로 마이크로크레딧 사업을 확장하는 것은 잠재적인 수요에 비할 때 규모면에서 한계가 있다. 사회적으로 의미 있는 영향을 미치기 위해서는 자본금이나 차입금 형태로 좀 더 폭넓은 민간투자를 통해 규모를 확대하는 방안을 모색할 필요가 있다.

그런데 민간투자를 통해 마이크로크레딧 및 서민금융의 공급을 확대하기 위해서는 몇 가지 전제조건이 선행되어야 한다. 첫 번째, 마이크로크레딧 기관이 높은 수준의 이익은 아니더라도 재무적으로 지속가능한 수익을 낼 수 있어야 한다. 두 번째, 이해관계자가 신뢰할 수 있을 만큼 경영이 전문적이며

---

49) 박창균(2013)은 협동조합형 금융기관을 중심으로 서민금융체제를 구축할 것을 제안하고 있는데, 신협·새마을금고·농협 등 기존의 조합형 금융기관을 활용하는 것도 하나의 효율적인 마이크로크레딧 운영 모델이 될 수 있을 것이다.

50) Stiglitz(1990) 참조.

투명해야 한다. 세 번째, 일정 수준의 규모를 유지해야 한다. 이 세 가지가 자금조달원을 다양화하기 위한 조건이다.

한편, 기존 마이크로크레딧 기관이 당장 예금을 수취하는 마이크로파이넌스 은행으로 발전하기는 어렵겠지만, 구조조정이 필요한 기존의 신용협동조합이나 저축은행 중 고객층이나 지역적 특성을 감안해 은행 형태의 마이크로파이넌스 기관으로 전환해 서민금융기관의 새로운 모델로 발전시키는 방안도 생각해볼 필요가 있다.[51] 대출상품만을 취급하는 기존의 마이크로크레딧 기관과는 달리 마이크로파이넌스 은행은 예금을 기반으로 규모를 확대할 수 있을 뿐만 아니라 저축, 소액보험, 지급결제 등에서도 저소득층의 요구에 부합하는 좀 더 폭넓은 금융서비스를 제공할 수 있을 것이다. 지속가능한 자립형 마이크로파이넌스 은행의 사업모형을 입증할 수 있다면 이 은행의 확산이 서민금융시장의 접근성을 획기적으로 높이는 기회가 될 수 있을 것이다.

6) 대출기법 및 상품의 다양화

(1) 영세 자영업자 중심의 대출모형 탈피

서민금융문제는 긴급한 경우의 생활비 조달 등 소비성 대출과 영세상공인에 대한 소규모 사업성 대출로 구분된다. 일반적으로 마이크로크레딧은 전통적인 중소기업금융에서 다루기 힘든 소규모 영세 자영업자의 사업성 대출을 중심으로, 담보도 없고 개인 신용도 열악한 고객들을 대상으로 발전해왔다.

그런데 우리나라의 경우 영세 자영업자 수가 전체 노동인구의 30%를 초

---

51) 기존의 전통적 은행이 마이크로파이넌스 은행으로 전환된(down-scaling) 사례로 인도네시아 국영은행인 BRI(Bank Rakyat Indonesia), 태국 중앙농협은행(BAAC) 등을 들 수 있다(Armendariz and Morduch, 2010: 263 참조).

과하는 등 이미 자영업시장이 포화상태이며 따라서 신규 자영업자의 성공률이나 평균적인 투자수익률도 높지 않은 것으로 조사되고 있다. 이러한 상황에서 미소금융이 영세사업자만을 지원하는 것이 사회적으로 과연 바람직한가 하는 문제에 대해서 재검토할 필요가 있다.

소액신용이 저소득층의 자활을 도울 수 있는 것은 투자를 통해 차입자가 대출금리 이상으로 소득을 창출할 수 있는 경우에 한정된다. 차입자가 경쟁적인 시장에서 성공하기에 충분한 경험과 능력이 있으나 주로 자본적 제약이 문제가 되는 경우는 소액대출이 효과적인 지원 프로그램이 될 수 있다. 그러나 이러한 조건이나 의지를 갖추지 못한 차입자에게 신용을 제공해 사업을 시작하도록 하는 것은 오히려 경제적으로 취약한 차입자를 과다채무의 함정에 빠뜨리는 결과를 초래할 수도 있다. 이러한 고객층에게는 대출보다는 직업교육이나 취업지원 프로그램 등이 더 효과적일 수 있다. 그리고 차입자의 사업성공을 돕기 위해 시장금리와 차이가 너무 큰 저금리신용을 제공할 경우에는, 그렇지 않아도 이미 포화상태에 있는 자영업 시장을 더욱 왜곡시키고 비효율적인 자원배분을 초래할 수 있다.

따라서 지속적인 소득을 창출할 수 있는 사회적 기업에 대한 대출이나 투자를 확대할 필요가 있다. 그리고 새로운 취업의 기회를 찾고자 하는 경우에는 직업훈련 등을 통해 제한적으로 교육투자비용이나 소비를 위한 대출도 허용하는 방안을 검토할 필요가 있다.

(2) 상품의 개선

현재 미소금융의 대출상품은 대부분 4.5%의 저금리로 일정한 거치기간 이후 원리금을 분할상환하는 방식의 4~6년간의 장기대출이다. 이러한 장기대출은 차입자의 입장에서는 안정적인 상환기간 때문에 바람직한 측면도 있지만, 대출기관의 입장에서는 차입자의 상환에 대한 동태적 유인(dynamic incentive)이 적다는 문제가 있다. 또한 이렇게 시장금리에 비해 매우 낮은 보조금적 저금리를 장기간 보장하는 경우 소득이전의 효과가 기존 차입자에게 지나치게 편중될 수 있다. 그러므로 일정한 조건을 충족하거나 일반금융기관으로부터 대출이 가능한 상태가 되면 이러한 보조금적 대출을 일반적인 대출로 전환하는 졸업 기준 등을 마련할 필요가 있다. 아울러 가능하면 초기 차입금 규모를 줄이고, 만일 원리금 상환이 계획대로 이루어질 경우, 향후 필요에 따라 추가적인 신용을 이용할 수 있도록 하는 방안도 검토해볼 필요가 있다.

또한 영세사업자의 사업성공률이 낙관적인 경우에도, 대출기관이 목표로 하는 채권회수율에 미치는 것이 어려울 수 있다는 점을 감안해 초기부터 대출금리를 낮추는 것보다는 대출상환이 계획대로 이루어지지 못할 경우 대출금리나 대출기간을 조정하는 등의 내부적인 워크아웃(workout)의 기준과 절차를 마련하는 것도 필요하다.

한편, 마이크로크레딧 고객층은 소득수준이 낮다는 것뿐 아니라 소득의 변동성이 크다는 특성이 있으므로 이 또한 상품의 개발 및 개선에 중요하게 고려되어야 한다. 또한 계절이나 경기에 따라 소득의 변동성도 크다. 이러한 상황에서 전통적인 은행상품과 마찬가지로 항상 일정한 원리금상환을 요구하는 것은 차입자의 디폴트 가능성을 높이고 결국 장기적인 대출상환율을 낮출 수 있다. 차입자의 상환 의지를 저하시키지 않으면서 소득의 변동에 따라 원리금상환을 좀 더 탄력적으로 조정할 수 있도록 상품을 개발할 필요가 있다.

7) 바람직한 공공정책 및 정부의 역할

(1) 포용적 금융제도와 규제

최근 각국 정부는 '포용적 금융제도(inclusive financial system)'를 만들기 위해 협력하고 있다. 이미 78개국이 2009년 포용적 금융제도를 위해 만들어진 규제당국의 모임인 '포용적 금융을 위한 국제적 연대(Global Alliance for Financial Inclusion)'에 가입했고, G-20도 포용적 금융제도를 핵심적인 정책의제 중 하나로 채택하고 있다. 포용적 금융제도를 위한 정부의 역할은 두 가지로 요약된다. 첫 번째 저소득층이 쉽게 비용효율적으로 금융서비스에 접근할 수 있도록 사회기반시설을 제공하는 것이다. 두 번째, 마이크로파이넌스 기관 등 서민금융기관을 대상으로 하는 건전성 감독이나 소비자 보호 외에도 금융접근성을 높이는 새로운 비즈니스 모델이 가능하도록 법과 규제를 운용하는 것이다.[52]

우리나라에서 미소금융 등 마이크로크레딧 운영기관은 NGO나 재단의 형태로 운영되기 때문에 금융감독이나 규제의 대상이 되지는 않는다. 그러나 앞으로 금융소외계층에 대한 지속가능한 금융서비스도 공식적 금융제도의 일부로 포함하는 포용적 금융제도를 발전시켜야 한다. 그리고 정부나 규제당국의 역할도 시장을 왜곡시킬 수 있는 직접적이며 일회성 지원보다는 적절한 입법 및 정책 등을 통해 민간부문의 자원이 좀 더 효율적으로 동원될 수 있는 제도적 기반의 구축에 힘써야 한다.

---

52) 에르벡과 피켄스, 타라지(Ehrbeck, Pickens and Tarazi, 2012)에 의하면 세 번째는 정부의 역할로, 정부 대 개인 간 지급결제(G2P payment) 등을 활용해 금융소외계층에게 자금관리 및 이체 등과 관련된 금융서비스를 확대하는 것이다. 이와 관련해서는 우리나라의 경우 이미 상당한 발전이 이루어졌고, 이 글의 주제인 신용에서의 금융포용성과는 관련성이 낮아 생략하기로 한다.

한편, 일정 규모 이상의 대형 마이크로크레딧 기관에 대해서는 비록 예금 수취를 하지 않는다 하더라도, 최소한의 건전성 감독(prudential regulation)을 시행하면 채권자나 출연자 그리고 시장의 신뢰를 높일 수 있어 이들 기관이 자금의 조달원을 다양화하고 성장·발전하는 데 도움이 될 수 있다.[53]

우리나라의 마이크로크레딧 기관들은 사회적 기능을 강조하고 저금리신용을 제공하고 있기 때문에 현재는 소비자 보호가 큰 문제가 되고 있지 않다. 하지만 앞으로 금융접근성과 지속가능성을 중시하는 경제적 마이크로크레딧이나 서민금융이 확산될수록 마이크로크레딧 기관 역시 소비자 보호를 위한 규제의 대상에 포함되어야 할 것이다.

(2) 경쟁과 혁신의 여건 조성

서민층의 금융접근성 확대를 위한 바람직한 정부의 역할은, 대출기관이 운영 면에서 혁신을 이루고, 이들의 경영투명성을 확보하며, 그리고 소비자 보호정책 등을 통해 건전한 경쟁을 촉진하여 대출금리를 인하할 수 있는 여건을 만드는 것이다. 대출금리 인하에 가장 효과적인 수단은 경쟁이다. 정부나 기부기관은 일시적이고 시장을 교란하는 직접적인 이자비용의 보전보다는 업무상의 혁신과 새로운 기술을 통해 장기적으로 대출비용을 낮추는 측면에 주의를 기울여야 할 것이다. 다만 이러한 과정에서 금융소외계층을 대상으로 한 금융서비스가 확대되면 금융기관 간 과다경쟁이 발생하여 대출계약에 존재하는 동태적인 유인이 저해되어 상환율이 낮아지거나 차입자의 과다채무를 초래할 수 있는 위험성이 있으므로 주의를 기울여야 한다.

---

53) 규제에 따른 높은 행정비용이 수익성을 악화시킬 수 있다는 우려도 있으나 실증적 연구에 의하면 그러한 현상이 발견되지 않는데 이는 규제에 따른 비용보다 자금조달상의 이점이 더 크기 때문으로 추정된다(Cull, Demirguc-Kunt and Morduch, 2009a 참조).

(3) 서민금융의 인프라 강화 및 전문인력의 육성

정부는 개별 신용에 대한 보조금적 지원보다는 서민금융의 인프라를 강화해 서민금융기관이 리스크를 효과적으로 관리하고 운영비용을 절감하도록 돕는 데 초점을 맞춰야 한다. 이렇게 하는 것이 차입자나 대출금융기관에서 발생할 수 있는 도덕적 해이를 방지하고, 시장경쟁을 저해하지 않으면서 서민금융시장을 육성할 수 있는 방법이다.

운영비용을 줄여 대출금리를 낮추는 것은 마이크로크레딧의 가장 중요한 과제 중 하나이다. 그러나 저소득층의 요구에 맞는 금융상품을 개발해 효율적으로 전달하고, 이와 관련된 각종 리스크를 파악하고 대처하는 것은 이들 기관을 성공적으로 운영하는 데 필수적인 경영요소이며, 매우 전문적인 일이다. 운영경비를 절감하기 위해 자원봉사자에게만 의존하는 것은 한계가 있다. 운영경비 중 인건비와 마이크로크레딧 기관의 수익성은 오히려 양의 상관관계를 갖는다는 연구 또한 주목할 필요가 있다.[54] 고객의 선별(screening) 및 사후 모니터링은 마이크로크레딧의 건전성과 수익성을 유지하기 위해 가장 중요한 부분이며, 이에 대한 투자는 반드시 필요하다.

한편, 광범위한 신용정보체계의 구축 및 공유, 그리고 관련 데이터의 수집 및 영향 분석 등 공공재적 성격의 업무에 대한 기술적 지원도 필요하다. 마이크로크레딧 기관의 재무제표 및 성과에 대한 기준을 마련하고 회계감사 업무 등을 지원하는 것도 이들 기관의 투명성을 제고하고 관계자의 전문성과 기관의 운영 효율성을 촉진할 수 있는 부분이다.

---

54) Cull, Demirguc-Kunt and Morduch(2007) 참조.

6. 맺음말

이 연구에서는 우선 마이크로크레딧의 경제학적인 의미를 살펴보고, 최근 지속성을 중시하면서 이를 금융제도의 일부분으로 편입하려는 국제적인 움직임에 대해 살펴보았다. 그리고 해외 마이크로크레딧 기관들의 운영 현황을 다양한 측면에서 비교분석했다. NGO 형태의 마이크로크레딧 기관이 수적으로는 다수를 차지하지만 규모나 고객 면에서는 은행 형태의 마이크로크레딧 기관의 비중이 훨씬 컸다. 그리고 은행 등 영리기관이 상대적으로 양호한 고객층을 대상으로 비교적 큰 금액의 대출을 취급하는 데 비해, NGO는 이보다 취약한 계층을 대상으로 매우 소규모 대출을 취급하는 것으로 나타났다. 한편, 대출금리를 높이는 가장 중요한 비용요인은 운영비용이지만, 대부분의 기관이 이를 감당할 수 있는 지속가능한 금리를 고객에게 부과함으로써 재정자립을 도모하고 있는 것으로 나타났다. 그리고 대손충당금 비율이나 대출손실률은 추세적으로 볼 때 2.0% 이내에서 변동하는데, 이는 일반은행의 우량대출에 비해서는 높지만 일반적인 인식보다는 훨씬 낮고, 대출금리에 충분히 반영할 수 있는 관리가능한 수준으로 나타났다. 그러나 이렇게 평균적으로 낮은 대손율에도 기관별로 변동성이 매우 높다는 점은 마이크로크레딧 기관의 경영에서 매우 주의를 요하는 부분으로 판단된다.

한편, 한국의 미소금융사업은 최근 급속하게 성장하고 있지만, 사회적 역할만을 지나치게 강조하여, 금리정책 등에서의 지속가능성이나 성장성을 확보하지 못하고 있는 문제점이 있다.

이에 이 글은 경제적 마이크로크레딧과 사회적 마이크로크레딧 사업을 분리해 별도의 지배구조, 성과지표, 심사기준, 금리정책 등을 사용할 것을 제안했다. 특히 마이크로크레딧 기관뿐 아니라 좀 더 폭넓은 서민금융기관의 역할이라고 볼 수 있는 경제적 마이크로크레딧 사업에서는 회계적으로는 10~11%, 경제적 기회비용으로는 18~19%로 추정되는 지속가능한 금리를 적용해 서민금융시장의 왜곡을 막으면서 좀 더 적극적으로 금융접근성을 확대해 나가야 할 것으로 보인다. 아울러 미소금융사업의 지배구조 및 경영정보의 투명성을 강화함으로써 사회적 관심과 민간의 참여를 유도하고, 각종 사회기관, 협동조합 등 기존 서민금융기관과의 협력관계를 강화하는 것도 중요하다. 그리고 영세 자영업자의 창업 및 운영자금을 중심으로 하는 기존의 상품을 더욱 다양화할 필요가 있다. 끝으로 공공정책에서는 마이크로크레딧을 포용적 금융제도의 일부로서 육성할 수 있도록 제도적으로 지원하고 서민금융의 인프라를 확충하는데 초점을 맞추어야 한다.

경제적 어려움에 처한 저소득층에게 신용을 제공하는 것만이 그들의 자활을 돕는 최선의 방안이라고 볼 수는 없다. 근본적으로 자본적 제약보다는 인적·사회적 제약 등 다른 요인 때문에 경제적 어려움에서 탈피하지 못하는 경우가 많다. 따라서 사회적 마이크로크레딧과 경제적 마이크로크레딧을 분리해 대출기관의 입장에서는 좀 더 효율적인 자원배분을 보장하고, 차입자의 입장에서는 과다채무의 문제를 유발하지 않도록 경계하는 신중한 접근이 필요할 것이다.

〈부표 8-1〉 해외 마이크로크레딧 기관의 주요 경영지표 추이

	1999	2000	2001	2002	2003	2004	2005	2006	2007	2008	2009
1. 기관 수 및 법적 형태											
(전체 기관 수)	57	60	60	60	200	340	487	611	611	611	1019
은행	5	8	9	9	20	24	46	48	48	52	76
신용조합					13	26	35	72	71	72	139
비은행금융기관	13	16	22	23	66	113	143	199	206	209	359
NGO	37	34	27	26	87	160	222	259	253	245	376
농촌은행					13	16	41	32	32	32	57
(전체, 자산규모, 백만 달러)	4.2	5.3	7.0	8.6	5.8	5.5	6.7	6.0	8.9	10.0	7.9
은행	53.8	40.6	50.8	62.3	24.5	46.5	108.2	108.8	165.6	170.1	180.9
신용조합					16.8	7.6	8.8	5.7	7.2	8.0	5.1
비은행금융기관	5.9	6.9	7.3	10.0	6.3	8.4	10.5	7.2	12.3	14.5	11.8
NGO	3.4	4.4	5.7	7.9	3.8	3.2	4.0	3.7	5.2	6.1	5.0
농촌은행					1.5	2.3	4.0	6.8	9.5	9.4	8.1
2. 대출형태											
(전체 기관 수)	57	60	60	60	200	340	487	611	611	611	1019
개별대출(Individual)	23	23	21	21	63	122	177	181	181	181	364
개별대출과 연대책임대출	17	22	26	27	81	149	209	252	252	252	426
연대책임대출(solidarity)	9	7	4	3	31	33	40	42	42	42	97
지역공동대출(Village banking)	8	8	9	9	25	36	61	50	50	50	85
3. 영리기관 여부											
(전체 기관 수)	57	60	60	60	200	340	487	611	611	611	1019
영리기관	13	18	22	22	69	101	173	211	216	223	420
비영리기관	44	42	38	38	131	239	314	400	395	388	595
자산규모, 백만 달러	4.2	5.3	7.0	8.6	5.8	5.5	6.7	6.0	8.9	10.0	7.9
영리기관	20.8	20.3	22.8	26.4	7.6	10.1	10.7	11.0	17.7	23.7	14.3
비영리기관	3.2	4.4	5.4	7.9	4.7	4.2	4.9	4.4	6.1	7.4	5.4
4. 재무구조											
(자본/자산, %)	48.8	47.1	41.7	40.3	39.7	34.3	28.0	25.8	23.0	22.0	23.1
은행	10.8	16.5	14.4	14.2	17.3	15.1	13.8	16.1	14.9	14.6	13.6
신용조합					18.4	20.5	16.4	20.0	16.5	18.1	20.0
비은행금융기관	19.1	17.7	26.2	33.6	43.1	33.5	27.3	26.1	23.1	21.9	24.9
NGO	67.1	61.0	53.9	59.2	50.9	47.2	40.0	40.8	34.9	31.7	31.3
농촌은행					16.1	17.1	15.5	12.4	12.9	14.3	15.0

	1999	2000	2001	2002	2003	2004	2005	2006	2007	2008	2009
(전체 대출/자산, %)	73.0	75.1	77.4	77.0	76.4	78.9	77.8	78.5	79.6	78.8	76.7
은행	49.9	51.3	61.2	64.8	69.0	75.1	67.8	67.3	68.0	71.6	70.3
신용조합					70.4	80.2	77.9	80.6	78.6	78.8	76.4
비은행금융기관	69.7	78.3	79.9	81.6	77.2	79.4	78.5	80.4	81.0	81.4	78.1
NGO	77.1	75.1	77.7	77.0	78.2	80.1	80.6	80.6	80.9	80.7	78.4
농촌은행					75.3	61.5	66.6	60.0	62.1	65.9	67.9

5. 고객침투효과

	1999	2000	2001	2002	2003	2004	2005	2006	2007	2008	2009
(기관별 차입자 수, 천 명)	11.5	15.1	16.4	18.2	11.0	10.1	11.5	10.4	13.8	15.1	10.4
은행	33.7	33.2	30.4	38.7	29.9	45.8	41.6	57.5	57.6	57.7	45.0
신용조합					13.1	6.5	6.3	3.6	4.6	4.9	3.1
비은행금융기관	11.1	15.6	9.2	9.5	8.1	10.5	12.9	10.4	14.7	18.1	12.1
NGO	9.5	12.8	17.6	20.3	12.6	8.9	10.2	10.6	13.4	14.5	10.1
농촌은행					1.5	2.0	4.6	9.9	10.9	11.6	9.8
(평균 대출금액/ 1인당 GNI, %)	37.6	41.2	44.6	45.6	44.5	36.8	37.2	33.9	35.3	33.6	28.0
은행	22.1	66.5	88.4	98.0	82.0	94.1	110.2	78.0	81.6	96.9	111.0
신용조합					85.0	66.1	54.8	61.5	62.3	58.9	56.2
비은행금융기관	41.6	53.8	51.0	63.0	65.0	54.6	48.6	47.9	49.0	42.2	31.6
NGO	30.7	25.3	21.6	22.8	20.0	19.2	19.2	16.7	17.9	15.6	16.4
농촌은행					68.6	49.8	39.1	40.3	52.0	38.4	38.0

7. 재무성과

	1999	2000	2001	2002	2003	2004	2005	2006	2007	2008	2009
(ROA, %)	-0.8	0.2	2.4	3.1	1.5	1.7	1.0	1.8	1.15	0.4	1.5
은행	1.4	1.9	2.3	1.3	0.6	1.7	1.3	1.5	1.1	-0.2	0.5
신용조합					1.0	1.7	0.8	1.0	0.3	-0.3	1.2
비은행금융기관	-3.3	0.7	1.6	3.0	0.1	1.9	0.9	2.2	1.8	0.7	1.1
NGO	-0.9	-1.4	2.9	4.1	2.3	1.7	1.1	2.3	1.6	0.4	2.1
농촌은행					2.8	1.9	0.9	0.0	0.2	1.2	1.9
(재무자립도 FSS, %)	97.9	100.8	111.9	115.5	109.0	109.4	106.7	107.5	107.9	103.7	107.8
은행	107.8	109.0	111.9	110.7	107.3	110.0	110.6	112.1	110.7	103.3	103.2
신용조합					106.4	111.9	105.8	102.1	102.1	99.6	109.3
비은행금융기관	91.3	103.8	109.8	118.7	105.5	111.2	108.6	109.8	111.1	106.5	105.6
NGO	97.0	96.3	113.0	116.2	109.8	106.6	105.1	104.6	106.9	101.8	107.1
농촌은행					129.6	110.8	105.4	106.5	106.7	111.5	116.6

	1999	2000	2001	2002	2003	2004	2005	2006	2007	2008	2009
(운영자립도 OSS, %)	104.8	108.6	114.9	121.4	116.7	118.8	115.5	116.2	114.9	114.8	109.1
은행	107.8	111.7	114.5	112.5	112.1	120.2	116.5	115.7	115.5	111.2	105.0
신용조합					113.4	116.1	108.5	112.1	111.1	116.9	109.4
비은행금융기관	104.7	108.6	111.2	124.0	117.9	120.4	116.7	118.7	119.7	118.0	107.1
NGO	101.6	109.3	117.7	127.3	117.0	117.5	114.2	114.4	113.5	112.3	109.1
농촌은행					144.1	128.6	123.1	120.1	115.6	118.4	116.8

8. 수입 및 비용 구조,

	1999	2000	2001	2002	2003	2004	2005	2006	2007	2008	2009
(금융수입/자산, %)	28.7	28.3	29.8	27.3	26.9	27.7	25.3	25.8	24.5	25.8	23.3
은행	28.7	24.6	23.3	22.9	24.1	25.1	20.7	22.0	20.3	22.1	18.2
신용조합					15.8	21.5	20.4	17.6	17.5	17.5	15.9
비은행금융기관	30.3	27.8	30.0	27.1	24.7	26.4	25.8	26.6	25.5	28.0	26.4
NGO	30.5	30.5	30.9	32.8	33.3	32.0	29.2	28.4	27.4	27.4	25.4
농촌은행					22.9	20.1	19.4	21.9	19.7	21.1	22.1
(명목대출금리, %)	38.9	37.6	37.0	36.1	33.9	34.6	30.6	30.9	29.9	30.6	28.0
은행	48.2	39.3	44.2	33.2	33.7	32.8	27.0	30.5	26.7	26.9	22.4
신용조합					22.0	24.8	22.9	19.4	20.2	20.5	19.9
비은행금융기관	37.8	34.4	37.1	36.8	32.6	32.3	30.6	31.6	30.4	32.7	31.2
NGO	40.6	40.0	36.9	37.9	42.5	38.6	34.6	33.3	32.5	32.4	29.6
농촌은행					27.3	27.6	26.5	31.5	31.0	29.1	27.8
(실질대출금리, %)	32.6	32.3	30.9	31.0	28.7	27.0	23.6	22.9	21.8	16.9	21.8
은행	25.8	32.9	28.7	29.1	24.1	26.0	20.7	21.1	17.0	12.4	16.1
신용조합					21.7	22.0	18.8	14.9	14.6	11.1	14.7
비은행금융기관	29.8	28.9	32.3	33.1	25.3	27.0	24.8	24.1	23.0	18.6	27.3
NGO	34.1	32.8	30.6	31.0	34.3	31.4	28.0	25.5	25.5	19.8	23.2
농촌은행					24.3	20.3	16.3	21.4	25.8	18.1	23.6
(금융비용/자산, %)	5.8	6.6	5.4	5.1	5.3	5.9	6.3	6.2	6.3	7.6	5.0
은행	10.5	6.8	6.3	5.4	5.8	5.3	5.6	6.1	6.0	8.1	5.2
신용조합					2.4	4.3	4.8	4.7	4.6	6.0	4.0
비은행금융기관	9.0	8.9	6.3	5.8	5.0	5.8	6.6	6.5	7.3	9.3	6.0
NGO	5.6	5.9	4.9	4.8	5.0	6.4	6.3	6.4	6.4	7.1	4.5
농촌은행					7.1	7.5	6.9	6.0	4.9	5.7	5.1

	1999	2000	2001	2002	2003	2004	2005	2006	2007	2008	2009
(운영비용/자산, %)	19.9	18.7	18.4	16.6	16.9	17.5	15.1	14.3	13.8	14.5	13.5
은행	13.1	14.2	11.8	12.2	14.5	14.0	11.5	13.4	11.1	10.4	9.9
신용조합					10.0	10.3	9.5	10.1	10.2	10.1	9.4
비은행금융기관	14.7	15.7	18.1	15.9	16.3	15.1	15.2	14.8	14.0	15.1	15.0
NGO	24.4	24.1	22.1	20.4	23.8	22.2	19.7	16.8	17.9	17.9	17.6
농촌은행					4.8	5.0	10.6	12.5	11.0	11.4	12.0
(대손충당금/자산, %)	1.7	1.5	1.1	1.4	1.2	1.3	1.5	1.4	1.2	1.4	1.4
은행	1.0	0.9	0.8	0.8	2.1	1.4	1.4	1.5	1.3	1.5	1.4
신용조합					1.5	2.0	2.0	1.4	1.5	1.2	0.9
비은행금융기관	4.2	3.5	2.1	1.9	1.2	1.1	1.5	1.3	1.1	1.5	2.1
NGO	1.5	1.2	1.1	1.1	1.1	1.4	1.4	1.4	1.4	1.6	1.4
농촌은행					0.8	2.5	1.5	1.5	1.5	0.5	0.7

9. 대출자산 건전성

	1999	2000	2001	2002	2003	2004	2005	2006	2007	2008	2009
(30일 연체율)	2.3	2.2	2.1	2.4	2.1	2.5	2.6	2.9	2.7	3.0	4.6
은행	4.1	2.3	2.3	2.9	3.8	2.3	2.0	2.7	2.4	3.0	5.9
신용조합					3.7	4.2	5.4	3.9	3.2	3.7	5.2
비은행금융기관	7.2	5.0	2.8	3.4	1.6	1.8	2.3	2.2	2.0	2.9	4.5
NGO	1.0	1.4	1.4	1.6	1.4	2.6	2.4	2.7	2.8	3.2	4.1
농촌은행					8.2	6.2	7.5	5.4	5.2	1.1	9.7
(90일 연체율)	1.1	1.0	0.7	1.1	0.9	1.1	1.3	1.4	1.3	1.6	2.8
은행	2.1	1.3	1.0	1.5	2.2	1.6	1.1	1.1	1.1	1.4	4.1
신용조합					1.0	1.7	3.5	2.4	2.2	2.2	3.4
비은행금융기관	2.8	2.4	0.7	0.6	0.7	0.8	1.1	0.9	0.8	1.4	2.7
NGO	0.4	0.5	0.6	0.9	0.6	1.0	1.1	1.4	1.3	1.8	2.3
농촌은행					1.9	2.2	3.3	3.6	2.9	0.7	5.7
(대출손실률)	0.4	0.5	0.6	0.7	0.7	1.0	0.9	0.8	0.9	0.9	0.7
은행	1.6	0.9	0.3	0.7	1.0	1.1	0.9	0.7	0.5	1.1	0.8
신용조합					1.9	1.8	1.8	1.1	1.0	1.1	0.1
비은행금융기관	0.3	0.1	0.9	0.3	0.6	1.0	1.0	0.7	0.6	0.8	1.0
NGO	0.3	0.6	0.6	0.8	0.7	1.0	0.7	0.7	1.0	1.0	0.7
농촌은행					-	-	1.0	3.3	3.7	0.6	0.2

주: 1) Mix에서 발행된 5회의 benchmark trend 자료를 활용했다. 1999~2003(60개 기관), 2003~2005(200개 기관), 2004~2006(340개 기관), 2005~2007(487개 기관), 2006~2008(611개 기관), 2009(1019개기관).
2) 두 개의 자료가 겹치는 경우는 조사 대상 샘플이 많은 최근의 자료를 이용했다.
3) 수치는 해당 기관의 Median이다.

참고문헌

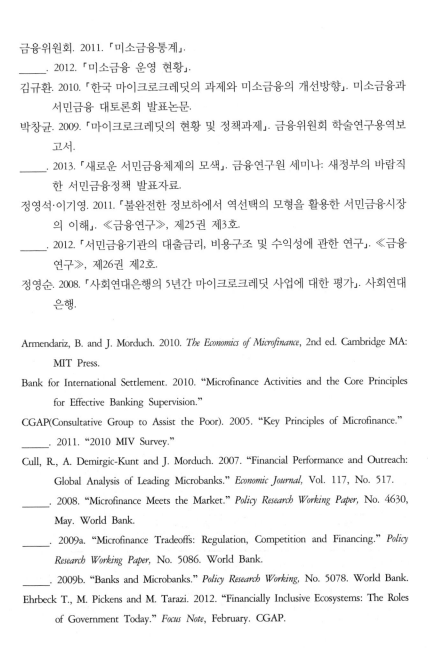

금융위원회. 2011. 「미소금융통계」.

_____. 2012. 「미소금융 운영 현황」.

김규환. 2010. 「한국 마이크로크레딧의 과제와 미소금융의 개선방향」. 미소금융과 서민금융 대토론회 발표논문.

박창균. 2009. 「마이크로크레딧의 현황 및 정책과제」. 금융위원회 학술연구용역보고서.

_____. 2013. 「새로운 서민금융체제의 모색」. 금융연구원 세미나: 새정부의 바람직한 서민금융정책 발표자료.

정영석·이기영. 2011. 「불완전한 정보하에서 역선택의 모형을 활용한 서민금융시장의 이해」. ≪금융연구≫, 제25권 제3호.

_____. 2012. 「서민금융기관의 대출금리, 비용구조 및 수익성에 관한 연구」. ≪금융연구≫, 제26권 제2호.

정영순. 2008. 「사회연대은행의 5년간 마이크로크레딧 사업에 대한 평가」. 사회연대은행.

Armendariz, B. and J. Morduch. 2010. *The Economics of Microfinance*, 2nd ed. Cambridge MA: MIT Press.

Bank for International Settlement. 2010. "Microfinance Activities and the Core Principles for Effective Banking Supervision."

CGAP(Consultative Group to Assist the Poor). 2005. "Key Principles of Microfinance."

_____. 2011. "2010 MIV Survey."

Cull, R., A. Demirgic-Kunt and J. Morduch. 2007. "Financial Performance and Outreach: Global Analysis of Leading Microbanks." *Economic Journal,* Vol. 117, No. 517.

_____. 2008. "Microfinance Meets the Market." *Policy Research Working Paper,* No. 4630, May. World Bank.

_____. 2009a. "Microfinance Tradeoffs: Regulation, Competition and Financing." *Policy Research Working Paper,* No. 5086. World Bank.

_____. 2009b. "Banks and Microbanks." *Policy Research Working,* No. 5078. World Bank.

Ehrbeck T., M. Pickens and M. Tarazi. 2012. "Financially Inclusive Ecosystems: The Roles of Government Today." *Focus Note*, February. CGAP.

Fernando, N. 2008. "Managing Microfinance Risk: Some Observations and Suggestions." *Asian Development Bank*, July

Gaul, S. 2011. "Defining Responsible Financial Performance: The Role of Profit." *Micro Banking Bulletin*, May. Micro finance Information Exchange(MIX).

Gonzalez, A. 2008. "How Many Borrowers and Microfinance Institutions Exist?" MIX.

_____. 2010. "Analyzing Microcredit Interest Rates." *Mix Data Brief,* No. 4, Feb.

Hamada, M. 2010. "Financial Services to the Poor: An Introduction to the Special Issues on Microfinance." *Developing Economies,* Vol. 48, No 1, Institute of Developing Economies, Jetro.

Helms, B. 2006. "Access for All: Building Inclusive Financial Systems." CGAP.

Helms, B. and X. Reille. 2004. "Interest Rate Ceilings and Microfinance." *Occasional Paper,* Sept. CGAP.

International Monetary Fund. 2005. "Microfinance: A View From the Fund." January 25

Kneiding, C. and R. Resenberg, "Variations in Microcredit Interest Rates." *Brief,* CGAP, July 2008.

Kono, H. and K. Takahashi. 2010. "Microfinance Revolution: Its Effects, Innovation and Challenges." *Developing Economies,* Vol. 48, No 1. Institute of Developing Economies, Jetro.

Mix(Microfinance Information Exchange). "Benchmark Trends." http://www.themix.org/

Mylenko, N. 2010. "Sustainable Microfinance: International Experience." 서울 미소금융국 제컨퍼런스 발표문(2010. 4.28). World Bank.

Porteous, D, D. Collins and J. Abrams. 2010. "Policy Framing Note 3: Prudent Regulation in Microfinance." *Financial Access Initiative*, January.

Porteous D. 2009. "Competition and Microcredit Interest Rates." *Focus Note*, Feb. CGAP.

Rosenberg, R. 2002. "Microcredit Interest Rates." *Occasional Paper,* No.1, Nov. CGAP.

Sapundzhieva, R. 2011. "Funding Microfinance: a Focus on Debt Financing." Nov. Mix.

Sengupta, R. and C. P. Aubuchon. 2008. "The Microfinance Revolution: An Overview." *Federal Reserve Bank of St. Louis Review*, January anc February.

Stiglitz, J. 1990. "Peer Monitoring and Credit Market." *World Bank Economic Review,* Vol. 4, No.3.

지은이(수록순)

강신욱
서울대학교 경제학 박사
현재 한국보건사회연구원 연구위원
주요 논저:『소득분배 악화의 산업구조적 원인과 대응방안』(2013, 공저), 「도시근로자 가구의
　　　　　소득이동성 변화실태 및 요인」(2011), 「빈곤의지속성과 반복성을 고려한 빈곤정책의 방향」
　　　　　(2009)

이병희
서울대학교 경제학 박사
현재 한국노동연구원 선임연구위원
주요 논저:『노동소득분배율과 경제적 불평등』(공저, 2014), 『경제적 불평등과 노동시장』(공저,
　　　　　2013), 「비공식 노동의 발생원인에 관한 연구」(2013)

전병유
서울대학교 경제학 박사
현재 한신대학교 사회혁신경영대학원 부교수
주요 논저: 「저소득층일수록 보수정당을 지지하는가?: 한국에서 계층별 정당 지지와 정책 태도」
　　　　　(2014), "Growing Inequality and Its Impacts in Korea"(2014), 「복지국가의 인센티브 문제
　　　　　에 관한 연구」(2013)

정준호
옥스퍼드 대학교 경제지리학 박사
현재 강원대학교 부동산학과 부교수
주요 논저: 「주택시장의 네트워크 구조 분석」(2014), 『사회경제 민주주의의 경제학: 이론과 경험』
　　　　　(공저, 2013), 『경제 민주화 분배 친화적 성장은 가능한가』(공저, 2012)

박복영

서울대학교 경제학 박사

현재 경희대학교 국제대학원 부교수

주요 논저: 「공적개발원조 중점지원국 결정요인 국제 비교」(2014), 「발전경제학과 국제원조의
　　　　진화」(2014), "Changes in the International Economic Order after the Global Financial
　　　　Crisis"(2011, 공저)

강병구

미국 뉴욕 주립대학교 경제학 박사

현재 인하대학교 경제학과 교수

주요 논저: 「복지국가의 대안적 재정체계」(2014), 「사회지출의 자동안정화기능에 대한 연구」
　　　　(2011), 「근로장려세제와 최저임금제도의 분배효과 비교」(2009), 「양극화 해소를 위한 조
　　　　세재정정책」(2007)

강남훈

서울대학교 경제학 박사

현재 한신대학교 경제학과 교수

주요 저서: 『기본소득의 운동의 세계적 현황과 전망』(공저, 2014), 『경제학자 교육혁신을 말하다』
　　　　(공저, 2011), 『정보혁명의 정치경제학』(2002)

배영목

서울대학교 경제학 박사

현재 충북대학교 경제학과 교수

주요 논저: 「가계 금융부채의 연령별 특성과 과제」(2014), 『세계경제 변화와 한국경제의 대응』
　　　　(공저, 2013), 「가계부채의 상환부담 분포와 추이」(2011), 「우리나라 통화개혁의 비교 연구」
　　　　(2010), 『한국의 은행 100년』(공저, 2004), 『한국금융사』(2002)

정영석

경기대학교 경제학 박사

현재 SC저축은행 대표이사

주요 논저: 「서민금융기관의 대출금리, 비용구조 및 수익성에 관한 연구: 해외의 영리 마이크로
파이낸스 기관을 활용한 실증분석」(공저, 2012), 「불완전한 정보하에서 역선택 모형을 이
용한 서민금융시장의 이해」(공저, 2011)

이기영

펜실베이니아 대학교 경제학 박사

현재 경기대학교 경제학과 교수

주요 논저: 「혁신 중소기업의 재무적 행태에 관한 연구」(2014), 「신성장 중소기업에 대한 정책
자금 지원의 인과적 효과분석」(2013), 「서민금융기관의 대출금리, 비용구조 및 수익성에
관한 연구: 해외의 영리 마이크로 파이낸스 기관을 활용한 실증분석」(공저, 2012), 「불완전
한 정보하에서 역선택 모형을 이용한 서민금융시장의 이해」(공저, 2011)

한울아카데미 1737
서울사회경제연구소 연구총서 XXXI

소득불평등 해소의 길

ⓒ 서울사회경제연구소, 2014

엮은이 | 서울사회경제연구소
지은이 | 강신욱·이병희·전병유·정준호·박복영·강병구·강남훈·배영목·정영석·이기영
펴낸이 | 김종수
펴낸곳 | 도서출판 한울

편집책임 | 최규선
편집 | 양혜영

초판 1쇄 인쇄 | 2014년 12월 24일
초판 1쇄 발행 | 2014년 12월 31일

주소 | 413-120 경기도 파주시 광인사길 153 한울시소빌딩 3층
전화 | 031-955-0655
팩스 | 031-955-0656
홈페이지 | www.hanulbooks.co.kr
등록번호 | 제406-2003-000051호

Printed in Korea.
ISBN 978-89-460-5737-1 93320(양장)
ISBN 978-89-460-4953-6 93320(학생판)

* 가격은 겉표지에 표시되어 있습니다.
* 이 책은 강의를 위한 학생판 교재를 따로 준비했습니다.
  강의 교재로 사용하실 때에는 본사로 연락해주십시오.